新时期高校英语教师
实践性知识的理论与应用

尹 静 著

南京大学出版社

图书在版编目(CIP)数据

新时期高校英语教师实践性知识的理论与应用 / 尹静著. — 南京：南京大学出版社，2019.12
ISBN 978-7-305-08922-0

Ⅰ.①新… Ⅱ.①尹… Ⅲ.①英语－教学研究－高等学校 Ⅳ.①H319.3

中国版本图书馆 CIP 数据核字(2019)第 228326 号

出版发行　南京大学出版社
社　　址　南京市汉口路 22 号　　邮　编　210093
出 版 人　金鑫荣

书　　名　新时期高校英语教师实践性知识的理论与应用
著　　者　尹　静
责任编辑　徐　熙　沈　洁　　编辑热线　025-83592409

照　　排　南京南琳图文制作有限公司
印　　刷　江苏凤凰数码印务有限公司
开　　本　787×1092　1/16　印张 16　字数 352 千
版　　次　2019 年 12 月第 1 版　2019 年 12 月第 1 次印刷
ISBN 978-7-305-08922-0
定　　价　40.00 元

网址：http://www.njupco.com
官方微博：http://weibo.com/njupco
官方微信号：njupress
销售咨询热线：(025) 83594756

＊版权所有，侵权必究
＊凡购买南大版图书，如有印装质量问题，请与所购
　图书销售部门联系调换

序

　　教师实践性知识的相关研究早在20世纪80年代就已经开展,但直到近10年才为学者所重视。以往教师实践性知识的研究较多关注普遍性和通识性层面,针对具体学科和专业的研究相对薄弱,而针对英语学科和英语专业教师的探究更是为数不多。基于已有研究存在的不足及对现实问题的思考,以高校英语教师任务型阅读教学为视角,本研究试图探究高校英语教师阅读教学的实践性知识形成与发展的过程,通过分析教师阅读教学的实践性知识现状和影响因素,探寻协助教师实践性知识发展的干预手段。

　　基于以上研究目的,研究者以英语阅读教学为例,采用混合研究方法,在先导问卷的基础上,对四名受试教师进行实验介入,采用小组座谈、访谈、课堂观察等方法采集研究资料,调查分析高校英语教师实践性知识现状、影响因素以及实验介入对高校英语教师阅读教学实践性知识发展的作用。

　　通过观察教师的课堂教学、分析教师的教学设计以及高校英语教师各级教学参赛作品,结合先导问卷对高校英语教师的教学理念和课程理念的调查,研究发现,当前高校英语教师的教学理念较为陈旧,教师信念与教学实践存在一定的差距,信奉的知识与教学中使用的知识一致性较差,出现"言行不一"的现象;教师的学科教学知识仅停留在陈述性专业知识层面,先进的教育教学理念难以应用于教学实践。教师对新的教学理论一知半解,虽然接受交际教学、任务型教学、输出驱动教学、内容依托教学等先进教学理念,但其实际课堂教学仍采用知识本位和以教师为中心的教学模式。此外,教师所学的专业理论,如原型理论、隐喻、语用学等很少应用于教学。相比本体性知识而言,教师更缺乏的是条件性知识。此外,受当前教育体制和学校教学机制的约束,教师无法在教学实践中应用新的教学思想,教师反思流于形式,教师发展倦息期提前,对新理论的学习采取防御性态度,影响实践性知识的形成和发展。

　　研究显示,影响教师实践性知识形成和发展的因素包括学习经历、职称情况、教师培训、教育体制、教学管理机制和文化因素等。现行培训受时间、场地、费用等多种因素限制,往往侧重理论讲解和知识传授,教师实践巩固环节偏少,不能很好地满足教师专业发展的实际需求,对教师实践性知识形成和发展的作用同样不够显著,难以转变教师的理念,增加的只是语块、认知、图式激活方面的知识,没有起到促进教师实践性知识形成发展的应有作用。教师缺乏对新的理论的原型认识,不能正确地使其指导教学实践,现行的教育体制和教学管理机制极大地影响着教师实践性知识的形成和发展。

文化因素是教师实践性知识形成与发展的重要影响因素之一，教师的实践性知识指导教师的教学行为，又依赖于社会、历史和文化等背景。不同的社会意识形态、不同的价值观、不同的行为规范，包括教育体制和教育教学行为，都体现出不同的文化特征。在特定的情景与实践共同体中，通过行动反思所形成的教师实践性知识也因此具有很强的文化相似性。社会在发展，教育在变革，教师的实践性同样需要发展，而要保证教师新的实践性知识的形成和发展就必须考虑文化因素的影响。

在教师实践性知识现状和影响因素的基础上，研究者探索了实践性知识的形成媒介和发展机制。通过框定问题情境，确定行动目标，设计介入活动，实施反思，开展教育干预，具体包括教学介入、科研介入、行政支持介入和行动反思介入四种介入方式。研究表明教育干预手段可促使教师转变信念和在教学中践行的教育教学理念，从而形成和发展实践性知识。通过对介入活动研究资料的分析，本研究验证了高校英语教师实践性知识"隐性—显性—显性—隐性"的形成和转化过程，把教师自身的隐性知识转变为显性知识，推动了教师隐性知识向显性知识的转变，从而促进了其实践性知识的形成和发展。

通过对高校英语教师阅读教学实践性知识的探究，本研究分析了教师实践性知识的本质属性，揭示了当前高校英语教师实践性知识发展滞后的原因，阐明了促进教师实践性知识形成与发展的途径，为在职教师培训和职前教师教育提供了有效的实证资料，也为教师实践性知识研究提供了新的研究思路和视角。

著　者

目 录

第1章 引 论	1
1.1 研究背景	1
1.2 研究现状	3
1.3 研究缘由	5
1.4 研究内容与方法	6
1.5 研究意义	7
1.6 章节概览	9
第2章 文献综述	11
2.1 引 言	11
2.2 教师专业发展研究概览	12
2.2.1 教师专业发展研究的起源与发展	12
2.2.2 教师专业发展的内涵	14
2.2.3 教师专业发展的内容	14
2.2.4 教师专业发展的阶段	16
2.2.5 教师专业发展的研究范式	16
2.2.6 教师专业发展的模式	17
2.2.7 教师专业发展的实证研究	19
2.3 知识与教师知识概览	23
2.3.1 知识及其主要特征	23
2.3.2 教师的知识	27
2.4 教师的学科教学知识研究	28
2.4.1 教师的学科教学知识	28
2.4.2 教师整合技术的学科教学知识	30
2.4.3 英语教师的学科教学知识	30
2.4.4 英语教师整合技术的学科教学知识	32
2.5 教师实践性知识研究	34
2.5.1 教师实践性知识概念界定	34

  2.5.2 教师实践性知识的形成研究 ·· 36
  2.5.3 教师学科教学知识与实践性知识的关系 ·· 39
 2.6 英语教师实践性知识研究 ·· 40
  2.6.1 英语教师实践性知识概念界定 ·· 40
  2.6.2 英语教师实践性知识研究回顾 ·· 41
 2.7 实践性知识的研究方法 ·· 43
  2.7.1 叙事研究 ··· 43
  2.7.2 案例研究 ··· 43
  2.7.3 调查研究 ··· 44
 2.8 本研究的研究问题和研究内容 ··· 45
  2.8.1 研究的问题 ·· 45
  2.8.2 研究的内容 ·· 45
  2.8.3 本研究的概念框架 ·· 47
 2.9 本章小结 ·· 48

第3章 研究设计·· 49
 3.1 引 言 ·· 49
 3.2 研究问题分析与研究路径 ·· 50
  3.2.1 研究问题分析 ·· 50
  3.2.2 研究路径 ··· 50
 3.3 研究对象 ·· 51
 3.4 研究方法 ·· 53
  3.4.1 研究方法的选择 ··· 53
  3.4.2 数据收集 ··· 57
  3.4.3 数据分析 ··· 66
 3.5 研究信度和效度 ·· 68
  3.5.1 调查问卷数据的信度与效度 ··· 69
  3.5.2 访谈资料的信度与效度 ·· 70
  3.5.3 录课资料的信度与效度 ·· 71
  3.5.4 三角验证 ··· 71
 3.6 研究伦理 ·· 72
 3.7 本章小结 ·· 72

第4章 调查问卷分析 ·· 73
 4.1 引 言 ·· 73
 4.2 高校英语教师信念 ·· 73
  4.2.1 高校英语教师的课程理念 ·· 74
  4.2.2 高校英语教师的教学理念 ·· 83
 4.3 高校英语教师实践性知识的影响因素 ······························· 88
  4.3.1 教育经历对教师实践性知识的影响 ································ 89

	4.3.2	培训对教师实践性知识的作用	93
	4.3.3	海外留学对教师实践性知识的影响	100
	4.3.4	团队建设对教师实践性知识的影响	105
4.4	本章小结		108

第5章 访谈与录课分析 110

- 5.1 引　言 110
- 5.2 高校英语教师阅读教学实践性知识现状 111
  - 5.2.1 高校英语教师阅读课堂教学模式 111
  - 5.2.2 以学生为中心的教学理念的实施 112
  - 5.2.3 高校教师教学反思情况 113
  - 5.2.4 高校英语教师现代教育技术的整合使用 114
- 5.3 案例教师实践性知识的形成与发展 115
  - 5.3.1 案例教师教学信念的变化 115
  - 5.3.2 案例教师任务型教学理念的形成 118
  - 5.3.3 案例教师学习者中心理念的发展 119
  - 5.3.4 案例教师课程理念的变化 120
- 5.4 案例教师实践性知识形成与发展的媒介 124
  - 5.4.1 问题情境的作用 125
  - 5.4.2 共同体的作用 127
  - 5.4.3 行动反思的作用 128
- 5.5 案例教师实践性知识形成与发展的有效途径 132
  - 5.5.1 教学介入 132
  - 5.5.2 科研介入 134
  - 5.5.3 行政支持介入 136
  - 5.5.4 反思介入 137
- 5.6 本章小结 140

第6章 结果与讨论 142

- 6.1 引　言 142
- 6.2 高校英语教师信念的影响作用 142
  - 6.2.1 教师信念影响教师的学科教学知识 142
  - 6.2.2 教师信念影响教师的教学理念 143
  - 6.2.3 教师信念影响教师的教学行为 143
- 6.3 高校英语教师实践性知识的影响因素讨论 144
  - 6.3.1 理论原型概念的缺失 144
  - 6.3.2 教师自我防御意识的阻碍 144
  - 6.3.3 现行培训模式实践含量不高,不符合教师实际需求 145
  - 6.3.4 文化影响 145
- 6.4 高校英语教师实践性知识形成与发展的媒介 147

    6.4.1 问题情境对教师实践性知识形成与发展的媒介作用 …………… 147
    6.4.2 行动反思在实践性知识形成与发展中的媒介作用 …………… 149
    6.4.3 实践共同体在实践性知识形成和发展中的媒介作用 ………… 150
    6.4.4 基于胜任力的绩效管理的媒介作用 …………………………… 151
  6.5 高校英语教师实践性知识形成与发展的机制 ……………………… 152
    6.5.1 高校英语教师实践性知识形成与发展的机制类型 …………… 152
    6.5.2 高校英语教师实践性知识形成和发展的机制 ………………… 154
  6.6 高校英语教师实践性知识形成和发展的路径 ……………………… 156
  6.7 本章小结 ……………………………………………………………… 159

第7章 结　论 ……………………………………………………………… 160

  7.1 研究发现 ……………………………………………………………… 160
  7.2 研究结论 ……………………………………………………………… 161
  7.3 研究创新 ……………………………………………………………… 164
  7.4 理论贡献 ……………………………………………………………… 164
  7.5 教学实践贡献 ………………………………………………………… 165
  7.6 研究启示 ……………………………………………………………… 166
  7.7 局限与建议 …………………………………………………………… 166

参考文献 ……………………………………………………………………………… 168

附　录 ……………………………………………………………………………… 183

  附录1：高校英语教师实践性知识调查研究 ……………………………… 183
  附录2：国外访学经历对教师实践性知识的影响 ………………………… 186
  附录3：团队对教师信念的影响 …………………………………………… 204
  附录4：探索性小组座谈提纲 ……………………………………………… 216
  附录5：教师反思报告编码、归类举例 …………………………………… 217
  附录6：受试教师教案举例 ………………………………………………… 218
  附录7：案例访谈转录节选 ………………………………………………… 224
  附录8：案例访谈资料编码、归纳举例 …………………………………… 226
  附录9：受试教师课堂观察记录举例 ……………………………………… 228
  附录10：质化数据撰写稿及编码 …………………………………………… 229
  附录11：小组座谈、访谈及反思归类编码举例 …………………………… 244

第1章

引　　论

1.1　研究背景

《国家中长期教育改革和发展规划纲要(2010—2020年)》(以下简称《纲要》)明确强调"教育大计,教师为本。有好的教师,才有好的教育"。针对高等教育,《纲要》提出"全面提高高等教育质量""提高人才培养质量"等教育目标。可见,国家高度重视教师在教育发展中的作用,认识到教师是学校发展的保障,是学校实施各项教育目标的关键。教师的发展左右着教育的发展,而教师队伍建设是首要保障措施,为此《纲要》要求各高校要着力提高教师的业务水平,"完善培养培训体系,做好培养培训规划,提高教师专业水平和教学能力","通过研修培训、学术交流、项目资助等方式,培养教育教学骨干"。

为满足不断变化的社会需求,提高大学教育质量,教师发展作为各高校中长期发展规划的一部分日益受到关注,各高校纷纷成立了教师教学发展中心,专门负责人才引进和在职教师的教育发展。作为重要的基础学科力量,高校英语教师为适应外语教育改革的需要与发展,建设具有中国特色的英语教育,满足多样性、复合型、个性化、创新型外语人才培养的需要,在各自学校的鼓励和支持下,积极参加各家出版社提供的基于教材的教师培训。此外,教育部每年都组织高校大学英语骨干教师系列培训,还有高校派教师参加的国内外访问学者等在职学习、在职培训。通过这些活动,帮助外语教师转变教学理念,改进教学方法,提高教学能力。

然而对教师在上述培训项目中学习效果的研究发现,诸多的培训项目效果与预期目标相差甚远,所起到的促进作用不尽如人意,难以满足教师发展的需求(陈铭心,2009)。其他研究还发现,教师在大学阶段学习的理论与教师的教学实践脱节。教师在大学阶段所学的理论难以应用到教师的教学实践之中,教师培训中理论的灌输更是难以走进教师的课堂(周刚、李明,2012)。造成这种现象有诸多原因,主要表现在两个方面:一、自身层面,高校教师自我发展欲望不强,专业研究意识淡薄,缺乏职业发展规划意识(刘玉洁、宋银秋,2012),不清楚如何将理论应用于实践,不知道如何将研究与日常的教学行为相结合。二、培训层面,培训与实践的脱节影响了教师实践性知识的形成与发展,对教师教学能力发展的促进作用有限,直接影响高校教育质量(郭炯,2012;郝建军,2012)。因此尽管每年都有各类教师培训项目,供教师参与学习,但教师很少能从中真正掌握新课程理念(杨莉娟、项纯、李铁安,2012;孙瑜,2012)。随着高等教育的大众化,高等教育问题越来越明显,教师的教学理念、教学模式方面存在的问题也随之凸显。而所有这一切都归结于教师发展,教师发展问题也逐步成为影响高等教育发展的关键因素(郝翔、陈翠荣,2012)。

事实上,我国高校英语教师发展的问题源于高校英语教学实践,而高校英语教学实践的方方面面折射出高校教师发展的问题。由于高校英语教学内容相对简单、教学模式单一,教师满足于其已有专业知识结构和教学技能。在多媒体和网络技术普遍应用于日常教学的今天,教师的信息技术应用却依然没有很大改进。有些教师没有时间或者不愿意花时间设计、制作自己的教学课件,仅使用教材出版社提供的现成课件,照本宣科地开展教学。也有的教师无视学生的英语学习水平与学习能力、特点,开展"一刀切"的课堂教学。还有教师对大学英语的教学目标不明确,对教材的内涵不了解,对教材没有把控能力,使自身成为教材的"奴隶"。

有研究发现有些英语教师(尹静、王笃勤,2013)缺乏教学设计能力,教学理念落后。教学设计能力的欠缺对教师的教学实际操作产生负面影响。观看"外教社"杯大学英语教学大赛,从参赛选手的教案和视频录像分析教师教学设计,可知目前大学英语教师的教学理念和教学能力。最早的两届比赛,从全国各高校选拔出来的获1~3等奖的近40名青年教师选手中,教学设计中目标描述正确的寥寥无几,且不仅目标表述方式不对,对教育目标的理解也仅停留在知识和技能层面,反映出其教学理念的陈旧。进一步的课堂录像分析发现,这些教师所展示的不过是自身较为流畅的口头表达能力、清晰的发音和善于表达的口才。而在整个20分钟的课堂上,学生很少开口,能够有机会开口的学生不到十分之一。教师基本上没有给学生留出活动的时间,课堂活动单一,没有多种感官的调动,没有多种形式的组织,反馈方式不符合教学活动的要求。这种缺乏主题性、整体性和连贯性的教学表明,迫切需要加强大学英语教师在职培训,转变其教学观念,改变其心智模式,提高他们的教学设计能力和实际教学操作能力(曾庆雨、陶谦,2012;雷宏友、李玲,2012)。

以上现象说明,教师的教学观念陈旧,不能将新的教育教学理论、学习理论等应用于大学英语教学(尹静,2013)。高校英语教师知识结构不完善,加上应用理论能力较低,造成教学设计能力和教学操作能力较差,难以在教学中进行创新。有关高校英语教师阅读教学设计能力的调查显示,大学英语教师教材分析和教学目标设计能力不足,不能根据学生的具体情况选择适当的教学策略,教学过程设计不合理,不能提供不同认知层次的活动设计,如知识类活动、领会类活动、分析类活动、综合类活动、应用类活动等(王笃勤,2008;姜玉珍,2008)。

这种现象或许源于教师自我发展意识不强,缺乏自我发展规划和自我发展的动力,教师的职业倦怠比较严重(郝建君,2012;陆小英,2012)。有些教师甚至五年以来从未参加过任何培训,科研方面表现得十分无助,不知道如何做研究,教师的研究能力欠缺(王海啸,2009;戴炜栋,2009)。虽然高校英语教师的学历越来越高,但多为语言学和文学专业,其学历越高,知识范围也越窄,仅局限于自己的硕士或者博士研究方向的领域,对教育学、心理学、外语教育、课程教学论、教学设计、测试评价等教师应该具备的条件性知识了解甚少。调查显示,真正了解这些相关知识的不到40%,而教师又缺乏自主学习的动力和欲望,很少有老师会主动阅读教育学、心理学等相关书籍、研究报告等。由于专业的限制,对于如何开展教育研究,如何开展教学研究,大学英语教师知之甚少,这也很大程度上影响了高校英语教学的发展(王笃勤,2010)。

此外,研究者前期的调查涉及教师实践性的多个方面,如课程、学科、课程评价等,调查过程中发现,教师阅读教学方面接受的新理念最多,但在实际阅读教学中,"三段论"依然被广泛使用。毫无疑问,高校英语教学的最重要组成部分是阅读教学,而阅读教学很容易反映出课程理念,同时阅读教学自身也在研究的范围内。因此,本研究将范围进一步缩小到阅读教学领域,分析为什么教师认可很多先进的阅读教学理念,而在实际教学中却很难得以践行,即探究为什么教师会出现"言行不一"的现象,这样的研究目前在国内尚属鲜见,因此很有必要针对当前我国高校英语教师的英语阅读实践性知识之现状展开深入系统的研究。

1.2 研究现状

虽然有关学科教学知识,尤其是实践性知识方面的研究早在20世纪80年代已有开展,但只是近10年来才为研究者所重视。众所周知,知识是教师从事教育教学活动的先决条件,而真正影响教师行为、影响其在教育教学中决策的是教师的实践性知识,而不是其在之前课程中所学的,或者培训时所学的各种理论知识[阿格里斯(Argyris),1985]。

事实上,实践性知识的研究始于20世纪80年代以色列学者埃尔瓦兹(Elbaz)对一名经验丰富的中学教师莎拉(Sarah)的研究。通过开放式访谈和自由回答式讨论,埃尔瓦兹论及实践性知识的多个方面(来源、性质、结构等)。他认为教师实践性知识由多种知识组成,包括对自我的知识、对环境的知识、对学科的知识以及授课知识等。20世纪80年代中期到90年代中期,康奈利和克兰迪宁采用叙事探究的方式探析了实践性知识在课堂以及学校教学改革和专业情境中的作用,提出了一些新的术语来表征教师的实践性知识,同时还指出,教师不能将教育理论和教育政策自动地转化为教学实践,进而指导学生的学习(Clandinin & Connelly,1987)。加拿大阿尔伯塔大学学者范梅南(Van Manen)从现象学的角度探究教育情境中师生的"生活体验"世界,试图寻找一种现象学的认知结构建立自己的实践认识论。随着研究的深入,早期学者们研究的视野也得到进一步拓展,特别是从实践性知识本身的研究,拓展到学科教学、教师评价、专业身份等领域。

虽然国外已从理论和实践层面对教师实践性知识进行了研究,并取得了较大成绩(Elbaz,1983;Connelly,1996;Verloop,2001),但国内对实践性知识的研究起步较晚,最初仅限于理论上的探讨,主要围绕内涵、特征和形成机制展开(鲍嵘,2002;陈向明,2003)。随后教师实践性知识的形成与发展成为众多博士研究的主题(鞠玉翠,2003;陈振华,2003;姜美玲,2006;张立新,2008;陈静静,2009;李丹,2011;张立忠,2011;李俐,2013)。随着研究的范围不断扩大,研究内容也不断增加,既有宏观教育层面的研究,也有基于课堂教学的研究;研究方法也开始多样化,既有叙事研究、个案研究,也有行动研究;研究也越来越注意其理论支撑,既有哲学、心理学,又有教育学的理论基础。这些研究虽然没有形成对教师实践性知识的统一界定,但是形成了一定的共识,如突出实践性、情境性、特殊性、个体性和默会性(tacit)。同时学者们提出了对教师实践性知识的新的分类,如教师的教育信念、自我知识、情境知识、批判性反思知识等;也提出了教师实践性知识的特有表征形式,如图式、行动、语言和综合;在教师实践性知识的构成方面,还提出了教师主体、问题情境、行动中反思、信念等构成要素。研究发现,实践共同体和反思是实践性知识生成的两个重要媒介,也出现了部分校本培训研究。

目前,国内学者对教师实践性知识的研究内容不断丰富,方法日益多样,视角也逐渐多元化。既有对实践性知识内涵、特征及构成要素的厘定,也有在文献分析基础上对理论进行重新构建,还有理论联系实践、以个案研究的方式探讨学科教师的实践性知识等,但这些研究中还存在诸如对内涵的讨论仍然比较混乱、理论研究与实践研究还处于割裂状态、研究视野不够开阔、理论研究呈现平面化、缺乏整体形成与发展、研究没能很好地为实践服务、缺乏与相关学科知识的有效整合等问题(陈柏华,2012)。

综上所述,本研究发现,在已有研究中,无论是质性研究,还是定量研究,都属于解释性研究,目的是调查教师的实践性知识现状,探索实践性知识的内涵、构成、形成机制以及影响因素,具体表现在以下几个方面:

首先,已有的研究揭示,教师的实践性知识具有情境性、行动性、默会性、个体性等特征,其表现多以非语言表征为主,如意象、隐喻、公式等。其语言表征方式,如实践规则、实践原则、个人哲学等与显性的理论知识具有很大的差别。而以往研究所发现的诸如"课眼""激情"之类的实践性知识缺乏对知识本质的阐明。既然实践性知识如此情景化、个体化、默会化,难以传递,那么,实践性知识也就失去了知识的特征。然而知识的本质在于知识是可以传递、可以学习、可以为教师所应用的。这从某种程度上还说明,以往实践性知识的研究没有揭示出实践性知识作为知识的另外一种特征。虽然一线教师由于受个人理论研究基础的局限无法使用理论性的语言描述其所使用的教育教学理念方面的知识,这不说明实践性知识不能用理论语言表达。既然以往研究认为教师的知识分为教师信奉的知识和教师使用的知识(后者即教师的实践性知识)(陈向明,2011),那么教师的实践性知识是指教师真正信奉的,在解决教育教学实践中遇到问题时实际使用和(或)表现出来的知识(王录梅、席琴,2009)。由于该类知识较难于用语言进行清楚描述,因此导致已有研究对教师实践性知识的阐释较为模糊,本研究需对教师的实践性知识进行重新界定。

其次,已有研究证实影响教师实践性知识形成的因素很多,包括教师的个人生活史、所受的教育、所处的环境、所属社团,同时更包括文化、历史、政治、经济等。已有研究发现也表明职前教育、实习等对教师实践性知识的形成作用不大,高校教师培训项目对教师实践性知识的形成与发展作用甚微,尤其是在现代信息技术的应用方面(Tarsisius Sarkim,2004),而教师的理论学习对教师实践性知识的形成与发展也难以起到应有的作用。而文化、价值观对教师实践性知识的决定性作用似乎暗示中国教师将难以从根本上改变其传统的教育教学理念。如果实践性知识的形成与发展是不可逆的,那么,是否中国的教育就没有发展的可能?而中国上千年的科举制度依旧左右着中国的基础教育,乃至高等教育也似乎印证着这么一个规律。以考试文化为代表的文化因素等对高校教学起着潜移默化的作用。已有研究同时也证实了不同教师的实践性知识存在差异,一些干预手段能帮助教师形成与发展自己的实践性知识(石生莉,2005)。因此对教师实践性知识形成与发展的媒介和机制的探究有助于进一步了解和促进教师实践性知识的发展。

虽然在理论层面国内的研究不断深入,成果日益增多,但与10年前相比,基于教师实践性知识的外语教育实践并没有发生根本性的改变。这一时期,越来越多的专家、研究者、学校教学部门都在推行新的教育理念,尝试新的教学模式,开展教改、科研项目,探究高校英语教学的出路。表面看来,所有教育从业者都认为自己正在接受并实践新的教育理念,而教师的教学行为所反映的却是另外一种传统的、与十几年前并没有什么本质变化的状态。因而十几年后的今天,高校英语教学的质量也没有根本提高。为此,研究如何帮助教师把理论性知识转变为实践性知识,以改变其教学行为,进而发展教师的实践性知识显得尤为重要。

1.3 研究缘由

研究者所在高校拥有英语教师60多名,他们学历不同,职称有别,学源各异。大部分英语教师专业背景为语言文学,只有部分教师主修课程教学论、翻译等专业。大部分教师毕业于国内高校,也有部分教师具有海外留学经历。尽管教师的专业基础不同,教育背景各异,生活阅历千差万别,但其教学行为基本趋同,传统教学理念依然根深蒂固,教学研究意识不强,科研成果层次不高。

为了转变教师的教学理念,提升教师的教学和科研能力,学校每学期留出一周的时间开展在职培训活动。先后邀请课程设计、教育管理、语言学、文学、测试评价等各领域专家来校讲学、开展培训。虽然教师的教学技能有所提高,但教师的教学理念却没有发生根本性的变化。这是研究者本人的研究缘由之一。

事实上,经过几年的观察研究者发现教师在大学本科乃至研究生求学阶段所学的专业知识并不能完全用于教学工作。课堂上,教师仍旧还是讲单词、讲阅读,其所学的认知语言学、语用学、文学等理论没有使其教学内容、教学方法发生质的变化;更令人遗憾的是,教师在培训中所接受的各种前沿的教学理论要么变成了文件存放在笔记和电脑中,要么干脆被遗忘。

此外,研究者在日常教学工作中发现,各级教学基本功比赛甚至是"外教社杯全国英语教学大赛"参赛教师的教学设计中,其教师的实践性知识也是不容乐观。作为院系领导,在教学管理中发现新教师的例行试讲或是岗前培训的教师说课与教师在课堂教学中的表现存在较大差距,出现"说一套做一套"的"言行不一"。

目前,虽然国内外学者对实践性知识的形成与发展已有研究,但绝大多数停留在现象学的研究范畴,主要描述教师实践性知识的形成与发展的历史过程并分析其成因。而研究如何才能帮助教师把理论知识转变为实践性知识,尤其是改变教师信奉的教育教学理念,使其接受新的教育教学理念,并变成其自觉的教学实践的努力与探索的,更是凤毛麟角。鉴于已有研究存在的不足,同时基于对现实问题的思考,探索教师实践性知识的形成与发展的模式和路径,以期促进高校英语教师的职业发展。

1.4 研究内容与方法

教师的实践性知识涉及课程知识、教学知识、情境知识、学生知识等各个方面,十分庞杂。已有研究认为,**教师的实践性知识是教师通过提炼和反思自己的教育教学经历与经验,在教学行动中产生的对教育教学的认识**(陈向明,2011)。当前环境下,阅读教学是高校英语教学的最重要组成部分,阅读教学很容易反映出教师的课程理念,同时阅读教学自身也在研究的范围内。因而据此可探索为什么教师认可很多先进的阅读教学理念,而在实际教学中却没有应用。在当前,阅读教学的现状不容乐观,陈旧的阅读教学模式依然占据主流,以单词学习和语法分析为主的阅读教学往往是以教师为中心,不利于培养学生的交际能力,与当下的英语教学改革背道而驰。而任务型阅读教学基于任务或以任务为基础,强调"在做中学、在用中学"的理念,主张学生在完成各项任务的同时自然地习得英语,能够培养学生的英语语言交际能力和综合应用能力,符合当前的社会需求。因此,本研究将研究范围进一步缩小,以任务型阅读教学为视角,开展教师的实践性知识的探究。

因此,本研究将教师的实践性知识形成与发展局限在认知视角的任务型阅读教学上,具体研究的问题归纳如下:

(1) 高校英语教师阅读教学的实践性知识现状如何?

(2) 影响高校英语教师阅读实践性知识形成与发展的因素有哪些?

(3) 如何帮助高校英语教师形成和发展实践性知识?

为完成上述研究任务,我们将开展混合研究。其中,量化研究是在文献梳理的基础上开展探索性访谈,通过收集质化案例数据资料,为先导问卷的设计和开展做好准备。通过问卷调查部分地了解高校教师实践性知识的现状,通过量化分析,发现教师实践性知识形成与发展的倾向趋势。而本研究以质性研究为主,主要包括实验介入前的探索性访谈和小组访谈/座谈以及实验介入后的深度访谈/座谈。再通过小组访谈、课堂观察、教师反思日志等方式收集质化数据,对问卷数据进行验证。换言之,本研究通过实验介入,进行以下操作:

(1) 问卷调查,以阅读教学为例,了解河北省高校英语教师实践性知识的实然现况。通过录课及其访谈了解影响教师阅读实践性知识形成与发展的因素。通过对课堂观察、行动反思、文献、案例、访谈等所收集数据的分析,探索何种介入方式有助于教师阅读实践性知识的形成。研究以教学设计为主线,以阅读教学为内容,选择教学设计的核心环节和核心问题开展研究;

(2) 介入设计,根据教学设计的各个环节要求,基于学生为中心的理念,开展介入实验,进一步观察分析如何帮助教师促进其转变教学理念,把隐性知识转变为显性知识。

(3) 通过观察、归纳教师教学中的实际问题,开展基于问题的介入研究;

(4) 通过对课堂观察、行动反思、文献、案例、访谈等所收集数据的分析,最终发现教师实践性知识形成和发展的路径。

本研究选择河北地区五所普通地方本科院校、一所军事院校以及北京一所普通本科高校的 200 名英语教师作为研究对象。

1.5 研究意义

本研究基于教师实践性知识的本质属性,通过介入实验,探究教师实践性知识形成与发展的模式与途径,为实践性知识的研究打开新的思路,揭示当下高校教师实践性知识落后于理论知识的原因,对在职教师培训和职前教师教育具有较高的实践价值,具体表现在以下三个方面:

1. 有助于教师实践性知识理论研究的升华

在人类社会发展中,知识的作用自不待言,但人们对知识的界定及认识不尽相同。在我国,知识被视为"人们在社会实践中所获得的认识和经验的综合"。而按照西方认识论传统,知识则指"认识主体对外在事物政务把握后形成的信念"。波伊曼(2008)指出知识有熟悉型知识、能力型知识和命题型知识之分。传统意义上的知识多指命题型知识,也因此把教师的实践性知识排除在外。

事实上,教师的实践性知识是一种能力型知识,是理论知识在实践中应用的反映。与以往研究不同,本研究不是停留在对教师实践性知识内涵、特征方面的描述,而是从理论角度界定高校英语教师的实践性知识,探讨教师如何用理论化的语言把自身的实践性知识显性化地表达出来,这有助于提升教师的理论高度。相对于纯理论研究者而言,他们不只是掌握理论知识,并且还可以用理论指导自己的实践。教师不仅是理论的所有者,并且是理论的实践者和教学实践的检验者。本研究也因此有助于教师实践性知识理论研究的升华。

2. 揭示实践性知识的知识本质

虽然人们一致认可教师的教学行为是由其实践性知识决定的,但是对于实践性知识的内涵、特征和表征的界定让人们感到无所适从。

有关实践性知识特征的研究认为实践性知识是默会知识(tacit knowledge),不能通过语言/文字或符号逻辑说明,也不能通过一般的形式传递,唯有学徒制才能实现传授,且这种知识不易大规模积累、储藏和传播,更不能加以批判性反思(石中英,2001)。这种知识可意会却无法言传,是无意识、内隐的知识(鞠玉翠,2004)。因此,在总结教师的实践性知识时,以往研究者发现教师的实践性知识具有很强的个人色彩,也只能总结出类似"激情""课眼"之类的知识。这种研究忽视了知识的根本属性,这也是为什么实践性知识为研究者自己所认可,而得不到其他研究者认可的原因。

知识的根本属性在于其可以学习、储存并加以传播。实践性知识也应该是可以传播的。研究者的任务在于把隐性的知识显性化,引导教师挖掘自身的隐性知识,搭建平台,寻求媒介,使隐性知识显性化,并用来指导教学实践,从而促进实践性知识的传播。

虽然实践性知识具有个性化和隐性的特征,是通过意向、隐喻等表征的,但是从其构成来看,实践性知识同样是可以用语言表征的。根据埃尔瓦兹的观点(Elbaz,1983),实践性知识由对自我的知识、对环境的知识、对学科的知识和授课的知识等构成。我国学者陈向明的研究表明,实践性知识由四部分构成,分别是关于自我的知识、关于科目的知识、关于学生的知识和关于情景的知识(陈向明,2011)。而这些都是教师在职前学习和在职培训甚至自我阅读中学到的显性的理论知识。或许教师受自身专业的限制无法用语言表达出自己在教学实践中应用的知识,但是,这不等于说实践性知识是无法用语言表达,无法传播的。而在解释实践性知识的表征时不少学者也承认实践性知识可以通过"语言"展示(陈静静,2009;陈向明,2011)。既然可以通过语言展示,那么,这种"语言"就是可教授、学习、传播的理论性知识。而致力于实践性知识研究的学者们也承认,"对教师实践性知识的研究应更注重从理论的视角出发探讨教师做了什么,为什么这么做"(陈向明,2011:195)。日本学者野中郁次郎和竹内弘高(Ikujiro Nonaka & Hirotaka Takeuchi,1996)在研究知识创造的过程时,曾提出知识创造的 SECI 螺旋图模型。首先,社会化过程是个体之间分享隐性知识进而创造新知识的过程。"社会化"强调在社会或团体中通过分享交流来进行。其次,外在化过程指的是借由描述、类比、隐喻和假设等方式将隐性知识表达为显性知识的过程。再次,组合化是指将零碎的显性知识进一步系统化和复杂化,也就是将零碎的、个体的显性知识和观念经过分享、分析、归类、整合,提升为新的知识体系的过程。最后,内在化是指通过在职培训、团队工作以及由做中学等方式将新创造的显性知识转化为受训者的隐性知识的过程。

本研究从理论的角度入手,分析教师实践性知识的现状,将教学设计的理论知识分解成若干核心理论,以通过实验的方式促成教师的应用能力,将理论知识转化为教师的实践性知识。这里不仅包含将教师实践性知识理论化的过程,也包含将理论知识实践化的过程。本研究也因此可以还原实践性知识的知识本质,这在实践性知识的研究中的确是一个突破,有利于教师实践性知识的形成与发展。

3. 为教师实践性知识的研究提供新思路

以往研究多为实践性知识的理论分析,侧重实践性知识的内涵、特色和构成(Elbaz,1981;鲍荣,2002;陈向明,2003)。过去的十几年中,有关实践性知识形成机制的研究越来越多,如研究实践性知识是如何形成的,影响因素有哪些(鞠玉翠,2003;陈振华,2003;姜美玲,2006;张立新,2008;陈静静,2009;李丹,2011;张立忠,2011;李俐,2012)。这些研究多从现象学的视角,采用叙事等质性研究方式,解释教师的教育教学行为,呈现其日常教育教学活动中实践性知识的不同存在形态、表征方式及来源与发展路径等(姜美玲,2006)。虽然这一切呈现了日常教育实践活动中的实际状态,但这些研究只能帮助教育工作者审视自己的教学行为,无法为职前教师教育和在职教师发展提供参考。

本研究从行动研究的角度出发,采用实验研究的方式探索教师实践性知识的形成与发展,通过多样化的教育干预,探讨可以促进教师教育教学理念转化的方式,以促进教师新的教育教学理念的形成,进而推动教师教育教学行为方式的转变。教师实践性知识的本质在于其行动性，与以往研究相比，本研究为实践性知识研究的深化提供了一个新的研究思路。

1.6　章节概览

按照以上研究思路，本文共分为七章进行论述。

第1章为引论，主要介绍研究的教育和理论背景，结合研究者的实际情况指出本文研究缘由与意义。本章还就本研究内容、研究问题、研究方法等进行了阐述，最后勾勒出本研究的基本轮廓以及其他章节的内容梗概。

第2章为文献综述，首先引入教师专业发展研究的概念，追根溯源，总结教师专业发展研究的起源及研究现状。接着聚焦教师发展的核心——教师知识，通过梳理国内外教师知识的研究，层层递进，深入探究教师实践性知识。回顾和重新界定教师实践性知识的概念，探讨教师实践性知识的内涵，分析教师实践性知识的差异，归纳出教师实践性知识的影响因素，追寻介入手段对教师实践性知识的国内外既有研究。然后进一步缩小研究范围，将关注点聚焦在英语教师，梳理英语教师实践性知识的研究现状，通过分析国内外英语阅读教学实践性知识的相关研究，提出本研究的研究概念和概念框架图。

第3章是本研究的研究设计部分，在前面章节文献梳理的基础上，分析所研究问题的性质和研究路径、研究对象和研究方法。通过详细介绍被试选择、研究工具和研究方法，描绘出具体的研究技术路线图。在此基础上对研究工具问卷调查、访谈和录课分章节重点介绍，指出各自的选择理据和具体设计实施步骤和方法，并对各自的信度和效度进行简要介绍，最后关注了研究的伦理问题。

第4章阐述了研究设计思路。依据调查问卷所收集的数据资料，从教师的基本情况、教师的教学信念和教师的教学实践三个维度进行呈现和分析。教师的基本情况部分是描述性统计分析，呈现受访教师的专业、学位、职称、海外访学经历、参加培训等情况。教师的教学信念部分首先通过隐喻呈现和分析教师对自我的认知、对学生的认知、对教育情境的认知。然后对教师信奉的知识（主要体现在课程理念和教学理念上）进行概括和分析。第三部分是教学实践，主要从本体性知识、条件性知识、慕课与阅读教学理念、翻转课堂与阅读教学设计理念等方面分析了高校英语教师在教学实践中所应用的知识。本章从教师受教育经历、教师培训、留学经历、团队建设等方面分析了教师实践性知识形成与发展的影响因素以及高校英语教师实践性知识的现状，为质性研究选定受试教师，进行实验介入提供了现实依据。

第5章在问卷调查的基础上，开展质性研究。通过小组座谈、访谈、课堂观察、录课资料分析、分析教师的教学设计以及各级参赛作品，参照先导问卷结果，进一步调查高校英语教师实践性知识的现状、影响因素及其形成与发展的媒介。本章首先从问题情境、行动反思和学习共同体三个层面界定了各自定义。结合深度访谈数据资料、教师的教案、教师日志和课堂观察及录课分析探讨教师任务型阅读教学中信奉的理论不能在实践中变为使用理论的原因。通过框定问题情境，勾勒出四种典型案例，结合案例分析如何创设问题情境并加以应用。随后通过分析行动反思的方式,结合上述案例探讨行动反思的具体实践方式。通过行动反思,分析任务型阅读教学实践中教师如何反思自身的教学理念和教学设计理念。最后以学习共同体为平台开展介入实验进行教育干预。

第6章在量化研究和质化研究的基础上讨论分析,总结高校英语教师实践性知识的实然现状、形成和发展的影响因素,以及形成与发展的媒介和机制。

第7章是本文的结论部分,概述全文,论述研究发现,得出研究结论和研究启示。同时指出本研究的局限性,为未来学者的进一步研究奠定基础。

综上所述,本研究跳出以往研究针对教师实践性知识内涵、特征方面的描述层面,从理论角度界定高校英语教师的实践性知识。帮助教师将教师信念运用到课堂教学实际中去,不断总结教学实践经验并上升为新理论,形成并发展教师实践性知识。将专业知识在课堂教学实践中应用并及时反思总结,通过不断学习并接纳新的教育教学理念,转变教师信念,这对于在职教师培训具有较高的实践价值;同时对于职前教育给予启示:结合师范教育人才培养方案,加强学生的实践性知识,加大实践教学环节,使学生学与练相结合,培养学生在实践中应用学科专业知识的能力,因此,这对于职前教育也有着重要的意义。

第 2 章

文献综述

2.1 引　言

本研究主要探索高校教师实践性知识的现状及其形成和发展途径。前一章对写作缘由，研究背景与现状，研究内容及提出的问题，以及研究的方法与意义进行了简要概述，提出了论文的写作概览。

本章将在文献梳理的基础上，找到自身的学术定位，确定研究视角和研究方向，勾勒理论框架，从外围也就是普通学科开始，纵览教师专业发展的相关文献，逐渐缩小关注范围，从教师专业发展缩小到教师知识，再从教师知识缩小到教师实践性知识，最后聚焦到英语学科教师实践性知识的研究层面。通过回顾国内外相关研究，在已有研究不足的基础上建构本研究的概念框架。

本章共分九个部分，第一部分为本章引言，回顾上章内容，介绍本章主要内容。第二部分是教师的专业发展概览，主要梳理国内外教师专业发展的情况。第三部分为知识与教师知识研究概览，从知识出发，分析知识的内涵特征，细化教师知识的分类及其获得方法。第四部分围绕教师学科教学知识，概述国内外已有研究，重点关注教师的学科教学知识和整合技术的学科教学知识，并通过分析慕课与英语阅读教学以及翻转课堂与英语阅读教学，阐述整合技术的英语学科教学知识与实践性知识的关系。第五部分突出教师实践性知识的研究，从实践性知识概念、实践性知识影响因素、实践性知识形成与发展媒介及其机制等方面回顾国内外研究文献，对之分析与述评。第六部分结合英语学科，概述和分析国内外对英语教师实践性知识的已有研究。第七部分在前文基础上进一步梳理阅读教学中教师实践性知识的研究方法，回顾国内外对实践性知识的研究方法——叙述研究、案例研究及调查研究。第八部分在前面文献述评与分析的基础上提出本研究的研究问题、研究内容及本研究的概念框架。最后一部分是本章小结。

2.2 教师专业发展研究概览

教师专业发展研究是当前教学理论探索与实证研究的热点问题之一。教师专业发展的研究历程漫长,至今已在发展内涵、发展内容、发展阶段、发展范式以及发展模式等方面取得了很多成果。国内外学者从诸多研究视角出发,对教师专业发展研究的认识和界定不断加以发展、更新、完善,因此本研究首先对国内外相关研究进行梳理,然后在此基础上,深入探讨教师知识发展,尤其是教师实践性知识的形成与发展。

2.2.1 教师专业发展研究的起源与发展

教师专业发展研究始于20世纪60年代。1963年世界教育年鉴以"教育和教师培养"为主题,探讨如何快速提高教师数量以满足日益增长的需求的问题。1966年,包括联合国教科文组织和世界劳工组织在内的世界教育机构尤其重视教师的发展问题,强调把教师职业作为专门职业来看待。1969年,Fuller通过调查问卷研究教师关注(Teacher Concerns)问题,开辟了理论研究先河。1980年,世界教育年鉴再次关注教师问题,并以"教师专业发展"作为当年的年会主题,关注焦点也从单纯的教师数量上升到教师质量的考量层面。同年美国"求助!教师不会教学"(Help! Teacher Can't Teach)一文引发国民深刻思考,拉开了提高教师素质水平,促进教师专业发展的序幕。之后,随着"国家在危急之中,教育改革势在必行""国家为培养21世纪的教师做准备""明天的教师""明日之学校""明日之教育学院"以及"新世界的教师"等一系列由各种学术团体发表的报告引发了人们对教师专业发展的持续关注。这其中,霍姆斯小组发布的包括"明天的教师"在内的系列报告影响深远。上述报告中,研究者们多次对教师实践性知识的缺乏表示关切。

事实上,我国学者早在1925年就开始关注教师发展这一领域研究,当年在刊物《教育与职业》上登载的"职业教师自省"一文就说明了这一点,但相关研究开展得较晚。我国在1978年改革开放之后才明确提出教师的专业发展问题(朱晓红,2011)。到80年代末以后,国内首次出现了介绍国外教师专业发展理论研究的相关文献(《美国的教育评定和教师专业责任制》,马多斯、蒋品相,1986)。进入21世纪,经过多年的发展,教师专业发展理论研究数量不断增加,研究队伍不断壮大,从国家教育政策制定者和决策者,到理论研究者、各级教育部门乃至一线教师,都越来越重视教师的专业发展问题。同时研究质量不断提高,研究方法日益多元化。尤其是近几年,教育研究者纷纷从不同角度出发,构建教师专业发展理论框架,探索教师专业发展问题,取得了很大的成就。研究者通过查阅中国知网,发现了近15年国内教师专业发展的研究趋势(检索日期为2014-12-14),如图2.1,2.2和2.3所示。

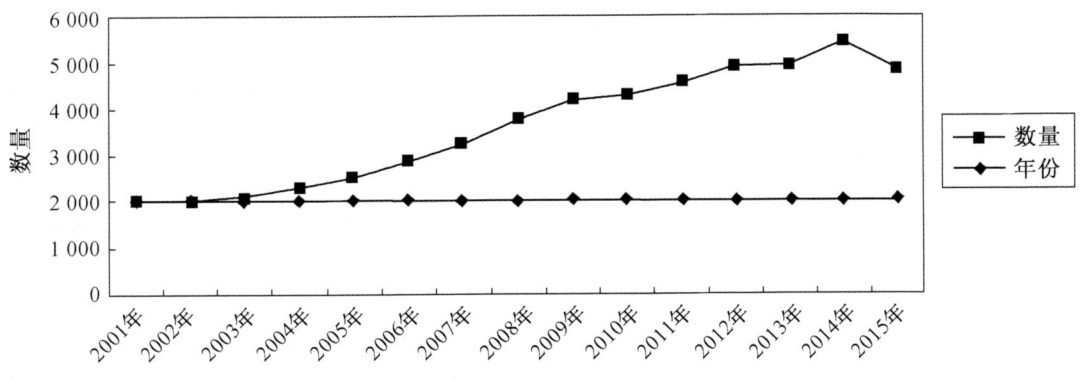

图 2.1 近 15 年国内教师专业发展论文研究情况

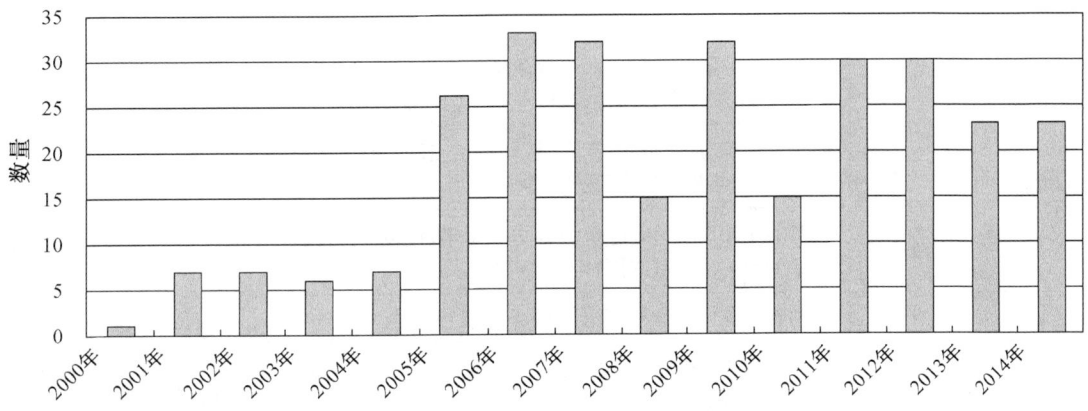

图 2.2 近 15 年教师专业发展博士论文研究情况

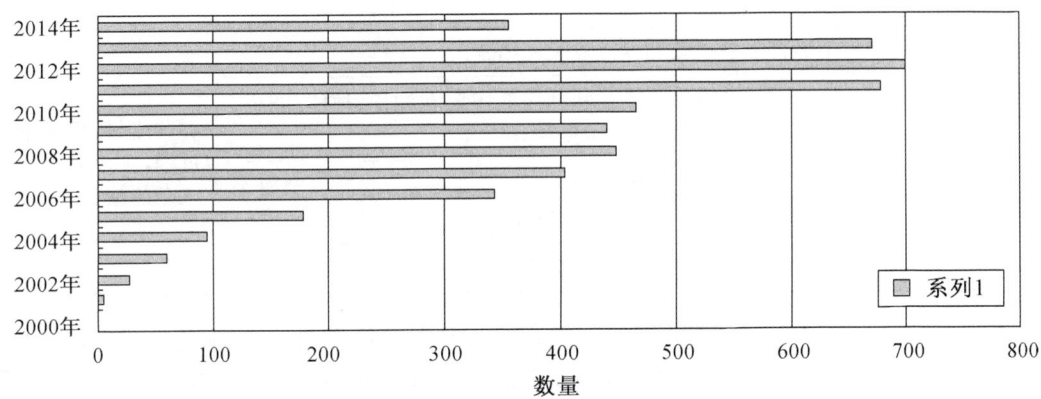

图 2.3 近 15 年教师专业发展硕士论文研究情况

上面三个统计图显示自 2000 年以来,国内教师专业发展研究数量呈上升趋势。这说明国内学者在宏观层面都认同教师专业发展的必要性,也在以各种行动开展相关研究。

虽然学者们不断对教师专业发展深入研究,但在教师专业发展内涵、发展内容、发展阶段、发展范式以及发展模式等方面存在不同意见或看法,下文将逐一进行梳理和概述。

2.2.2 教师专业发展的内涵

对于教师专业发展概念和内涵的界定,国内外学者持不同看法,但这些看法或观点有相通之处,基本可以归纳为三类。第一种强调状态,突出教师专业发展的过程。第二类则强调行动(动作),突出教师专业发展是一个持续不断的过程。第三类看法综合了前两种观点,认为教师专业发展是行(动作)与状态的结合。本文将有代表性的研究者及其对教师专业发展的界定进行对比,分析如下(见表2.1)。

表 2.1 教师专业发展概念和内涵的界定

研究者	年份	教师专业发展的概念或内涵界定	特征
Hoyle	1980	教师经过一定时间提高专业知识和实践技能以达到职业标准,并改善自身地位。	突出教师专业发展过程,强调状态
Perry	1980	教师专业发展超出知识技能范畴,教师实践是一种艺术化的表现,将工作提升为专业,将专业知识技能转化为权威。	
Fullan & Hargreaves	1992	通过教育培训获得特定发展,同时在诸如目标意识、教学能力及同事间合作等方面全面发展。	突出教师专业发展的持续不断的过程,强调动作
Little	1992	教师在知识、技能、判断力等方面不断提高,学会教学,学会管理,对专业共同体有所贡献。	
Lange	1983	教师在心智、经验和情感方面不断发展。	
叶澜、白益民	2001	教师在观念、知识、能力、态度、动机、自我发展意识等内在结构上不断更新、发展。	
朱宁波	2002	教师在职前、在职和进修阶段都需要持续不断地学习与研究。	
Wideen	1987	教师专业成长和促进成长相结合。	突出教师发展的过程,强调动作与状态的结合
唐玉光	1999	教师专业发展从不成熟到成熟需要在知识、技能、能力、态度、情感等多方面转变和升华。	
肖丽萍	2002	教师教学能力、教学心理及其职业追求、信仰贯穿整个职业生涯,是不断形成和发展的。	
朱玉东	2003	教师专业知识、能力、信念等伴随一生,不断成长、成熟。	

上表仅列举了国内外部分学者的观点和看法,并对其简单分类。事实上,教师专业发展的内涵是一个不断变化和发展的过程,其发展越来越多元化,外延不断扩展延伸,研究内容也不断丰富。

2.2.3 教师专业发展的内容

目前教师专业发展的理论研究已经颇为丰富(周跃良,2008;吴振利,2012;蒙诗茜,2014),通过梳理文献,本节将教师专业发展的内容概括为发展形势、发展目的、发展内容和结果以及全面发展。其中,教师发展的专业结构划分发挥了至关重要的作用,而针对教师专业结构的研究,国内学者李慕南(2011)将教师专业发展从专业知识、专业能力和专业精神三个维度进行分类,并描画出教师专业发展结构体系,如图2.4所示。而国内另一学者穆肃(2011)也在文献研究的基础上进行总结概括,从专业知识、专业能力、专业意识和自我发展意识四个方面,对教师专业发展的内容勾勒了建设性的图表,如图2.5所示。

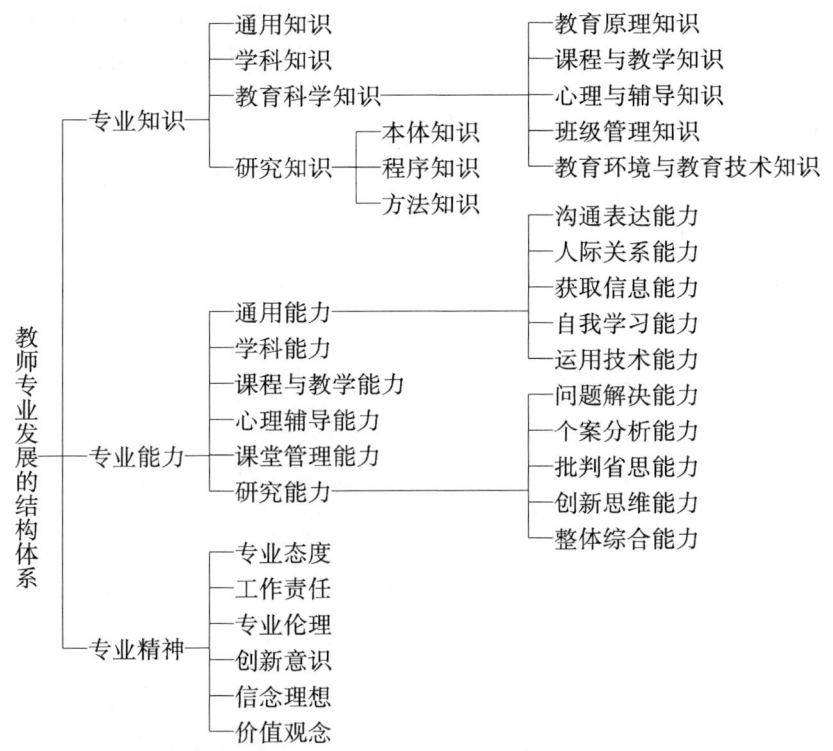

图2.4 教师专业发展的结构体系(李慕南,2011:65-66)

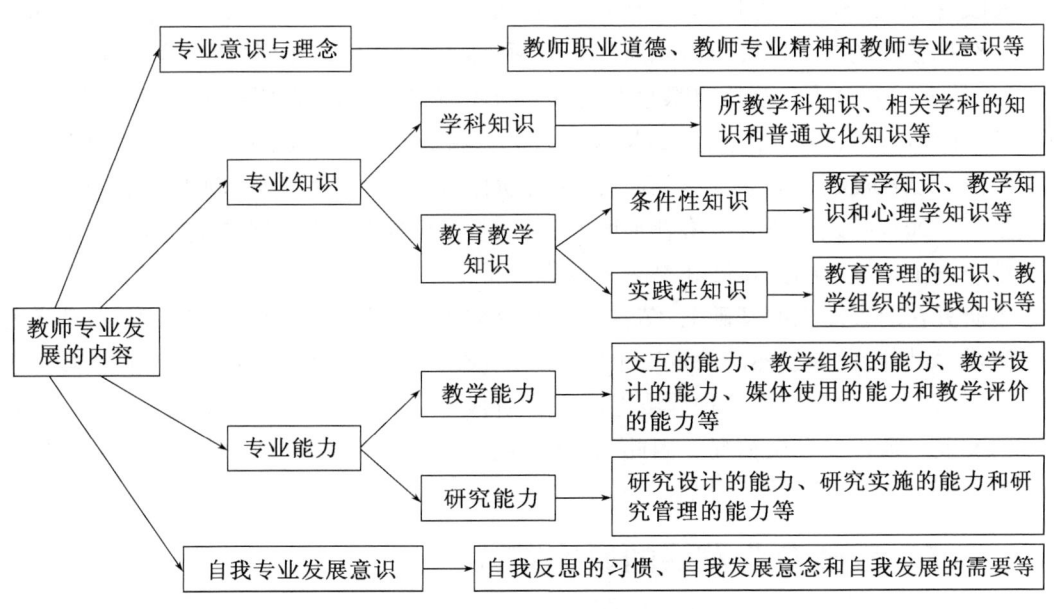

图2.5 教师专业发展的内容(穆素,2011:13)

如图 2.5 所示,教师的专业知识由学科知识与教育教学知识组成。而教育教学知识又由条件性知识和实践性知识组成。除了对教师专业发展内容从整体角度进行归类划分外,很多国内外学者还从微观层面出发,对教师的专业能力结构和专业知识结构进行划分并详细阐述,本研究重点关注教师实践性知识的形成与发展,在下一节中将重点梳理教师的知识与实践性知识领域里的相关研究,因此,这方面的文献不再赘述。

2.2.4 教师专业发展的阶段

教师从入职到退休或离职,整个职业生涯可以分为若干阶段,每个阶段面临不同的任务和挑战,针对教师职业生涯阶段划分的研究在国外早已有之。从 Fuller 的教师发展阶段理论开始(Fuller,1969),国外学者在这一领域有着深入的探讨和详尽的阐释,本文仅列举部分代表性学者的观点,如表 2.2 所示。

表 2.2　国外部分学者的教师职业生涯阶段论划分

学者	年份	教师专业发展阶段论
Fessler	1985	教师职业生涯发展是一个动态循环的过程,每个阶段受到个人和组织环境的影响,生涯周期可分为:职前教育、实习导入、能力建立、热心成长、生涯挫折、稳定停滞、生涯低落和生涯隐退阶段。
Huberman	1997	教师职业生涯可分为入职、稳定、实验重估、平静保守和退出教职 5 个阶段。
Berlina	2003	教师职业生涯可分为新手、进步的新手、胜任、熟练和专家 5 个阶段。
Benner	2004	教师职业生涯可分为新手、高级新手、胜任者、精熟者和专家 5 个阶段。

国外学者对于教师职业生涯的划分与描述远不止上表中列出的这些,正是这些研究为我国学者的研究奠定了坚实的基础。国内学者在吸收借鉴国外已有研究的基础上结合自身实践,提出了各自的主张,概括起来有不同的阶段论:两阶段论者(吴康宁,1998;朱玉东,2008)把教师的职业发展分为职前和在职两个阶段。三阶段论者(唐玉光,2002;刘婕,2002;王秋蓉,2006)认为教师的职业生涯可分为职前、初入职和在职三个阶段。四阶段论者(邵宝祥等,1999;申继亮等 2002;罗琴等,2005)将教师职业生涯大体划分为适应阶段、成长阶段、发展阶段和成熟阶段。五阶段及五阶段以上论者(叶澜等,2001;傅树京,2003;王俊生等,2004;裴跃进,2008)将教师职业生涯进一步细化。无论哪种划分,教师的职业生涯都是一个持续、动态、发展和终身的过程。

本研究在前人研究的基础上,结合自身研究对象,按照教师入职时间长短,主要关注适应阶段,发展阶段和成熟阶段这三个阶段。从横向看,这三个阶段体现了不同阶段的教师的发展情况。从纵向看,某种程度上这三个阶段可以反映出每个教师在不同职业生涯阶段的发展特征以及发展情况。因此,教师专业发展阶段论为本研究选择受试对象提供了理论依据。

2.2.5 教师专业发展的研究范式

"范式"(paradigm)的概念最早是由 Kuhn(1962)在《科学革命的结构》中提出的,Kuhn 对科学发展持历史阶段论,认为每一个科学发展阶段都有特殊的内在结构,而体现这种结构的模型即"范式"。教师专业发展研究也有自身的研究范式。国内外学者的研究范式主要集中在四个层面,即技术熟练者范式、研究型实践者范式、反思性实践者范式和综合(以上三个层面)范式(蒙诗茜,2014)。第一种范式通过教育行政部门自上而下的督导,对比专家与新手教师,用实证主义方式考核教师教学技能。研究型实践者范式又可分为三种,如表2.3所示。

表2.3 研究型实践者范式类型、代表人物及其过程模式

种类	代表人物	过程模式
教师成为研究者	Lawrence Stenhous	教师个人通过实践检验、修正和完善自身理论。
教师成为行动研究者	Julian Elliott	教师通过具体的问题情境,制订行动方案,在解决问题中不断自我监控、改进和提高自身的理论。
教师成为解放性行动研究者	CarrKemmis	教师通过外来专家的指导,构建研究共同体,在共同体中不断自我反思教育实践活动。

反思者实践范式主要指教师在教育实践活动中通过特定的问题情境,反思理论与实践之间的关系,改进教育方法,进而提高教育质量。这一派的代表人物Schön(1983)指出,实践者在面对不确定的或是独特且充满矛盾的情境时,凭借行动直觉、类比、隐喻等非普遍规则来解决问题(蒋竞莹,2004)。而Osterman & Cottcamp(1993)则认为教师的教育反思是循环反复、不断上升的过程,通过积累经验、观察分析、概括总结和进一步验证四个环节以实现教育教学的改进和提高(蒋竞莹,2004)。

而综合范式研究者(徐碧美,2003)采用案例研究方法,以课堂观察和录课分析为手段,对比分析新手教师与专家教师课堂实践异同,揭示教学领域中专家知能(expertise)的特征,分析形成和影响专家知能发展的因素,并阐明教师在教学中如何发挥他们的专家知能,进而帮助新手教师理解他们所面临的种种困难,促进新手教师获得新知识新技能。

上述四种研究范式尤其是后三种从整体上把握了教师专业发展的理论,突出了教师在实践中的成长和发展历程,为本研究探索高校教师实践性知识的形成与发展提供了有益的参考。本研究将采用行动研究的形式,对处于职业生涯三个阶段的教师进行观察,通过录课、访谈等手段,框定教师不同的问题情境,进而通过实践共同体等外界干预和教师自身的教学反思,探索实现不同阶段教师实践性知识形成和发展的模式。

2.2.6 教师专业发展的模式

通过上文对教师专业发展内涵及内容的回顾,我们可以发现,教师的专业发展很大程度上取决于实践中的不断反思。因此,以实践为出发点,结合教师的反思,在行动中研究教师的专业发展模式,进而寻求促进教师终身发展的路径、方式或模式也正是本研究的意义所在。

与教师专业发展的内涵、内容及发展阶段相关研究相比,国内外针对教师专业发展模式的研究,起步则较晚。但也有学者Ornstein和Behar(1993)总结了前人的研究成果,将教师专业发展的模式概括为五种类型:个人自我指导模式、观察评估模式、参与发展与改

进过程模式、培训模式和探究模式(李碧雄,2007)。还有学者主张国际上的教师培养范式可以归为六类:知识范式、能力范式、情感范式、"形成与发展论"范式、"批判论"范式和"反思论"范式(杨钰桦、周珺,2008)。不管哪种分法,国外尤其是发达国家的实践与探索为我们的教师专业发展模式的研究提供了宝贵的借鉴经验,下表2.4简要对比介绍了美国、英国和澳大利亚三国在这方面的做法。

表2.4 美、英、澳教师专业发展模式

国家	模式	主要特点
美国 1980s—1990s	传统"训练指导"模式+教师发展中心模式	有效教师发展需要从组织发展、教学发展和个人发展三个维度展开,相互促进。建立专门教师发展学校成为近来的趋势。
英国 1970s—1990s	课堂为本(CBTD)模式	以国家标准为指导,以学校为中心,以教师自我诊断和反思为重点,以课堂教学、师生互动、同事合作为途径,循序渐进,寻求师生共同提高。
澳大利亚 1990s	"除草机"模式	专业发展提供者自上而下地向参与培训的教师单项传递特定信息,教师自我吸收消化。
	"涡轮机"模式	专业发展提供者、学校、教师三方协商、互动、合作,基于教师需求和具体问题情境,制定教师发展规划,通过批判性反思和教师自我监控,实现教师专业发展。

这其中,尤其值得关注的是美国学者Bergquist和Phillips(1975)提出了有效大学教师发展的理论模型,该模型从组织结构、教学过程以及个人态度等层面深入讨论了大学教师专业发展的组织模式,对本研究有很大的借鉴价值,如图2.6所示。

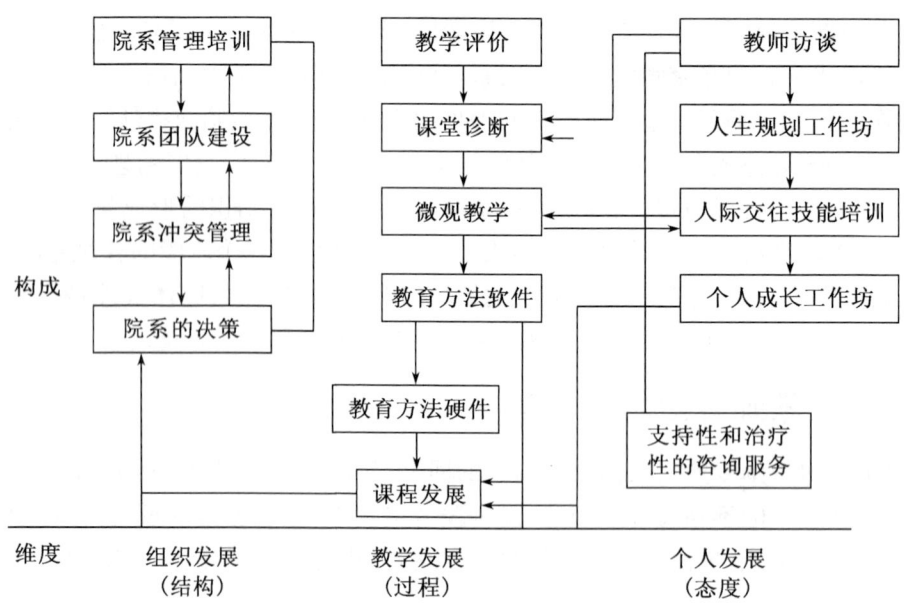

图2.6 有效大学教师发展的理论模型(Bergquist & Phillips,1975)

此外,澳大利亚墨尔本大学教师专业发展研究团队在前人的基础上深入分析了教师专业发展的组织因素、个人因素和环境因素及其相互关系,提出了教师发展成因关联模型(Interconnected Model of Teacher Professional Growth),如图2.7所示。

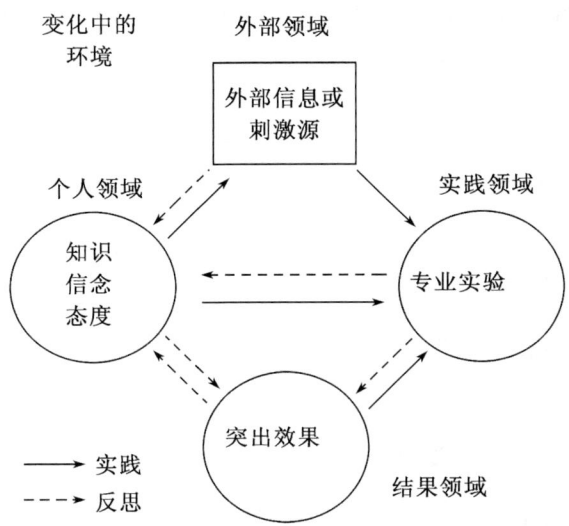

图2.7 教师专业发展关联互动模式(Clarke & Hollingsworth,2002)

受到国外学者的启发,结合自身实践,国内学者对教师发展的模式主要围绕知识技能＋实践反思,个体与团体,校本培训＋教师教育而展开。下表2.5列举部分代表性观点。

表2.5 国内教师发展模式主要分类

类型	代表人物或机构	模式特征
两种模式	吴永军,2008	知识技能训练＋实践反思
	钟启泉,2005	技能训练＋反思性实践
三种模式	胡慧闵,2012	个体被动发展＋个体主动发展＋团体共同发展
	教育部师范教育司,2003	理智取向＋实践、反思取向＋生态取向
四种模式	周跃良,2009	高校为本＋校本培训＋教师教育一体化＋四位一体

2.2.7 教师专业发展的实证研究

上文梳理了教师专业发展的起源,并从理论研究视角对教师专业发展的内涵、发展内容、发展阶段、发展范式和发展模式进行了简要概述。通过文献梳理可见,目前国内外教师专业发展在理论层面的研究颇为丰富,研究视野宽广,理论研究涉及信念情感、知识能力、教学反思、合作管理、职业生涯等多方面内容。随着时间的推移,这一领域的研究成果还会不断增长。然而,研究者发现,对教师专业发展的实证研究却相对滞后,仅局限在信念、知识、学习、反思及合作等领域。下面将从这一角度考量国内外教师专业发展研究的情况。

2.2.7.1 教师信念的实证研究

一般而言，教师信念指的是对有关教与学现象的某种理论、观点和见解的判断，这种判断影响到教师的教育实践和学生的身心发展（余国良，2000）。针对教师信念的实证研究，国外学者往往采用调查方法，结合问卷和人种志研究深入探索教师信念与教师发展的作用，研究者将代表人物的研究方法和研究发现归纳整理，列举如下（见表2.6）。

表 2.6 国外教师信念实证研究举例

学者	年份	主要研究概况
Thompson	1982	通过3名案例，发现学生学习、教师角色、学生能力及教学内容会影响到教师的信念。
Shmidt & Buchman	1983	小学老师对学科重要性的信念不仅影响到备课时间长短，其教学实践还与教学内容的信念紧密相关。
Watts	1991	通过案例研究发现，教师实用主义的教学信念影响形成与发展主义教学改革的实施。
Delpit	1995	教师对后进生的态度与信念深刻影响学生的学习积极性和学习成绩。
Davis & Helly	1995	通过一名案例研究发现教师教学信念的发展可以助教师在实践中摆脱教学困境，增强自信，提高教学水平。
Senger	1999	通过3名受试教师观看自己的教学录像，反思教学实践和教学信念，可以改变教学行为和已有教学信念。
Patrick & Pintrich	2001	教师职前获得或形成的信念对入职后的影响很大，且入职后的培训难以改变先前信念。
Shraw & Olafson	2002	通过描述教师对考试持有的信念，以常模化（norm-referenced）测试数据揭示了教师信念明显或影响到考试改革制度。
Wheatley	2002	教师对某项教学任务的效能感低可以促使其反思、学习，向同事寻求合作。
Hyland & Noffke	2005	教师培训项目或活动，有可能改变教师的信念。好的职前实习影响职前教师信念，学生文化背景及师生互动信念方面尤为明显。

国外学者（Pajares，1992；Williams & Burden，2000）实证研究发现，教师的信念可以影响到教师的备课、教学和反思等行为，教师的职前培训往往对教师入职后的教学活动发挥了重要作用，改变教师已有的教学信念可以促进教师转变教学实践行为，提高教学效能感。

相对国外，国内对教师信念的实证研究大约在10年前才开始出现。近几年这个领域的研究不断发展，成果日益增多，代表性研究成果如表2.7所示。

表 2.7 国内教师信念实证研究举例

学者	年份	主要研究概况
郑新民	2005	探索高校英语教师信念的基本特征,分析教师语言观对教师教学途径的选择和课堂教学的影响。
郑新民	2006	从认知角度出发,调查3名大学英语教师个体经验与教师认知决策的关系,进而分析其对大学英语教学改革的作用。
张绍波 张天雪	2006	通过调查小学教师课程意识,发现文化意识障碍不仅阻碍课程深化改革,还造成教师对课改的焦虑和倦怠。
Zheng & Davison	2008	关注课改下的课堂教学,研究教师信念、教学情境、课程设置与教学方法之间的关系,认为外部因素和情境因素对教师教学会产生影响。
陈冰冰 陈坚林	2008	通过调查问卷研究大学英语教师教学认知和实际课堂教学情况,发现教师信念与课堂使用理论不符,先进理念并不能在实际教学实践中落实。
徐翠	2009	通过调查问卷就英语学习、英语教学、英语课程及自身发展等方面的信念,探究信念与年龄、职称、性别等因素间关系。
高强 张洁	2010	研究语法教学信念对个体差异的影响,发现教龄和性别均对语法教学信念产生显著影响,但兴趣、教龄和性别综合考虑是对语法教学信念几乎没有影响。
郑新民	2012	调查高校外语教师整体认知与个体认知之间的差异,发现学习进取型技术文化氛围能促进教师的认知、交流和反思,进而改变教学观念、提高信息技术应用能力,增强课改信心,提高专业发展水平。
Zheng & Borg	2014	探索了教师任务型教学的信念及其在课堂中的应用,分析了教师信念、教学实践与教学改革的关系。

上表显示,国内对教师信念的研究主要侧重于教师信念的基本特征,探究教学信念与课堂教学、教师认知、教学实践以及教学改革等方面的关系,以期提高教师教学水平,推进课程改革,促进教师专业发展。

2.2.7.2 教师学习的实证研究

国内外学者对教师专业发展中教师学习的实证研究相对较少。有学者从自身出发,结合需求分析自身的学习意愿(Williams,2005)。有学者从组织机构出发,探讨学校如何通过建立适当的管理体系进而促进教师专业发展(Zhao,2009)。有学者从自身出发,研究如何以自身资源通过各种学习途径实现自身专业发展(蒙诗茜,2014)。还有学者从多个角度出发,研究教师如何实现在职场中学习,进而促进自身专业发展(徐忆,2015)。

除了从自身和组织机构出发研究教师学习的实证研究外,近年来,受形成与发展主义和社会文化理论影响,由情境学习发展而来的教师学习/实践共同体研究也取得了很大成绩。随着网络的发展和普及,研究基于网络平台构建学习实践共同体,实现教师专业发展的学术论文不断涌现(张志娟、郭君芳,2010)。

关于教师学习的相关实证研究,下文还会就教师知识的获得进行梳理,这里不再详尽论述。

2.2.7.3 教师反思的实证研究

教师的教学反思或实践反思是教师学习的重要途径,针对反思的理论研究前文已有论述,本节主要通过举例总结国内外实证研究的情况,见表2.8。

表2.8 国内外教师反思实证研究举例

学者	年份	主要研究概况
Sparks-Langer	1990	通过叙事方法分析师范生日志,研究新手教师反思,并将其分为七种水平。
Hatton & Smith	1995	通过分析师范生反思日志,找出提高反思水平的策略,不仅要描述作品和反思,更要进行对话反思和批判反思。
刘芳、夏纪梅	2011	在教师发展研讨会上,通过一分钟反思活动收集教师反思需求及问题并提出解决方案。
耿文侠、申继亮、张娜	2011	通过调查问卷研究教师反思态度与反思倾向的关系,发现反思态度与反思倾向正相关。
孟春国	2011	通过调查问卷了解到教师反思集中在经验层面,反思内容多为课堂教学,反思方式多为同事间的交流。
芮燕萍	2011	通过调查问卷、访谈、课堂观察等形式,以教师反思和教学实践为例,研究大学英语教师专业发展状况。

行动反思是教师专业成长的主要动力,是教师针对某些实际问题改变自己原有的教育教学方式,在解决问题过程中不断进行自我监控、评价,从而修正、改进和提高自己的理论(Henson,1996)。而高校教师的实践性知识是来源于教学实践并指导实践行为的,这些存在于日常教学实践中的知识是教师们最有用的知识(陈向明,2011:102)。教师通过行动反思,把已获得的实践性知识应用到真实教育环境中,解决教学实践中存在的问题,从而增加个体所掌握的实践性知识。

此外,以往研究认为实践性知识通常不是显性的知识(陈向明,2009),而是以教师的经验和性格为基础,表现于教师的日常教学行为中的隐形知识。由于实践性知识是教师专业发展的条件之一,因此,激活教师的实践性知识并将其正确运用在教学过程中,需要教师不断系统化反思,并与理论相结合,最终找出教学方法存在的问题,对其进行分析并加以完善,这也是本研究的一个重要任务。

2.2.7.4 教师共同体合作的实证研究

针对教师共同体合作的实证研究,国外在20世纪末曾一度出现研究热潮,而我国学者在21世纪才开始涉足。目前国内外有关教师共同体合作的实证研究主要集中在共同体合作模式方面,详见表2.9。

表 2.9 国内外教师共同体合作的实证研究举例

学者	年份	主要研究概况
Hale	1998	通过观察总结出三种教师共同体合作模式:教师研究小组、合作行动研究和教师协同工作网。
Kwakman	2003	通过观察教师专业学习与同事合作活动,从个人(态度、情感、认知等)、任务(工作压力、工作特性、参与度等)和环境(管理、同事支持等)层面分析其影响因素。
Therrell	2004	依据教师合作特点将共同体合作模式分为分布型、互补型、家庭式和整合型四种。
李洪修	2005	依据教师的地位和作用将共同体合作模式分为中心辐射型、圆桌型和直线式三种。
马玉斌	2007	通过个案研究发现教师共同体合作有组内、组外、师徒合作等。
陶晓丽	2007	依据教师共同体合作层面或领域将合作模式分为指导式、观摩式、研究式;学科间、年级间等合作。
邓涛	2008	依据教师专业共同体合作产生方式将教师合作分为行政指令型、项目牵引型、专业共同体型和网络虚拟型四种模式。

综上所述,教师专业发展已成为国内外学者研究的热点话题,随着研究的日益深入,研究范围不仅仅局限在教师专业发展的概念和内涵、教师专业发展的内容、教师专业发展的阶段、教师专业发展的研究范式、教师专业发展的模式等理论研究层面。越来越多的学者和教师加入教师专业发展实证研究的队伍,不断扩大研究领域,日益丰富研究内容。而本研究通过梳理文献,发现教师专业发展研究中的教师知识研究,尤其是高校英语教师实践性知识的研究还有待进一步挖掘。因此,下面章节将重点论述和评论。

2.3 知识与教师知识概览

知识概念在哲学、心理学等领域均有着各自不同的释义,已得到广泛使用。随着研究的深入,学者们对知识的界定越来越反映出知识的本质属性。西方哲学家认为,知识是能用理由证实的、有理由的真信念(柴生秦,1995),知识的构成需要三个必要条件:信念、真理和证实(胡军,2008)。

2.3.1 知识及其主要特征

知识有广义与狭义之分,可以是通过各种传媒获得的有形知识,也可以是通过实践获得的隐形知识或无形知识。知识同样有陈述性知识(declarative knowledge)与程序性知识之分(procedural knowledge)。

2.3.1.1 知识的类别

知识有广义与狭义之分。广义的知识是通过实践、研究、联系或调查获得的关于事物的事实和状态的认识,是对科学、艺术或技术的理解,是人类获得的关于真理和原理的认识的总和(Webster Dictionary,1997);而狭义的知识是指人类积累的关于自然和社会的认识和经验的总和。关于自然和社会的运动规律、原理方面的理论体系,可称之为狭义的知识概念。据经济合作与发展组织(OECD)的观点,知识按内容分为"关于/知道是什么"的知识、"关于/知道为什么"的知识、"关于/知道怎样做"的知识和"关于/知道是谁"的知识。第一种知识用于记载事实和数据,第二类知识记载自然和社会的原理与规律方面的理论,第三类指某类工作的实际技巧和经验,而第四类知识指谁知道是什么,谁知道为什么和谁知道怎么做的信息(李春芳,2002)。第一、二类知识是有形的知识,可以通过各种传媒获得,而第三、四类知识更多的是经验类知识,称之为隐形知识或无形知识,需要通过实践来获得。据此,教师的实践性知识是关于教师在特定的情境中如何做的知识,属于隐性知识的范畴。

知识同样有陈述性知识与程序性知识之分。陈述性知识,也称为描述性知识,是描述客观事物的特点及关系的知识。陈述性知识可以通过符号表征,如语言、公式等,也可以通过概念或命题来表征。教师所学习的语言学理论、课程论、教育学、心理学以及二语习得、教学法等方面的理论知识都属于陈述性知识的范畴。程序性知识是关于办事的一系列操作活动的知识,主要用来回答"怎样做"的问题,是对所获得的陈述性知识进行提取、应用的行为过程。也可以说,陈述性知识是"为知识服务的知识",程序性知识是"为行动服务的知识"(巩子坤,2009)。研究表明,专家型教师能够将陈述性知识与自己本身已有的知识进行重新组合,将其变为用以解决教学中遇到的新问题的教学技能。换句话说,专家型教师所拥有的多为程序性知识(杨雅琼、张军成,2005),也就是为教师的教育教学行为服务的知识。教师的专业发展就体现为陈述性知识向程序性知识转化的过程,体现为实践性知识发展的过程。

随着知识生产方式的多元化,知识生产的主体也变得多元化,不仅包括大学和科研人员,同时还包括实践者和知识使用者。知识生产的场所也拓展到实践领域,知识的使用范围也更加广泛,人们更加重视在社会生产和生活中生成新的知识。那么,教师的实践性知识到底是如何形成的,又如何指导教师的实践,如何帮助教师形成科学的实践性知识,使其实践性知识具有普遍性和客观性的特征,可以用语言表征,可以传递,可以应用,这也正是本研究要力图解决的问题。

2.3.1.2 知识的特征

1. 知识具有客观性

传统知识观认为,知识是事物的本质属性或事物与事物之间的本质联系的反映,是现存的、独立于认识者之外的对客观事物的准确表征(李贵希、刘花雨,2009)。不管具体的认识个体是否理解、是否相信,知识是客观存在的。学校里等待学子们去学习的理论基础知识,一个民族传承下来的历史、文化知识等都是知识客观性的表现。人们习惯于将这种知识观视为传统知识观,然而这并不等于说知识不具有客观性。由于人们的认识有别,每个人对同一知识的理解会表现出不同或差异,甚至会出现错误。但是,知识的客观存在是不容置疑的,这是知识传递和传播的基础。知识的客观性要求人们能够正确认识事物及其本质。就外语教学而言,有关语言学、应用语言学、课程教学论、测试评价等理论知识反映了到目前为止,人们对语言、课程、语言教学等方面的认识,是客观的,不因个体的认知能力而变化。

2. 知识具有普遍性

知识具有客观属性,可以超越各种社会和个体条件的限制,被人们普遍证实和接纳(Browhill,1983)。现代主义知识观认为,知识只有得到了普遍的证实和接纳,才会是客观的、有效的和合理的(衷克定,2011)。有关语言学、功能语言学、认知语言学、二语习得等方面的研究成果为国内外学者所认可,并且编入教材教授给学生,充分反映出其普遍性特征。本研究也因此旨在探求教师的实践性知识的普遍性之处,即知识的普遍性以及形成与发展的普遍性。

3. 知识具有个体性

虽然知识具有客观性和普遍性等特征,但在具体的情境中,却很难将知识照搬使用,更无法解决所有的具体问题,需要根据具体情况再创造。形成与发展主义也因此认为,知识不过是人们借助于符号系统对课堂现实做出的一种"解释"和"假设"(陈琦,张建伟,1998)。这种解释和假设是猜测性的、可证伪的,并不完全正确。知识必须依赖于具体的认知个体,而不会以实体的形式存在于主体之外,因此知识具有个人性(王华容,2005)。尽管某一命题得到了普遍认可,学习者对同一命题的理解也会表现出不同和差异,即使是学者对同一问题也表现出不同的诠释。因此,个体对知识的理解都是基于自己的经验背景来形成与发展,通过自己的分析、鉴别、评价、假设或见解,形成自己的理解,形成并发展成真正属于自己的知识(李贵希、刘花雨,2009)。每位教师都有着自己对教学的理解,对于同样的教学内容,教师们的处理千差万别,充分体现了教师个人的理解、分析和见解。可见教师的实践性知识存在着很大的个体差异。

4. 知识是不断发展的

知识是人们对客观事物的认识,但是由于个体认知能力的差异,以及各种因素的限制,知识的形成与发展很难反映事物的本质。形成与发展主义认为,任何知识都不是问题的最终答案和唯一解释,它只是一种在目前来说对现实世界较为可靠的假设,并随着人类社会的发展而不断变化和更新(谭顶良、王华容,2005)。语言学研究、语言教学的发展、科学的发展,人们对自然界的认识等无不说明知识是不断发展的。心理学中的行为主义到形成与发展主义的发展也反映了人们认识的进步。课程论从泰勒模式(Tyler Model)、认知模式(Cognitive Model)再到基于情境的课程模式(contextualized)的发展也无不说明知识是一个不断认知、体认和形成与发展的过程。知识的发展不仅在于增加,更在于修正。随着新证据的出现,已有被证实的认识为新的认识所替代。教师的实践性知识也呈现出同样的发展轨迹。随着教师教学经历的丰富,教师也在不断修正自己对课程、教材、学生、教学等方面的认识,修正以前对教学的错误认识,虽然未必意识到这种发展,更不会意识到修正了哪些教育信念,但是其实践性知识在潜移默化中发生了变化。

5. 知识是显性与隐性的统一

知识具有显性(explicit)和隐性(implicit)之分。显性知识能够用语言表达和交流,多为陈述性理论知识,而隐性知识则不能用语言表达,也不易交流,多为经验性知识。研究表明,显性知识和隐性知识在一定的条件下可以相互转换(孙卫国、唐淑敏,2005;Jonassen & Henning,1999;钟志贤,2006)。教师的实践性知识属于隐性知识,绝大多数教师说不清自己在教学中所采用的到底是什么理论。即使教师能够说出自己所使用的理论,也不过是教师自认为是自己信奉的理论,或者说是教师学习过但并没有真正掌握、真正使用的理论。

6. 知识具有情境性

知识依赖于具体的认知个体,同时必须依存于具体情境,它是不可能以实体的形式存在于主体之外的(谭顶良、王华容,2005)。后现代主义知识观也认为,知识的生产受社会的价值需要指引,存在于一定的时空、理论范式、价值体系和语言符号等文化因素之中(衷克定,2011)。例如,正是基于8年的改革才产生了泰勒的课程开发模式和评价模式。再如,"二战"期间美国急需随军的口译人员,而当时大多数懂外语的都只能阅读不能做口头翻译,正是在这种背景下才产生了听说教学法。随着人们对语言、语言习得研究的深入,随着社会需求的变化,交际教学法、任务型教学法等开始相继出现。而在中国,由于高考的需要,人们创造了四位一体教学法、集中识词教学法;也正是在中国的文化环境下才出现了和谐教学法、立体教学法等具有中国文化烙印的教学方法。有关教师实践性知识的研究显示(陈向明,2001),教师实践性知识的形成与发展受社会、文化因素的制约,受其所受的教育、所处的环境及社团的影响,受其生活经历的影响,是教师在解决具体问题以达成具体目标的过程中形成的个人对教育教学的理解。但是,教师的个人信念未必总能被证实,多数情况下会被残酷的现实击碎。这很大程度上与教师实践性知识形成的任意性、主观性等有关。本研究试图通过实验的方式探究教师实践性知识的形成和发展问题,并不仅仅是解释教师实践性知识的形成与发展的影响因素。

2.3.1.3 知识的形成与发展

知识形成与发展(即人们是如何学习并获得知识的)一直是人们探求的课题。知识的形成与发展也因此成为哲学、教育学、心理学等研究的课题,从Thorndike的"试误—联结"理论(Trial and Error: Connectionism)(Thorndike,1898)、Pavlov & Watson 的经典条件反射理论(Classical Conditioning)(Watson,1924;Pavlov,1927)、Skinner 的操作性条件反射理论(Operant Conditioned Response)(Skinner,1941)、Bandura 的社会学习理论(Social Learning Theory)(Albert Bandura,1977)到 Gestalt 的学习理论(Gestalt,1912)、Gestalt(Edward Chase Gestalt)的符号学习理论(Sign Learning Theory)(Edward Chase Tolman,1957)、Bruner 的认知—发现理论(Cognitive-Discovery Theory)(J. S. Bruner,1950,1956,1966)、Ausubel 的接受—同化学习理论(Accept-

Assimilation Learning Theory)(David P. Ausubel,1963,1968)、Gagné 的信息加工理论 (Information Processing Theory)(Robert Mills Gagné,1974)以及建构主义理论 (Constructivism Theory),人类对知识的理解,对知识形成与发展的理解越来越逼近人类知识的真相,越来越揭示知识形成与发展的本来面目。

知识具有客观性、普遍性、个体性、动态性、显性与隐性的统一、情境性等特点。知识形成与发展(即人们研究如何学习并获得知识的),一直是人们探求的课题。本研究主要采用激进形成与发展主义、社会形成与发展主义和认知形成与发展主义的观点来探究教师实践性知识的形成与发展。

2.3.2 教师的知识

教师知识(teacher knowledge)是教师专业素质的重要组成部分,不仅能体现其专门职业的独特性,而且能说明其在教师专业素养构成中的不可替代性。教师知识是教师从事教学活动的智力资源,其丰富程度和使用情况将直接影响到教师的专业水准。教师专业知识主要是教师在系统专业知识学习和教育实践中不断积累和形成的。换言之,教师的知识一般包括通用方法论知识、一般科学文化知识、教育学科知识、学科专业知识以及实践知识等。

教师的知识是教师在教学实践中形成和运用的知识。从功能的角度来分,主要分为学科知识、条件性知识和实践性知识(林崇德,1996)。学科知识是教学活动的实体部分,条件性知识对学科知识的传授起到一个理论性支持的作用,而教师的实践性知识对学科知识的传授起到一个实践性指导作用。只有以实践性知识为核心,将学科知识与条件性知识融合,教师才能有效地完成各项教育任务。

教师知识涵盖多个方面意味着教师知识的获得是一个长期的、有意识的、艰难的过程(徐鹤,2010)。因此,教师要认真对待自身的专业发展,树立终身学习的理念,不断开展职场学习,丰富教育学、心理学等方面的理论知识。同时在日常的教学实践中,不断反思,与同事、专家交流,并开展教学研究,促进教学相长。此外,不断创造和利用各种进修、培训和学习的机会,提高自身的理论修养和实践水平。

相对于学科知识与条件性知识,实践性知识是"鲜活"的知识,是教师知识结构的最核心内容。教师之所以成为教师,拥有条件性知识、学科知识远远不能确保具体教育教学活动的有效开展,不能有效地履行自己的神圣职责,必须具有属于自己的实践性知识。想要把知识真正赋予生命力,教师必须把各种知识转化成自己的实践性知识。从本质上看,教师的成长过程应该是教师实践性知识形成和发展的过程。教师实践性知识的生成与丰富是教师素质提升的最重要的表现。

从一般意义上说,人的知识通过直接经验和间接经验获得。教师的实践性知识是教师在教育教学实践中,以满足需要为核心,建立起来的间接经验与直接经验相统合的有机体。教师职前的教育背景为其教学实践提供了坚实的知识基础。通过老教师传授、专家讲座、培训、国内外访学、研修,以及学校院/系、教研室、教师共同体等获得间接性经验。这些经验只有当教师在个人教学实践中应用并反思后才能转化成教师的实践性知识体系。因为经历不等于经验,经历是一个客观参与的过程,只是度过的时光的证明。只有当人们自觉地去感知、思考获得的体会,并经过不断反思,所提炼出来的直接经验才能形成实践性知识并加以提升与发展(陈向明,2011)。

因此,教师要依据学校的教学工作情境,以本专业需要为中心,通过教育教学实践形成并发展自身实践性知识。而在教学实践中,问题是学习知识的起点,也是动力和目的。一切知识的学习都是以解决问题为目的而开展的。教师要结合问题,在教学实践中开展研究,在研究中反思,在反思中学习,进而促进教师专业的发展。基于以上研究,研究者将教师知识分为学科知识与条件性知识和实践性知识,如表2.10所示。

表2.10 教师知识及其学习途径

教师的知识及其学习途径	学科知识和条件性知识	职场学习学科知识、教育学、心理学等理论知识;在日常的教学实践中,不断反思,与同事、专家交流,并开展教学研究,促进教学相长;创造和利用各种进修、培训和学习的机会,提高自身的理论修养和实践水平。
	实践性知识	直接经验:职前的教育背景;职后教育教学实践。理论联系实际,教学科研相辅相成;创设问题情境,行动反思。 间接经验:"传帮带";专家的讲座;培训;国内外访学、研修;学校院/系、教研室内教师共同体研讨交流等。

2.4 教师的学科教学知识研究

在特定学科领域内将教学内容与教学法结合所形成的学科教学知识是指教学领域的专门知识,也是学科教师与学者区分开来的知识体系。本小节梳理教师学科教学知识的相关文献,然后关注教师整合技术的学科教学知识。之后,进一步缩小研究范围,聚焦英语学科,通过慕课、翻转课堂在英语教学中的应用,讨论英语教师的学科教学知识以及整合技术的学科教学知识。最后探讨英语学科知识与实践性知识的关系。

2.4.1 教师的学科教学知识

知识是教育工作者从事教育活动的前提(林崇德、申继亮,1996)。教育作为一个特殊的行业,所需要的从业教师也具有其特殊性,Shulman(1987)把教师从事教育教学活动所需要的知识称为学科教学知识。根据Shulman的观点,教师知识由七部分组成,即学科内容知识(Content Knowledge)、一般教学法知识(General Pedagogical Knowledge)、课程知识(Curriculum Knowledge)、学科教学知识(Pedagogical Content Knowledge)、关于学生及其特性的知识(Knowledge of Learners and Their Characteristics)、教育情境知识(Knowledge of Educational Contexts)以及教育目标与价值的知识(Knowledge of Educational Ends, Purposes and Values)。Cochran等人受形成与发展主义思潮的影响,在Shulman静态学科教学知识的基础上进一步做了增添和修补,从动态角度将概念重新定义为"学科教学认知"(Pedagogical Content Knowing,简称PCKg),即"教师对一般教学法、学科内容、学生特征和学习情境等知识的综合理解"。这一理论认为学科教学知识由四部分组成,分别是学科内容知识、教学法知识、教学情境知识和对于学生的知识,且这四种知识处于一种不均衡的发展与融合状态(Cochran et al,1993)。

Grossman 和 Marks(1990)等人继续从不同的角度丰富了学科教学知识的内容。Grossman 认为学科教学知识也要包括策略知识、学科知识和学习者知识,而 Marks 在舒尔曼模型的基础上增加了信息技术辅助性教学知识。之后的诸多研究(Adams & Krockover, 1997; Carlsen, 1993; Magnusson, Krajcik & Borko, 1999)也多集中在探讨学科教学知识的定义和内容层面,认为学科教学知识主要由五方面的知识构成,分别是教学目标知识、学科课程知识、教学策略知识、学习者知识以及学习评价知识。

从国外学者到国内学者,大家从不同的角度界定教师学科教学知识的内涵与外延,分类也各不相同(见表2.11)。但是基本都提到了三种知识,一是一门学科所必须具备的专业知识,就英语语言文学专业而言,听说读写等专业基础知识,英美文学、语言学等专业课程知识,以及良好的听说读写技能,我们把这种知识称为本体性知识(Subject-involved Knowledge)。但现实中,由于教师职前知识理论学习的局限和教师个人知识掌握的程度,很多知识没有经过实践检验得以巩固强化。同时当前职前教育受体制与机制的制约,人才培养方案中忽视实践知识与实践教学环节,加之职后培训效果不是很明显,所以造成教师对本体性知识中的部分理论原型概念缺乏(陈向明,2010)。第二种知识包括教育学、心理学、课程论、教学论、测量学、统计学、教学设计、信息技术等,这些知识是所有教师,不管是理工类还是文史类教师都必须具备的基本知识,我们把这种知识称为条件性知识(Conditional Knowledge)。当然,条件性知识的范围根据教育教学的需要会有所变化。比如从事英语教学的教师还必须具有语言学、二语习得、语用学、语言教学理论等知识。不管教师的具体专业是语言学、应用语言学还是文学、翻译,甚至是商务英语,只要从事教学就必须了解这些知识。另外还有一种知识就是一般性的知识(General Knowledge),或者称为非专业知识、博雅知识,它不是知识的核心,却可以起到很好的辅助作用。但条件性知识或一般性知识有时也会起到负面作用,尤其是当教师受到外界的质疑时,会表现出自我防御意识,积极主动为自己辩护(Argyris, 1985)。除了本体性知识、条件性知识和一般性知识,很多学者都忽略了一种知识——实践性知识(Practical Knowledge)。实践性知识是教学经验的积累和整合。教师的教育教学工作是一种实践性很强的工作,其学科教学知识也具有实践性的特征,因此探究教师的实践性知识可以帮助教师深入了解概念,更好地诠释教师知识内涵。因此,本文采纳我国学者(申继亮,2002;李鲁平,2005)的分类,把学科教学知识分为本体性知识、条件性知识、实践性知识和一般性知识。

表2.11 教师学科教学知识分类

研究者	教师学科教学知识的分类
Shulman, 1987	学科内容知识,学科教学法知识,课程知识,一般教学法知识,学习者知识,情境知识等。
Reynolods, 1989	学科知识,教学知识,学生知识,教育组织与管理知识,社会、政治、文化背景知识,课程知识,评价知识,学科教学知识,阅读及写作教学知识,人际沟通、协调合作知识,教师权利与义务知识,教学道德与伦理知识等。

(续表)

研究者	教师学科教学知识的分类
Berliner, 1989	学科内容知识,学科教学法知识,一般教学法知识。
Tamir	学科内容知识,学科教学法知识,一般教学法知识,教学专业基础知识,个人表现知识,一般博雅知识。
Borko & Putnam, 1998	一般教学法知识,学科内容知识,学科教学法知识。
Calerhead, 1998	学科知识,实践知识,技巧知识,案例知识,理论知识,隐喻和意象知识。
单文经,1997	教材知识,教法知识,课程知识,学生身心发展知识,教育背景知识,教育目的知识等。
简红珠,2002	一般教学法知识,学科知识,学科教学法知识,背景知识,课程知识。
申继亮,2002	本体性知识,条件性知识,一般文化知识,实践性知识。
李鲁平,2005	本体性知识,条件性知识,实践性知识和一般性知识。

(姜美玲,2008:17-18)

2.4.2 教师整合技术的学科教学知识

在 Shulman 知识结构的基础上,Mishra 和 Koehler 于 2009 年提出了 TPCK 的概念,也称作 TPACK,加一个字母 A 主要是为了发音方便。这一概念重在强调技术(TK),是技术、教育知识(EK)和学科知识(PK)的有机结合。当今社会,随着科技的发展,信息技术已成为教师教学的必备知识。TPCK 主要由三部分核心知识和四个复合元素构成(钟启泉,王艳玲,2008),核心知识指的是,学科内容知识 CK(Content Knowledge),教学知识 PK(Pedagogical Knowledge)和信息技术知识 TK(Technology Knowledge)。四个要素指的是 PCK(Pedagogical Content Knowledge)、TCK(Technological Content Knowledge)、TPK(Technological Pedagogical Knowledge)和 TPCK(Technological Pedagogical Content Knowledge)。这七个要素相互交织,相互作用,共同构成了教学过程的整体,如下页图 2.8 所示。

由图 2.8 可见,TPCK 是整合技术的学科教学知识,学科内容、教学法和技术之间相互联系、相互融合、相互促进。与独立知识不同,TPCK 是以整合技术实现有效教学为目的,以创造性的方式使用技术来教授学科内容的一种教学技能(任友群、詹艺,2011)。TPCK 框架说明学科内容知识、教学法知识和技术是彼此独立的,也是相互整合的。因此,成功的教学要求有效持续地维持学科内容,将教学法和技术有机进行整合。结合英语语言教学的特点和语言学习规律,综合听觉视觉感官的作用以形成生动形象的教学效果,更需要教师对整合技术的学科教学知识的学习和教学中的灵活运用。

2.4.3 英语教师的学科教学知识

学科教学知识是教育教学的核心,它涵盖教学、学生学习、教学课程、教学设计、教学评估和教学总结等知识,教师的知识结构也因学科不同而不同。就英语而言,其学科教学知识指的是在英语教学实践活动中教师使用的且与教学紧密相关的知识,包括英语语言知识、交际策略、教学法知识、教学设计技巧、课堂管理和决策技能等(韩刚 2011:1),它们构成了英语学科教学的知识基础。

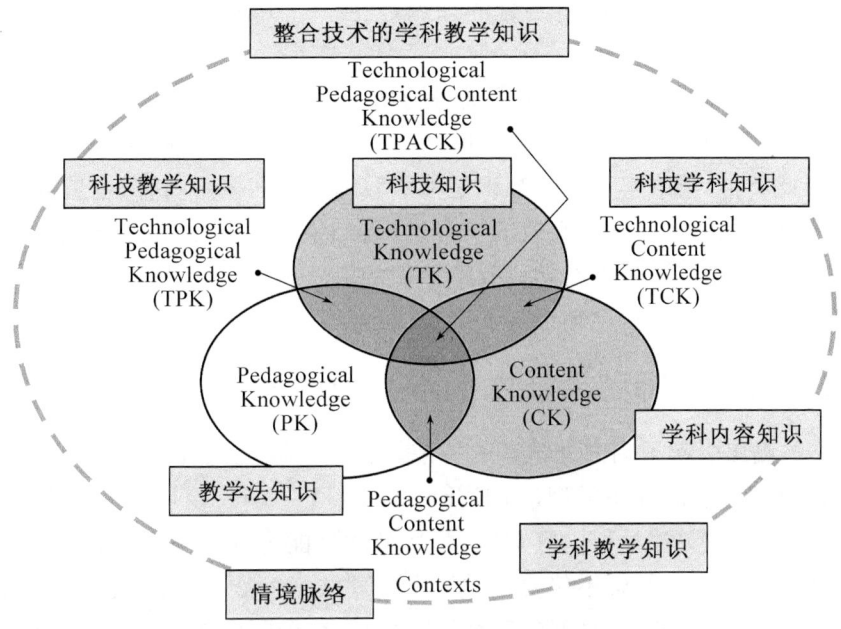

(Harris, Mishra & Koehler, 2009; 中文为研究者加注)

图 2.8　整合技术的学科教学知识

舒尔曼(Shulman,1986)指出学科教学知识是"教师个人教学经验、教师学科内容知识和教育学的特殊整合"。依此进行推导,研究者将英语教师应掌握的学科教学知识概括为以下七个方面,见表 2.12。

表 2.12　英语教师的学科教学知识

内容	英语学科具体解读
学科知识(subject matter knowledge)	英语语音、语法、词汇、文体、文学、文化等学科基础知识及与其他学科的联系等
一般教学法知识(general pedagogical knowledge)	驾驭课堂、教学策略、激发学生兴趣、引导学生自主学习等
课程知识(curriculum knowledge)	课程大纲、教学计划、修业年限、毕业条件
与具体内容有关的教学法知识(pedagogical content knowledge)	听、说、读、写、译等课程教学方法;听说交际法、阅读翻译法等
学生及其发展特点的知识	学生个体发展程度与差异、多元智能、性格特点等
教育背景的知识(knowledge of educational context)	社会环境、教育政策与趋势、学生学习经历、学生家庭文化背景、人才需求背景等
有关教育宗旨、目的、价值与其哲学、历史背景的知识	通识性、人文性、工具性等

综上所述,英语学科教学知识应该是英语学科知识和教学知识的融合。在这里,"学科知识是充分尊重和适合教学特点及规律的学科知识,教学知识是充分尊重和适合学科知识体系特点的教学知识,是经过磨合的知识,产生 1+1>2 的效果"(吴一安、王文峰,2008:36)。

学科教学知识是教师知识的特殊领域,是教师自己对专业的特定理解。而教师的教学理念直接影响和支配着教师的教学设计,通过各种形式的课堂实践活动展示和践行其教学思想。以此类推,英语学科教学知识是英语教师知识的核心内容,也是英语教师有效开展课堂教学活动的关键。学生有效的学习过程、结果以及学生积极的情感是判断课堂教学有效性的依据,而英语教师对学科教学知识的实践从根本上保障了课堂教学的有效性,进而促进了英语教师实践性知识的发展(吴颖芳,2012)。

2.4.4 英语教师整合技术的学科教学知识

TPACK 的提出引起了国内外学者的关注。在此基础上,美国学者 Joan E. Hughes 提出了英语教师所独有的知识类型,即 E(English)-TPACK。该理念强调为了在教师头脑中创造认知冲突,应关注学科内容知识,尤其是读写能力的新观点,因为它们本身与不断革新的技术息息相关。教师不仅要在教学中处理技术问题,还要将它们逐渐发展成为自身的 TCK、TPK 以及 E-TPACK(韩秋凤,2012)。结合国内外学者相关研究,研究者认为英语教师整合技术的学科教学知识应该包括如下内容,见表 2.13。

表 2.13 英语教师整合技术的学科教学知识

基于信息技术的英语教学 E-TPACK	使用技术表征语言和文化概念
	使用技术发展学生语言能力和文化修养
	研究技术促进或阻碍语言习得及语言能力发展
	利用技术获得学生先验知识(二语习得、认知发展)
	基于当前或新兴技术提高、维护或拓展新知识

随着信息技术持续快速发展,高校英语教学领域传统的教学模式、教学手段和教学方式也要与时俱进,不断改革,以适应社会的发展。多媒体、计算机以及网络资源的极大丰富要求英语教师勇于面对挑战,积极学习多模态的教育技术,充分利用并发展整合技术的学科教学知识。尤其是近年来慕课、微课及翻转课堂等发展迅速,这些整合技术的新型教学模式顺应教学改革趋势,符合学生学习规律,英语教师应积极尝试并应用在自身的课堂中。下文分别以慕课和翻转课堂为例,简要分析最新技术与英语教学的整合使用。

2.4.4.1 慕课与英语教学

慕课英文名是 Massive open online courses,简写为 MOOCs,全名为大规模在线开放课程。和传统远程教育以及网上公开课相比,慕课集大量成熟互联网工具于一身,其界面和交互模式更符合互联网用户习惯。慕课与社交网络平台紧密融合,创造出全新的学习体验方式(钱敏娟,2014)。慕课自诞生以来,发展迅速,为传统英语教学带来了极大便利,同时也带来了新的机遇和挑战。陈冰冰(2014)在总结前人研究的基础上将慕课模式对英语教学的贡献归纳如下,见表2.14。

表 2.14 慕课模式的贡献

贡献	理由
促进教育公平民主	各国各级教育资源分布不均,慕课通过新技术手段在全球传递新思想、新知识,推倒学校围墙,拆除贫富藩篱,打破时空局限,实现教育均等、民主。
重构高等教育基于技术的生态架构	慕课不断改进、优化社会参与教育的"社会环境",学习与技术相互支持的"技术环境",学习模式与教学研究的"教学环境",三种环境协同驱动。
促进学习从"授"(push)到"学"(pull)的转变	慕课自主性强,突出体验与互动,以"学"为本,有效冲击传统以"授"为主的满堂灌模式,促进自主学习。
促成常态化、社会化学习环境的形成与交互	慕课聚集功能充当"圈子"媒介,将志同道合的学习者聚在一起,通过分享交流,实现社会化、系统化学习。
为教学设计提供原动力	慕课将内容与交互分开,使内容服务于碎片化学习,交互由社会化学习环境完成,互动设计内容、作业等,课堂内外实现创新设计。
大数据突破个性化教学难题	通过海量数据发现学习者学习行为与学习规律之间的关系,监控、跟踪、记录学习轨迹,框定个体问题,突破个性化、差异化教学难题,实现因材施教。

慕课优势诸多,马武林、胡加圣(2014)和陈坚林(2015)认为,为摆脱通用大学英语不受重视的困境,可以根据慕课理念,调整课程体系和课堂教学内容以适应学生个性化学习的需求,解决教育资源不均问题。同时,各层次高校(重点院校、普通本科院校、应用型本科院校)应以需求为导向,因校制宜,量力而行,创建自身的"微 MOOC"课程,重构大学英语课程体系(柴改英,2014)。协作创新是高等教育主动携手MOOC的应然选择。外语教育场域应突破教育主体间的壁垒,释放多种资本要素活力,促成各方合作,以 MOOCs 为平台创新教育合作手段,重建学习共同体,进而促进人的全面发展。

2.4.4.2 翻转课堂与英语教学

翻转课堂又称"颠倒课堂",英语为 Flipped Classroom 或 Inverted Classroom。这种在美国兴起,随后引起全球教育界关注的新兴教学模式,重新分配课堂时间的使用,颠倒了知识传授与知识内化的传统模式,使师生角色发生巨大变化。通过构建新型师生关系,创造良好学习文化,进而提升学生的自主学习能力。与传统教学模式相比,具有以下特征,具体如表2.15所示。

表 2.15 翻转课堂与传统课堂对比

对比内容	翻转课堂	传统课堂
教师角色	学习指导者、协调者	知识传授者、课堂管理者
学生角色	知识主动学习者	知识被动接受者
教学形式	课前学习+课堂探究	课堂讲解+课后作业
课堂内容	问题探究	知识讲解传授

同慕课一样,翻转课堂这种新型的教学模式在外语教学中有很大的应用空间和前景。对外语教师而言,翻转课堂既是机遇又是挑战。外语教师必须跟上时代步伐,更新理念,不断提高自身教育技术素养,大胆尝试外语教学改革。在课程设计和课堂管理方面利用翻转课堂理念,实现自身观念和角色的"翻转"。深刻认识到当前网络大数据环境下,教师并不是权威知识的唯一来源。教师自身也要从知识的传授者逐渐向导学者、助学者、促学者和评学者转变,将传统指令型的教学转变成建设性的学习服务(程云艳,2014)。翻转课堂不仅要求教师熟练掌握并灵活运用整合技术的学科教学知识,同时还要求教师以学生为中心,发挥教师引领、监督和评估的作用。因此更加符合以人为本、因材施教的社会形势的需求。

2.5 教师实践性知识研究

教师知识是由学科教学知识、条件性知识、一般性知识和实践性知识组成的,教师实践性知识对学科知识的传播和发展具有重要的媒介作用。上一节探讨了教师的学科教学知识,本节重点关注教师的实践性知识。首先对教师实践性知识的概念重新进行界定,然后回顾教师实践性知识的相关研究,包括教师实践性知识的影响因素,形成媒介和形成机制。

2.5.1 教师实践性知识概念界定

自从 Elbaz(1983)开始对实践性知识进行研究以来,国内外越来越多致力于教师专业发展研究的学者开始重视教师实践性知识的研究。在研究内容方面有实践性知识的内涵研究、实践性知识的发展研究。在研究方法上有调查研究、案例研究及其叙事研究,这些都属于质性研究的范畴。在理论基础方面,有学者从现象学角度出发开展研究,亦有从形成与发展主义学习理论入手研究实践性知识的形成与发展。本研究首先对有关实践性知识的概念文献进行梳理。

英国学者 Elbaz 是最早系统研究"教师实践知识"的学者。她于 1983 年采用个案研究的方法,对一位中学英语教师 Sarah 进行研究,分析 Sarah 在教学内容、教学方法、学生和学校环境等方面的基本状况。Elbaz 把"教师以独特的方式拥有的一种特别的知识"称为"实践性知识",并把实践性知识初步定义为"以特定的实践环境和社会环境为特征,关于学生、课堂、学校、社会环境、所教学科、儿童成长理论、学习和社会理论的高度经验化和个人化的知识类型,被每位教师结合实际情境整合成为个人的价值观和信念"(Elbaz,1983:5)。

根据 Elbaz(1983)的观点,实践性知识由五部分组成:自我的知识、情境的知识、学科的知识、课程的知识和一般教学法知识。自我知识包括三个方面:作为资源的自我、与他人相关的自我和作为个体的自我。情境知识指的是课堂环境、政治环境和社会环境。课程知识包括课程的开发、组织、评价等。一般教学法知识包括学习理论、学生和教学、师生关系等。

20世纪80年代中期到90年代，Clandinin和Connelly两个人通过对街角中学的合作研究探究了教师的实践性知识在课堂中、在学校改革中以及专业场景中的应用，剖析了专业环境对教师实践性知识的塑造，提出了实践性知识与教师专业身份的关系，从"个人"的角度提出了一些新的术语，表征教师的个人实践性知识，如个人哲学、意象、节奏、叙事整体、循环和周期、专业场景等。他们认为教师的实践性知识从过去的经历中形成，指导当下的信念和行动，并会影响到未来的规划和行为，是教师形成与发展过去和将来的一种独特的方式(Connelly & Clandinin, 1988：25)。

以现象学研究著称的Manen(2008)从现象学的角度出发关注教育情境中的师生的"生活体验"，通过早期的研究提出了"机智"一词用于表达其所理解的"实践性知识"，认为实践性知识体现在教师与学生的交往活动中，并且将"德行"纳入"机智"的概念，认为"机智"是内化的、情境化的、召唤性的教育实践。

Verloop(2001)等人的研究团队从教学改革、教师的知识基础、师范生的教育等方面探究教师的实践性知识，认为实践性知识是"构成教师实践行为的洞察力"，因此，理论知识应该与教师实践性知识进行融合。还有学者突出"实践"的倾向，提出了提高教师实践性知识和智慧的教育研究方法——教学的临床研究，提出了实践性知识自觉与不自觉、整体性与个人性的矛盾，认为实践性知识是一定情境下的经验知识，具有整合特征，同时也具有明显的个人特征(Manabu Sato, 1997)。

相对于国外对教师实践性知识内涵的研究，国内对实践性知识的研究起步较晚，但是对实践性知识的内涵认识却趋于一致。他们将实践性知识的实践性、情境性与课堂教学关联在一起，认为教师在面临特定的课堂情景时，为达到教学目的而采用特定的教学策略及相关知识，并将这些经验进行积累而逐渐形成(林崇德等，1996)；有学者认为实践性知识是教师在教学活动中拥有的一种知识，这种知识与课堂紧密相连，高度系统化，熟练使用到自动化的程度，可以随时调用(万文涛，2006)。更有学者认为教师的实践性知识是教师所拥有的、在教师实践中形成并表现出来的对教育教学的综合认识、行为能力和创造力。而北京大学陈向明教授对实践性知识的界定最有代表性，且获得了最广泛的认可。她认为教师的实践性知识是教师真正信奉的、并在其教育教学实践中实际使用和(或)表现出来的对教育教学的认识(陈向明，2003)。后来陈向明又发展了这一概念，认为实践性知识是教师对自己的教育教学经验进行反思和提炼后形成的，并通过自己的行动做出来的对教育教学的认识(陈向明，2011：64)。研究者通过对国内外学者对教师实践性知识概念的界定进行梳理，并概括如下，见表2.16。

表2.16 教师实践性知识的定义(转自陈向明，2011：9)

研究者	教师实践性知识的定义	教师实践性知识的特征
Elbaz	教师通过独特方式获得一种特别的知识，包括对学生、课堂、学校、学科和社会理论等所有类型的知识。教师经过整合使之成为个人价值观和信念，并以具体的情境为取向。	情境性、个体性、社会性、经验性、理论性
Van Manen	机智是一种实践性知识，在教学行动中实现，行动自身就已经构成了一种知识。	身体化、情境化、关系化。

(续表)

研究者	教师实践性知识的定义	教师实践性知识的特征
Verloop 等	构成教师实践行为的所有知识和洞察力,隐含在教师行为背后的知识和信念。	个人的、缄默性、反思性、情境性、与学科相关。
Connelly 等	教师通过教学经验获得实际东西,从经验中获得、在工作和生活情境中学到、在实际情境中展示。	默会性、经验性、个体性、文化性。
陈向明	教师真正信奉的,并在教育教学实践中实际使用和(或)表现出来的对教育教学的认识。	默会性、反思性、实践性、行动性。
姜美玲	教师在教育教学情境中,通过体验、沉思、感悟等方式发现和洞察自身实践经验之中的意蕴,并融合自身的生活经验以及个人理解,逐渐积累而成,运用于教育教学实践中的对教育教学的认识。	实践性、个人性、情境性、默会性、综合性。
陈静静	教师建立在对个人生活史的评估和反思基础上、被教师认可并在日常教育和教学活动中实际使用的、与情境相适应的、动态的知识体系。	家族相似性、整体层次性、复杂矛盾性、时效性。

综合上述研究,教师的实践性知识首先应该是为教师信奉的,必须是在教育教学实践中使用的知识,是关于教育教学的知识(林崇德等,1996;陈向明,2003;曹正善,2004;李德华,2005;万文涛,2006;张立忠、熊梅,2010),包括教师的教育信念、自我知识、学科知识、课程知识、人际知识、情境知识、策略知识和批判反思知识(Elbaz,1983;陈向明,2011)。本研究也因此认为**教师实践性知识是指教师在特定的教育教学情境中,遵循具体的学科教学规律,通过多种途径将认同并接受的符合社会需求和学生需求的先进的教育教学理念,通过教师主体课堂教学实践和不断反思而形成的教师信念**。基于教师实践性知识的概念,下文将对教师实践性知识形成与发展的相关文献进行梳理。

2.5.2　教师实践性知识的形成研究

早期对实践性知识的研究主要是对实践性知识的内涵、构成、表征的描述,随着研究的深入,人们开始关注实践性知识的形成与发展,包括实践性知识的发展机制以及影响因素。而其中多数研究都涉及实践性知识形成过程中的影响因素这一话题。

2.5.2.1　教师实践性知识的影响因素

对于影响教师实践性知识形成和发展的因素,不同的学者诠释的视角不同,表述也存在很大差异。比如,有的学者认为教师的生活史、生活经历是影响教师实践性知识的一个重要因素(姜美玲,2006;陈静静,2009),有的则认为教师所处的社会背景、所接受的教育等同样会影响教师实践性知识的形成(李兰,2010;陈向明,2011)。有学者将影响教师实践性知识建构的因素分为社会、家庭、学校教育、在职学习和个人等因素(Duffee & Aikenhead,1992;刘清华,2006;李兰,2010)。更有学者单独将文化视为影响教师实践性知识的主要因素之一,把文化与社会、家庭、学校教育等并列为影响实践性知识的主要因素(张立新,2008)。

按照日本学者野中郁次郎(Ikujiro Nonaka,1995)的知识创生理论,教师的实践性知识可以分为显性知识(Explicit Knowledge)和隐性知识(Tacit Knowledge)两类。显性知识主要是指按照一定的逻辑规律,通过明确的界定、解释、表述或描述,得到认可,再经人们分享传播得到广泛应用的教学理论知识。而隐性知识则不能通过语言、文字或符号进行说明,只能在行动中表现出来,从而被觉察和意会。因此隐性知识不易被大规模积累或者传播。只能经个体主动践行,然后不断反思,在共同体中分享交流,才能实现显性知识和隐性知识的相互转化,逐步形成教师的实践性知识。

诸多要素都会影响到教师实践性知识的形成与发展。教师的教育教学行为不是由显性理论决定的,而是由隐性的实践性知识决定的。不管教师本人是否意识到,教师自己总是借助其所特有的实践性知识来从事自己的教学。实践性知识的发展也因此被认为是教师发展的核心问题(钟启泉,2004)。有关实践性知识的研究也越来越多,涉及实践性知识的内涵、发展以及形成机制。研究发现,影响教师实践性知识发展的因素很多,包括社会、历史、文化、情境、教育等各个方面。

耶清(2012)以三位大学英语教师为案例,采用叙事研究方式,分析教师实践性知识中存在的问题,教师实践性知识产出过程以及影响教师实践习惯知识优化的因素。研究发现,真实场景中的不正确反思、对问题情景解读的错误和混乱的思维都是影响教师实践性知识发展的主要因素。

冯丹(2011)研究了实践共同体中教师学习和反思在教师实践性知识发展中的作用。研究以两名新入职教师为案例,以形成与发展主义和反思教学为理论指导,探讨了新任教师人际知识、情境知识和批判性反思知识的形成与发展,发现实践共同体中的学习和反思有助于新入职教师实践性知识的形成与发展。这需要教师具备问题解决的意识和同事的协助。

亦有学者研究职前教师的实践性知识。以信息技术专业本科生为被试,从哲学认识论的角度出发,采用质性研究的方式,李俐(2012)调查在实习情境下学生实习教师实践性知识的各个层面,分析了影响教师实践性知识的各种因素。

以来自11所中学的25名教师和700名学生为被试,唐佳宁(2011)调查了影响教师实践性知识发展的因素。研究发现社团文化是影响教师实践性知识发展的主要因素。教师很容易受其同事,尤其是其导师的影响,同时职前教育、在职培训以及教师的自我发展意识都会从不同程度上作用于教师实践性知识的发展。

鞠玉翠(2003)同样研究了影响教师实践性知识发展的因素,发现与其他经历相比,理论知识在教师的成长历程中影响不大。其所研究的样本中一名教师能够说出Bloom(1948)的目标分类理论、Vygotsky的"最近发展区"学说、形成与发展主义、元认知等理论概念,却认为这些理论知识实际应用价值不大,理论培训在教师的实践性知识发展中同样作用甚微。

王英宁(2011)以20名来自三所师范院校的英语硕士研究生为被试,调查了职前教师实践性知识的形成与发展策略以及影响教师实践性知识发展的因素。通过一年的课堂观察、问卷调查和座谈,发现有经验的教师、教育环境、学生和同事的建议以及反思性思维可以对教师的实践性知识发展产生正面影响,而课程设计、学校对实践的忽视以及个人对待理论学习和教学实习的态度可能会产生负面的影响。

2.5.2.2 教师实践性知识的形成媒介

众所周知,教师通过实践可以形成和发展学科的知识、自我的知识、情境的知识和学生的知识。实践性知识形成和发展的过程中,教师受到内外两方面因素的影响和制约。内部因素主要是教师的自我反思,而外部因素则指的是教师可以寻求支持与帮助的条件,教师既可以参与实践共同体、加入合作团队,也可以转向资深导师或其他有经验的个人等。已有研究指出实践共同体和行动反思是实践性知识形成的重要媒介(Wenger,1998;姜美玲,2006;陈向明,2011)。如果我们把教师的实践性知识比作一棵大树,其土壤就是教师所在的各种共同体,教师的反思就是其根(陈向明,2011)。没有共同体,缺少反思,实践性知识形成与发展的基础就不可能牢固。

陈向明(2011)研究还发现,教师实践性知识的形成涉及主体、问题情境、行动中反思和信念四项因素,主体(教师)的原有知识在问题情境下得以激发,通过教师在行动中反思生成新的实践性知识。其中实践共同体、个人反思是实践性知识形成的主要媒介。与陈向明的研究类似,很多研究都揭示了共同体,不管是实践共同体、研究共同体还是学习共同体在教师实践性知识的形成与发展中的作用(姜美玲,2006;王欣,2010),同时证实了教学反思在教师知识形成与发展中起着十分重要的作用(应国良、袁维新,2006;王政、任京民,2010;赵姣、李东花,2012)。

亦有研究表明教育设计研究同样是教师实践性知识形成与发展的有效媒介(王笃勤,2012)。教育设计研究亦是在反思。传统的实验室研究不能解决实际教学中的问题。为了解决现实教育问题,教育管理者、学术研究者、一线实践者和教学设计者等人需要齐心协力,创建真实自然的情境,开展形成性研究,统筹运用混合研究方法,结合来自实践的反馈,不断改进直至排除所有缺陷,形成可靠有效的设计,进而实现理论和实践双重发展。这种新兴研究范式的核心要素是教育干预的设计、实施、评价和完善(张文兰、刘俊生,2007;倪小鹏,2007)。教育设计研究需要组建研究共同体,描绘共同愿景,解决相似问题,谋求理论和实践的协调发展。不同学术背景的教师结合在一起,可以实现优势互补,扩展研究视角,优化问题解决方案。教学设计研究旨在解决教学中出现的特定问题,通过帮助教师理论联系实际,感知教学设计在问题解决中的作用,从而改进教育教学行为,提高教学质量。另外。多个原型的设计需要教师在研究中反思其教育干预手段,促进了教师行动反思,有利于实践性知识的形成与发展。从这个意义上讲,教育设计研究也可以看作教师实践性知识形成与发展的媒介之一。

2.5.2.3 教师实践性知识的形成机制

教师的实践性知识是影响其教学行为的核心因素,同时也是左右教学质量的关键因素。教师实践性知识的形成与发展问题也就成为教师发展的关键问题,因此实践性知识的形成与发展问题一直是研究者关注的焦点之一。

Beijaard,Verloop,Meijer等(2001)曾利用概念图(concept mapping)和句子补全写作(completing sentences)调查荷兰教师培训机构的35位师范生和其指导教师的实践性知识,发现师范生能够部分吸收教师的实践性知识。

Mayer 利用刺激回忆法(stimulated recall)和概念图研究了师范生如何汲取有经验教师的实践性知识,发现刺激回忆法和概念图可以帮助学生实习教师审视自身的教学行为,帮助他们把自身的实践性知识与其在课程学习中学习到的理论联系起来,从而帮助学生实习教师更好地理解其他教师的教学,发展自己的实践性知识(Mayer,2002)。

潘国文(2011)以一名学生教师为案例研究了实习在学生实习教师实践性知识发展中的作用。通过课堂观察、深度访谈、反思性日记和课堂录像分析,发现学生教师对教学的意向和所遵循的实践规则与实践原则在实习前后并没有发生显著变化。但研究显示,实习可以帮助学生更加关注理论应用,而教学反思可以促进教师实践性知识的发展。

也有学者通过分析教师实践性知识发展的过程研究教师实践性知识的发展。比如张立新(2011)曾采用三角检验法从教师的生活史、座谈、问卷调查和课堂观察采集数据研究教师实践性知识的发展。研究发现,教师的实践性是一个循环过程,从教师的生活史过渡到教师自我知识,然后升华到实践性知识。教师通过加深对实践性知识的理解,并不断在教学实践中应用,能够促进教师实践性知识的形成与发展,进而可以丰富教师的生活,促使教师不断地超越自我。

亦有学者通过实践研究的方式研究教师实践性知识的形成途径。比如郭炯(2012)通过大量的课堂观察、深度访谈和案例分析发现,教师实践性知识是按照实践逻辑而非简单的认识逻辑形成的。在此基础上,组织实施了以"观摩—实践—反思"为基本流程的师范生信息化教学能力培养和以"应用型课题"为载体的教师行动研究。研究发现,以"案例学习与实践"为主要方式的师范生培养和"应用型课题"带动下的校本研究活动是促进教师实践性知识形成的有效途径。

姜美玲(2006)通过分析四位教师案例发现,通过叙述教师个人生活史、反思教学实践经验、构建教师学习共同体等途径可以发展教师的实践性知识。但是,该研究将影响因素与发展途径混为一谈。不可否认,教师实践性知识与个人生活史有直接的联系,但也同样受其所处的社会、历史、文化、政治、经济的影响,教师的个人生活史分析也只是我们了解教师实践性知识形成的一种方式,而不是教师发展个人实践性知识的途径,而反思教学和构建学习共同体则可以构成促进教师实践性知识发展的一种方式。

2.5.3 教师学科教学知识与实践性知识的关系

Shulman(1987)认为学科教学知识指教师从事教育教学工作所特有的一种知识,这种知识既包括学科知识,也包括教学知识,还包括实践知识,也就是说实践性知识是学科教学知识的一部分。但现实中我们发现,并不是所有的教师,比如英语教师,都具有良好的学科知识,或者本应该具备的教学知识。非师范背景的高校英语教师尽管在自己的专业知识方面做得很好,具有一定的甚至很高的造诣,如深厚的理论功底等;但是对于教育学、心理学、语言教学、评价测试、信息技术等可能知之甚少。此外,每位教师都有自己对教育教学的理解、对课程的理解、对学生的理解、对情境的理解,都在不知不觉中依照某种理论从事教育教学活动。也就是说,每位教师都有自己独特的实践性知识。

包括 Shulman 在内的很多学者都认为实践性知识是学科教学知识的一部分(Shulman,1987;李鲁平,2005;申继亮,2002),但是学科教学知识很大一部分是理论知识,而国内有学者认为实践性知识与理论知识是相对的(陈向明,2013)。尽管教师在大多数情况下不能清楚地说出自己在教学过程中所使用的是哪种理论,但是毕竟下意识地在使用某种理论,而这些理论恰恰就是教学(法)知识中的某个理论。

还有学者研究表明,教师的实践性知识是可以意识化的、外显化的知识,也是可以言传的(佐藤学,1997)。因此,本文也认为实践性知识属于学科教学知识的一部分(见图2.9)。首先学科教学知识与实践性知识是有一部分重合的,表明教师的学科教学知识与实践性知识是一致的,但是仍有相当部分教师所了解和所掌握的知识,却不能用于实际的教学之中。在此情况下可以通过某种教育干预尽量将教师的学科教学知识转变成教师的实践性知识。

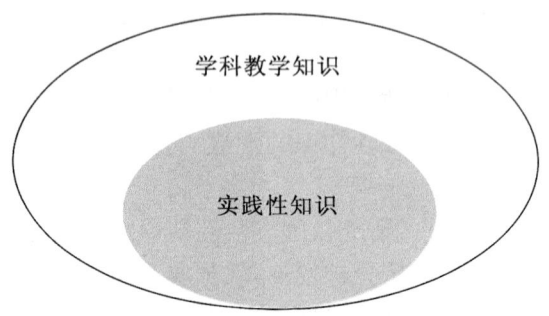

图2.9 学科教学知识与实践性知识的关系

2.6 英语教师实践性知识研究

从前文梳理可以看出,针对教师实践性知识的概念、形成媒介及形成机制等方面已有大量的研究。由于实践性知识具有默会性、情境性等特征,教师的理论知识是显性知识,而实践性知识往往是隐性知识,研究难度依然很大,外语教师实践性知识的研究仍处于探索性阶段。本节重点聚焦英语学科,对英语教师实践性知识的概念进行界定,分析英语教师实践性知识的影响因素、形成媒介和形成机制。

2.6.1 英语教师实践性知识概念界定

虽然针对教师实践性知识的概念研究很多,但在英语教育领域,教师实践性知识的概念研究却很少。国内外学者往往直接引用普通学科对教师实践性知识概念的界定。

综合已有研究,教师实践性知识的构成要素主要包括:教师主体、问题情景、教师行动反思和教师信念(陈向明,2011)。结合高校英语学科教学实际,本研究将英语教师的实践性知识定义为:**英语教师实践性知识是指英语教师在英语教育教学情境中,遵循英语学科教学规律,通过多种途径将认同并接受的符合社会需求和学生需求的先进的英语教育教学理念,通过英语教师主体的课堂教学实践和不断反思而形成教师信念**。具体而言,英语教师以学习者为中心,在特定的英语教育情境下,自觉接受先进的英语教学理念,不断在教学行动中进行反思,使教育教学知识与经验不断积累并形成自己的教学风格,通过跟同事分享教学经验,形成教学理念,树立教师信念并在实际教学中将信奉的知识转变为真正使用的知识。

2.6.2 英语教师实践性知识研究回顾

随着国内外学者对教师实践性知识的日益关注,英语领域的研究自然也成为其中的一部分。通过梳理文献,研究者发现,国外相关研究在 20 世纪 80 年代就已出现,国内在近些年才开始有人关注,但研究日益呈上升趋势。现将国内外代表性相关研究进行总结概括,具体内容详见表 2.17。

表 2.17 国内外英语教师实践性知识研究

	学者	年份	研究内容
国外	Elbaz	1981	以一名教师 Sarah 为案例,通过开放性访谈,探讨该教师在教学内容、教学方法、教学对象和教学环境方面的基本情况,了解该教师如何在教学中做出选择。
	Meijer, Verloop & Beijaard	1999	通过课堂观察和回顾式访谈探讨语言教师阅读理解教学的实践性知识。
	Ariogul	2007	通过研究 3 名英语教师,发现教师先前的语言学习经历很大程度上决定了教师的实践性知识发展。
国内	李峻	2006	通过观察、访谈研究 1 名英语老师,探讨其实践性知识形成与发展的影响因素。
	崔丽涛	2009	通过叙事研究 1 名大学英语新手教师,揭示其实践性知识及其影响因素。
	顾佩娅	2009	通过叙事研究 20 名外语教师,描述其专业成长历程及其环境影响因素,探索优秀外语教师的成长案例。
	张莲	2011	采用定性的个案研究方法,探索外语教师个人理论的内容、结构及其建构发展模式。
	冯丹	2011	研究 2 名中学英语新手老师在教师共同体中如何通过学习和反思促成实践性知识的形成与发展。
	郎平	2011	采用混合研究方法,基于建构主义和反思性实践论探索中学英语教师实践性知识的生成机制。
	刘忠喜	2013	通过个案问题情境和自我反思研究英语师范生实习期间教师实践性知识发展中的影响因素及其过程。
	韩雪	2014	通过 1 名高中英语新手教师的个案研究,揭示教师实践性知识的实然构成及其影响因素。

通过梳理文献可以发现,国内英语教师的实践性知识相关研究才刚刚起步,研究数量不足,相关研究者多为硕士层次,研究质量尚待进一步提高。在英语教师实践性知识内涵、结构、特点、影响因素、形成媒介与发展机制等方面还有待深入研究。另外,研究对象范围可以进一步拓展到中小学、各层次的大专院校及各类学校的英语教师。通过量化、质化等多种研究手段探讨英语教师实践性知识的形成与发展。鉴于此,本研究以高校英语教师为研究对象,通过混合研究方法,探索教师实践性知识的影响因素,形成媒介和发展途径。

1. 英语教师实践性知识的影响因素

教师的实践性知识是不断变化、动态发展的,其形成受多种因素的影响。英语教师也是如此。综合上述国内外学者对教师实践性知识影响因素方面的研究,同时结合本研究所探讨问题的属性认为,英语教师实践性知识的影响因素也是由内因和外因两个方面组成。内因是指教师的自身因素,主要包括教师英语教学实践活动、教师信念、教学理念、教学反思、个人生活经验、职场学习、参加培训、参加教学或实践共同体、海外留学或访学、学位进修等等。外因指的是外界环境因素,包括社会文化尤其是各种英语考试文化、有针对性的校本培训、教学或科研共同体、专家讲座、学术会议、现代信息技术资源传播与分享(慕课、微课、翻转课堂、英语教学大数据等)、职称评定政策导向(教学型/科研型教授)等等。

2. 英语教师实践性知识的形成媒介

以往研究中,有学者认为共同体(实践共同体、学习共同体、研究共同体)和反思是教师实践性知识的形成和发展的重要媒介(Wenger,1998;姜美玲,2006;陈向明,2011),还有学者认为教育设计研究同样是教师实践性知识的形成与发展的有效媒介(王笃勤,2012)。

3. 英语教师实践性知识的形成与发展途径

以往研究探讨了教师实践性知识的影响因素和生成路径,对于教师实践性知识的形成机制却鲜有详细阐述。教师胜任力(teacher's professional competence)的概念最早由McClelland(1973)于20世纪70年代初提出。随后,英美两国就有将胜任力作为指标体系,用于考核教师知识、技能、态度等对工作绩效、教学质量的影响的研究和探索(韦洪涛,王倩,2012)。Hopkins(1993)提出了由六个维度组成的教师绩效评价框架。这六个维度分别是职业承诺、对学生的爱、多元化的教学模式、学科特有的教学技法、反思和反省、与同事合作。而知识管理(knowledge management)这一概念是美国学者 H. Davenport(1997)最先提出的。该理论强调组织对自身知识资源的管理,包括知识的获取、存储、分享、应用和创新等过程。将这一概念移植到教师实践性知识的管理中去,应该指教师实践性知识的获取、存储、分享、应用与创新的过程。这一过程涉及个人和组织两个层面。组织层面,通过创设学习型组织,建立经验分享机制和激励评价机制,可以提升和整合教师个体和群体的知识与经验,发展出有特色的组织知识和文化,进而促进教师实践性知识的聚合创生,推动教师专业化的持续发展(吴长江,2011)。个人层面,通过对教师在教育教学中形成和发展的实践性知识进行有效管理,可以积累和创新教师的个体知识,拓展教师的知识结构,从而促进教师的专业发展。

结合上述胜任力和知识管理理论,**在行政领导的教育干预下,开展教历研究、改革教学模式、建设实践共同体、促进教师同伴合作互助、创设行动反思环境、实施常态化校本培训、激励教师自主发展,为教师提供专业引领等措施综合使用,可以有效推动英语教师组织发展和自主发展,从而为英语教师实践性知识形成和发展提供机制保障。**

2.7 实践性知识的研究方法

研究方法是人们在从事研究的过程中不断摸索、总结而提炼出来的在研究中所使用的手段、工具。依据教师实践性知识的研究问题和研究内容，以往的教师实践性知识的研究方法主要包括叙事研究、案例研究和调查研究三种研究方法。

2.7.1 叙事研究

叙事研究是一种研究方式，以人类经验的故事性为特征，利用故事的形式呈现研究结果。这种研究关注在一定的场景和时间内发生的主要事件，重点考察主人公的思维方式、筹划手段、应对策略以及感受体会等方面的信息(毕玉翠，2003)。

Elbaz(1983)是第一个采用叙事研究方法对实践性知识进行研究的学者。她通过开放式访谈了解加拿大中学教师在教学内容、教学方法、学生和学校环境等方面的观念，通过回顾式访谈探究该教师的精神世界，通过一系列的自由回答讨论，探究该教师的实践性知识，关注教师在实践课程开发中的参与程度、处理各种问题的方式，通过对教师在教室和读书中心活动的观察，修订补充其对该教师学科内容观念，以及价值观、职业承诺和生涯规划的分析(刘忠喜，2013)。

Connelly 和 Clandinin 对叙事研究进行了进一步的扩展。首先在叙事来源方面，他们不只是局限于访谈，还采用了实地调查记录(field notes)、研究访谈(research interview)、对话、日记、传记、教师故事、家庭故事、口述史、年报和历史记录、信件、照片、记忆盒以及其他教师个人收集的各种生活的材料(廖维晓，2008)。之后国内外学者对实践性知识的研究也多采用叙事研究的方式。

叙事研究作为一种研究方法可以采用的具体手段很多，常见的有课堂观察和深度访谈，或开放式访谈。后来随着研究的发展，对话、日志，以及与教师有关的文献，包括信件、教师发表的论文、教师的反思以及案例也应用到叙事研究之中。比如李新叶(2008)的叙事研究就采用观察、访谈、现成文本等方式收集了大量的资料。

2.7.2 案例研究

案例是发生在一个特定的时间和空间范围里的事件，可以比较集中地反映研究者所关注的问题。案例可以是一所学校、一个班级、一位教师、一节课、一个活动等。案例研究也因此是以一个具体的案例为对象开展的研究。案例研究具有很强的情境性，聚焦对特定事件的反应和认识。与叙事研究相比，案例研究空间感更强，更注重挖掘特定情境中事物的本质及其相互间的关系(张肇丰，2010)，比较适合实践性知识的研究。日本学者Manabu Sato(1997)在其教师实践性知识的研究中采用此研究方法，佐藤学称其为教学的临床研究(易凌峰、陈莉，2004)，通过对以问题为中心的案例的分析，归纳出实践性知识的五大特征。

案例可以是具体的一个案例，也可以是多个案例。John(2005)曾采用个人场景

(person-context)的案例对6位教师教育者和12名全职指导人员进行研究,考察教师教育者已有的和使用的实践性知识,从而揭示出教师实践性知识的本质、目的性、实践性、学科性和伦理性。而陈静静(2009)所做的中日中学教师的对比研究中的案例包括了来自两个国度4所中学的14名教师。

案例研究是一种质性研究,研究可以借助文献分析、访谈、课堂观察等采集信息。以一位大学教师为研究对象,采用文献研究、访谈、文本分析并辅以教师的教案、著作、日志、论坛、会议记录等相关资料,李玲(2006)分析了教师实践性知识的特点、表现形式和影响因素,发现教师个人生活史为教师实践性知识生长提供沃土,学科背景为实践性知识打造定式支撑,而自我反思则是教师发展的动力。研究建议把教师发展作为课程建设的一部分,构建学习共同体,采用教学和科研相结合的研究方式,促进教师实践性知识的发展。

2.7.3 调查研究

调查研究多采用问卷的方式,有时也可以辅以座谈等获取数据。实践性知识的调查多用于了解教师实践性知识的现状。比如Beijaard et al(2000)采用问卷调查的方式,考察了80位有经验的初中教师目前及以前的专业身份认知。研究发现,多数教师将自己看作学科专家、教学专家和教学法专家的结合,而身份都要由学科专家逐渐向教学专家和教学法专家转化。Beijaard的这一研究其实反映了一个十分可怕的现实:不管教师自己的教学水平有多高,都认为自己是专家。但事实上不是所有的教师都是学科专家,也不是所有的教师都是教学专家,而能称得起教学法专家的更少。教师的个人身份认同会影响教师实践性知识的形成与发展,从而影响教学质量。

我国亦有学者通过问卷调查的方式研究教师实践性知识的现状,比如,郎平(2011)采用问卷调查的方式调查了174名初中英语教师,并对其中13名教师进行了深度访谈。研究发现中学教师不清楚实践性知识这一概念,缺乏实践性知识自我发展的意识,也缺乏实践性知识发展的土壤。汤佳宁(2011)以来自11所中学的25名教师和700名学生为被试,调查研究了影响教师实践性知识发展的因素。研究发现社团文化是影响教师实践性知识发展的主要因素。教师很容易受其同事,尤其是其导师的影响,同时职前教育、在职培训以及教师的自我发展意识都会从不同程度上作用于教师实践性知识的发展。

本研究将采用问卷调查的方式了解高校英语教师实践性知识的现状和影响因素,基于问卷结果,选择受试案例,开展实验介入研究,以访谈、教案、课件、反思日志等形式收集质化资料,进行分析。质化研究采用扎根理论对访谈数据原始资料从上而下地进行整理、分析和凝练。扎根理论(Grounded Theory)是质化研究中的一种建构理论,由Anselm Strauss和Barney Glaser两位学者最先提出。扎根理论用归纳的方法,经由系统化的资料收集与分析,对现象加以发掘、发展、分析、整理,从资料中提升理论,通过对资料的深入分析,逐步形成理论框架(Strauss & Glaser, 1967)。扎根理论还要求研究者对理论保持高度的敏感性,在研究设计阶段、资料收集和整理阶段都将与前人文献研究和自身理论及资料呈现理论相互对比,然后根据资料与理论之间的相互关系提炼出有关的类属(category)及其属性,以捕捉新的建构理论的线索。Creswell(2009)认为质化资料分析可以按照以下步骤进行:(1)整理和准备质化资料,反复通读;(2)对质化资料进行编码,仔细分析;(3)通过编码将质化资料提炼出类属并发现各类属间的联系;(4)勾勒出初步呈现理论框架,确定其内涵和外延,同时返回到原始资料进行验证;(5)陈述理论,将所掌握的资料、概念类属、类属特性以及概念类属之间的关系一层层地描述出来,以回答研究问题。而类属分析法(categorization)是在整理资料的基础上,确定意义单位,寻找反复出现的概念或现象,将相同或相似属性的编码单位划归同一类别并根据其特性赋予概念特定名称(杨鲁新,2013)。

2.8 本研究的研究问题和研究内容

2.8.1 研究的问题

通过文献综述,研究者发现虽然国内外学者对实践性知识的形成与发展已有研究,但绝大多数停留在现象学的研究范畴,主要描述教师实践性知识形成与发展的历史过程并分析其成因。而教师的实践性知识涉及课程知识、教学知识、情境知识、学生知识等各个方面,十分庞杂。教师的实践性知识只有在教育教学实践中才能缓慢地积累。通过梳理文献发现,已有的教师实践性知识研究大多停留在普遍性与通识性层面,针对外语教师特别是高校英语教师的研究还有待深入开展。通过分析当前环境可知,阅读教学是高校英语教学的最重要组成部分,阅读教学最容易反映出教师的课程理念,同时教师在阅读教学中接受的新的教学理念相对较多,但未在实践教学中应用。此外,阅读教学自身也在研究的范围内。因此,本研究将研究范围进一步缩小到阅读教学上,以阅读教学为例,探究教师实践性知识的形成与发展,并将具体的研究问题归纳如下:

(1) 高校英语教师阅读教学的实践性知识现状如何?
(2) 影响高校英语教师阅读实践性知识形成与发展的因素是什么?
(3) 如何帮助高校英语教师形成与发展阅读实践性知识?

2.8.2 研究的内容

本研究旨在通过教育干预,发现如何帮助教师形成与发展其应有的实践性知识。为实现研究目标,本课题拟从以下几方面着手进行研究。

1. 实践性知识与其他理论知识的关系

理论知识有显性与隐性之分,而支配人们行动的却是隐性知识,这种深植于人们的判断能力及技巧性行动之中的隐性知识正是实践性知识在日常生活中的独特表现形式。就教育教学而言,教师的信念、教学理念等支配教师的教学实践。由于实践性知识是缄默的、个性化的、情景化的,与本体性知识、条件性知识等似乎无关,却可以通过意象、隐喻、行动公式等表征方式表现出来。因而本研究通过隐喻、意象等方式了解高校英语教师实践性知识的实然现状,分析教师教育教学行为的影响因素,探索如何将本体性知识和条件性知识等显性化的理论转化为教师的实践性知识,进而促进高校英语教师的专业发展。

2. 教师信奉的理论与其实际使用的理论之间的关系

左右教师教育教学行为的理论可以分为教师信奉的理论和教师使用的理论。教师信奉的理论可以通过教师反思表达出来，但未必与其所真正使用的理论相一致。本研究通过选择受试教师，观察其课堂教学行为，分析其使用的理论与信奉的理论之间的联系，探讨如何将信奉的理论变成其所使用的理论。

3. 知识转化与实践性知识的形成途径

依据哲学辩证法关于事物的运动、变化和发展的矛盾作用原理，矛盾内因（internal causes）与外因（external causes）相互作用。内因是指事物发展变化的内在原因，即内部根据；外因是指事物发展变化的外部原因，即外部条件（毛泽东，1951）。内因和外因是辩证统一、互相联系、互相转化的。结合本研究，教师实践性知识的形成和发展也需要内因和外因共同作用，教师是实践性知识的主体，因此必须注重教师观念的转变，只有当教师自觉自愿接受新的知识和思想，敢于尝试新的教学模式和教学手段，反复实践自觉反思时，教师的专业自主发展才得以实现。结合高校英语教师的特征和教育教学实践，我们认为，基于教师实践共同体的合作学习和教育干预是教师实践性知识产生和发展的外部条件，且必须与内部条件相辅相成、相互作用，这是英语教师实践性知识形成与发展的有效途径。通过外界干预，使指导教师教学实践的隐性知识转化为显性知识，进而转变教师的信念和教学理念，教师通过消化吸收外界新知识，将教学理念进一步内化为隐性知识并在具体的教学中使用其所了解的显性理论知识。因此教师必须具有自主学习与终身学习的能力，还要学会合作学习，最终经过社会化、外在化、组合化和内在化实现教师实践性知识的获取与转化（Ikujiro Nonaka & Hirotaka Takeuchi，1996）。

4. 介入实验

教师实践性知识的形成与转化不仅需要教师自身的理论学习与教学实践，还需要有外界的干预。本研究的教育干预是指以促进高校英语教师实践性知识形成和发展为目标，围绕教师信念、教学理念、教学行为等方面，对受试教师进行教学介入、科研介入、反思介入和行政支持介入。

其中，教学介入主要是指针对教学问题情境的集体研讨、邀请校外专家专题讲座答疑、受试教师课下自主理论学习、反复修改教学设计、在实践共同体中分享交流经验以及让受试教师及时进行教学反思并撰写反思日志等。科研介入指的是通过学术会议、专家讲座、课题驱动等形式提高教师的科研意识，从教学中搞科研，以科研促教学。反思介入主要指实践者在行动中确认问题并解决问题的思考方式（舍恩，1983）。本研究的反思介入主要是指教学反思和培训反思。而行政支持介入主要是从管理角度出发，研究二级学院领导或系部领导的学术权威引领及强力推进对教师学习共同体实际工作开展及教师实践性知识形成与发展的作用。

本研究将对受试教师进行实验介入，通过教育干预，发现哪些外界干预能有效转变教师的教学信念和教学理念，进而改变教师的教育教学行为，促进教师实践性知识的形成与发展。

2.8.3 本研究的概念框架

作为研究的主要框架，论文的概念框架是选择重要变量、分析概念之间逻辑关系、设计研究工具和解释研究结果的基础（Miles & Huberman，1994；Merriam，1998；徐忆，2015）。概念框架基于研究取向或立场，利用文字或图形解释研究中各变量、概念或因素间的复杂关系（Miles & Huberman，1994）。

在文献综述的基础上，本研究将以英语阅读教学为例，从实践性知识的本质出发，结合研究问题"高校英语教师实践性知识的探究"，参照教师教育教学行为的特点，依据行动研究的理念，首先通过调查问卷考察教师实践性知识的现状，了解教师实践性知识的实然现况，包括教师的自我知识、学生知识、情境知识等，分析教师信念与其在教学中践行的教学理念之间的差异以及影响实践性知识形成与发展的因素。然后选定受试对象，开展实验研究，对受试进行教育干预和实验介入。通过课堂观察和小组座谈，分析教师在课堂教学中的问题，从而框定问题情境，确定行动目标，设计介入活动。通过课堂观察、追述式访谈和行动反思，整理质化数据，分析高校英语教师实践性知识形成和发展的影响因素、形成媒介和发展机制，帮助教师把隐性知识转变为显性知识。在此基础上绘制出了本研究的概念框架，具体如图 2.10 所示。

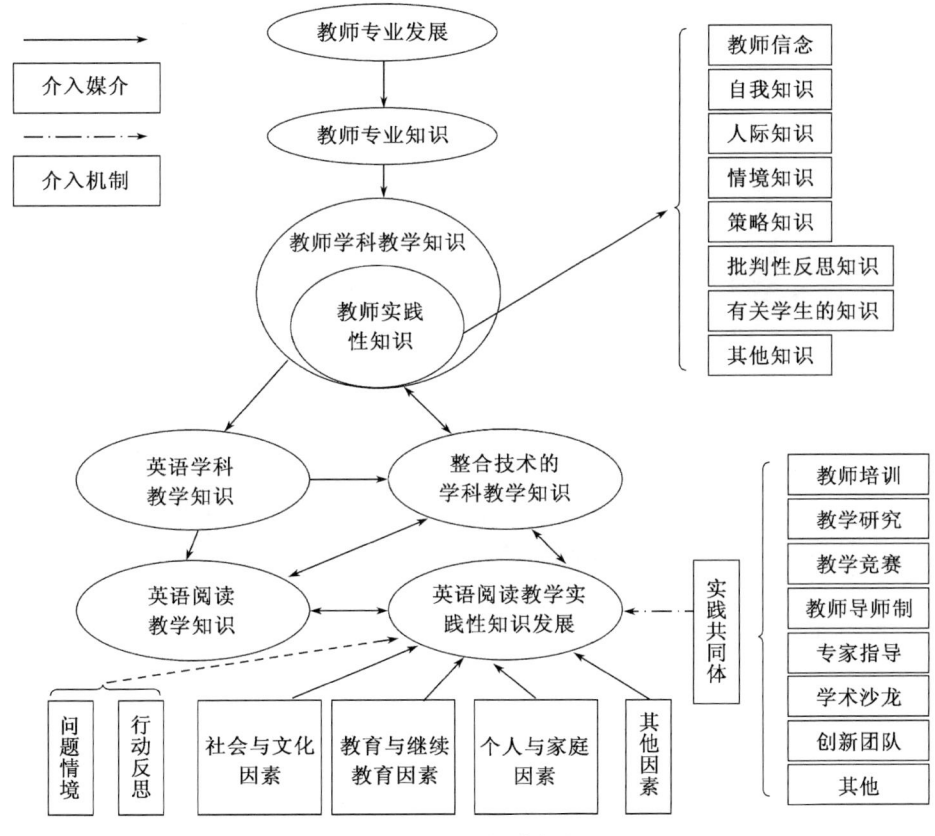

图 2.10 研究概念框架图

2.9 本章小结

本章通过对教师专业发展、教师学科教学知识、教师实践性知识、高校英语教师实践性知识的文献回顾与梳理,发现前人研究中针对高校英语教师的教师实践性知识的探究甚少。因此,本研究对英语教师的学科教学知识、英语教师整合技术的学科教学知识进行了概念界定。同时,对高校英语教师实践性知识的概念、英语教师实践性知识的形成媒介和发展机制进行了尝试性界定。同时还对实践性知识的研究方法叙事研究、案例研究和调查研究进行了简要论述。结合文献综述和实践性知识的研究方法,本研究提出了研究问题与研究焦点,并绘制了本研究的概念框架,为后面章节在理论和理据上做好了准备,同时还为后面章节的研究设计和分析奠定了基础。

第 3 章

研究设计

3.1 引 言

  上一章梳理了教师专业发展的概念及内涵、教师专业发展的内容、教师专业发展的研究范式、教师专业发展的研究阶段、教师专业发展的模式以及教师专业发展的实证研究。通过梳理教师专业发展的相关文献,发现对教师的知识,尤其是教师的实践性知识的研究有待进一步深化。文章紧接着对知识与教师知识的相关研究进行了回顾总结,重点分析了知识及其特征、教师知识及其分类,然后进一步探究教师的学科教学知识。顺应技术发展的需求,文章对整合技术的学科教学知识也做了相应概述。之后,重点关注英语学科,并通过分析慕课与英语教学、翻转课堂与英语教学的关系及其作用,探索英语教师的学科教学知识。文章对教师尤其是英语教师的实践性知识从概念界定、研究综述、影响因素、形成媒介和发展机制等方面进行了梳理。进一步缩小研究范围,从高校英语任务型阅读教学的观察与分析折射出教师实践性知识发展的作用和启示。通过梳理国内外教师实践性知识发展的文献,回顾已有相关研究现状,发现高校英语教师实践性知识发展的研究局限,进而提出本研究的概念框架。

  本章结合文献综述和理论基础提出研究设计:首先是引言部分;第二部分在文献梳理与分析的基础上提出本研究的研究问题和研究内容,对相关核心概念和术语进行简要描述,介绍了本研究采用的混合研究方法,并对研究方法选择的理据进行分析,重点关注并逐一分析调查研究、案例研究和行动研究;第三部分确定了研究对象范围、研究对象人数与抽样策略;第四部分介绍数据收集手段与工具及其选择理据,逐一阐述教案与课件、课堂观察与实录、调查问卷、访谈、日志等,讨论了问卷设计先导研究情况、预调查情况,随后重点介绍了问卷的准备、设计、发放和实验过程,描述问卷的发放与回收情况;第五部分论证了调查问卷、访谈资料、录课资料等的信度和效度,并用三角验证增加了研究结果的解释效力;第六部分描述了本研究的伦理道德执行情况;最后概述本章主要内容。

3.2 研究问题分析与研究路径

3.2.1 研究问题分析

通过文献综述,研究者发现已有教师实践性知识的研究多数停留在一般学科的理论层面,且多为叙事研究,针对高校外语教师实践性知识的实证研究不多。结合实际情况来看,研究者所在单位外语教师60多名,尽管教师的专业基础不同,教育背景各异,生活阅历千差万别,但其教学行为基本趋同,传统教学理念依然根深蒂固,教学研究意识不强。由于大班授课、四六级考试、考研等多种因素的影响,绝大多数英语教学依旧以教师为中心,教师教学实践的相似性说明教师实践性知识趋同。那么,教师信奉的教育教学理念到底是什么?其所使用的教学理论又是什么?如何帮助教师将其所学的理论知识应用于实践?怎样才能将其所学的理论变成实践性知识?基于以上问题,研究者认为有必要对教师实践性知识的形成与发展进行研究。

基于对现实问题的思考,研究者认为,对教师实践性知识的形成与发展进行研究,是为了帮助教师把理论知识转变为实践性知识,尤其是将教师信念转变成其在教学中践行的教育教学理念。为此,本研究缩小研究范围,将对教师实践性知识形成与发展的探索局限在认知视角的阅读教学上,探索为什么教师认可先进的阅读教学理念,而在实际教学中却没有应用,由此确定了三个研究问题。其中高校英语教师实践性知识现状和影响高校英语教师实践性知识形成与发展的因素这两个问题是描述性问题,需要通过调查问卷收集数据并结合课堂观察、访谈资料进行统计描述与分析。而如何帮助教师形成和发展实践性知识是解释性问题,需要通过实验介入、课堂观察、案例访谈、行动反思,方能解决。

3.2.2 研究路径

在文献综述和研究概念框架的基础上,结合研究问题,本研究首先开展探索性访谈,通过收集质化案例数据资料,为问卷调查的设计和开展做好准备。然后,通过问卷调查了解高校教师实践性知识的现状,进行量化分析,发现教师实践性知识形成与发展的倾向趋势以及影响因素。随后选定受试对象,以阅读教学为例,开展实验介入前的课堂观察/录课与追述式访谈。分析受试教师阅读教学信念以及在实际教学中践行的教育教学理念,以框定其问题情境。再通过多种形式的教育干预对受试教师进行实验介入。在这个过程中,组建教师发展共同体,对受试教师多次课堂观察/录课并追述式访谈,要求其定期在实践共同体中分享教学设计思路。团队成员集体协商,对受试教师教学设计提出意见,以修订改进。受试教师不断反思并撰写反思日志。研究者收集和整理实验介入前后的课堂观察/录课数据、访谈数据、受试教师反思数据,将之进行对比分析,以了解受试教师教学信念以及教学理念的变化情况,探讨影响教师实践性知识形成的因素,梳理有助于教师实践性知识形成与发展的教育干预手段,发现教师隐形知识显性化的途径,探索教师实践性知识形成与发展的模式路径以及机制保障等。按照上述思路,研究者描绘成研究路线图,具体如图 3.1 所示。

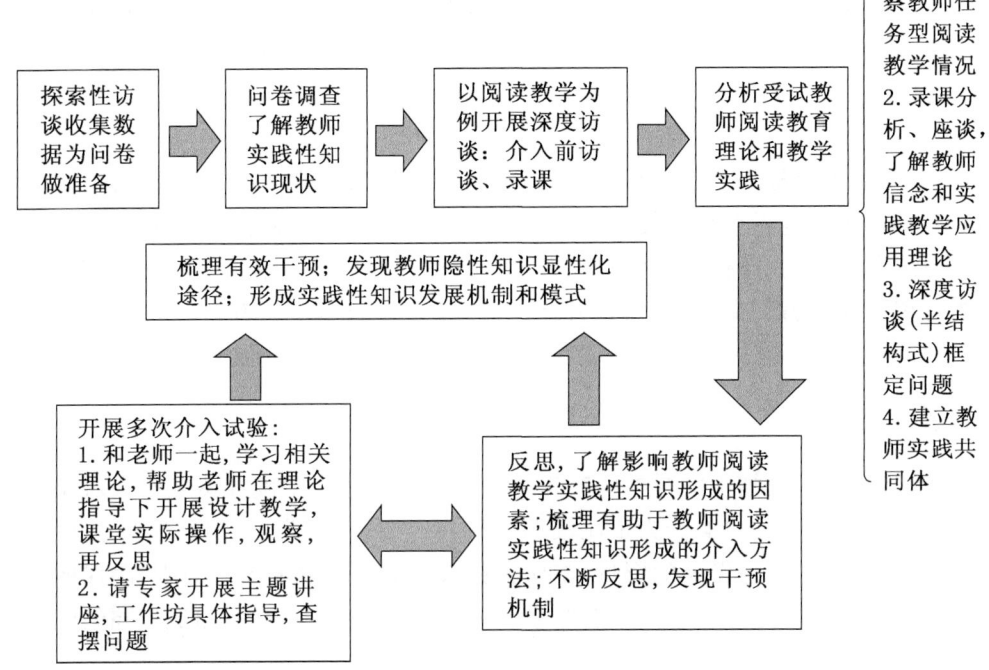

图 3.1 本研究具体的研究路径

3.3 研究对象

本研究采取质性研究为主,量化研究为辅的混合研究手段,依据研究资料的信度和效度要求,研究对象的选择应具备三方面要素,包括具体研究对象范围、研究对象人数与抽样策略(郑新民、王玉山,2014)。

本研究通过收集资料探索高校英语教师实践性知识的发展,因此,受试对象均为高校一线英语教师。在满足研究问题、概念框架和样本大小需要的基础上,作为先导研究部分,调查问卷遵守了便利、差异和合作的抽样原则,这样的抽样策略既可以节约时间和经费成本,还可以保证研究者便利地获取相对真实的数据信息。问卷调查对象分别来自河北省 2 所普通师范院校、1 所二本类工科院校、1 所一本类军事院校、1 所高职高专医学类院校和北京市 1 所市属普通工科院校,共发放问卷 200 份,回收问卷 152 份,有效问卷 150 份,有效率为 75%。具体情况如图 3.2 所示。

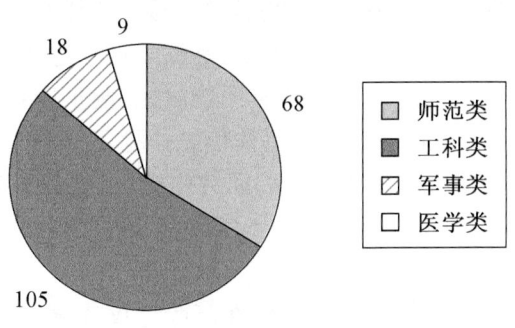

图 3.2 问卷调查对象抽样情况

在调查问卷总体研究对象确定后,研

究者对探索性访谈对象、小组访谈对象和深度访谈对象初步进行了框定,以便了解高校英语教师实践性知识的初步情况,为调查问卷内容的选择与修订及后续工作的开展提供资料依据。因此,本研究还包括2名探索性访谈对象,8名小组访谈对象和4名深度访谈对象。被试选择主要遵循以下原则:

1. 方便原则

方便原则也可以称为"便利原则""简单原则"或"省力原则",指的是受到当地实际情况的限制,抽样随研究者自身的便利进行,以省时、省钱、省力(陈向明,2001)。本研究访谈对象选择研究者所在高校和合作院校大学英语教师为被试。由于6所学校有长期合作关系,如开展听课、研讨、交流等活动,另外,所选的北京的学校一直在做共同体和团队建设。双方均愿意合作,在一段时间内重点开展教师实践性知识的形成与发展的研究。

2. 差异原则

差异原则指的是被抽中的样本所产生的研究结果将最大限度地覆盖研究对象中各种不同的情况(杨鲁新等,2012)。为了比较不同从教经历、不同学习经历、不同文化体验经历对实践性知识的形成与发展的影响,本研究在选择案例时遵循差异原则,确保所选案例在教龄、教育背景和国外求学经历上有明显差距,以验证教师实践性知识趋同的假设。

3. 合作原则

本研究中的合作原则指的是研究者与研究受试都遵守一些基本原则,在研究中相互配合,以达到使研究顺利开展的目的。由于本研究需要做课堂实录、访谈,需要教师提供教学设计、参与介入实验,案例是否合作将直接影响研究的效度。因此,在选择案例时,合作就作为十分重要的原则之一,包括参与本研究的教师理解本研究的意义及目的,同意课堂观察、录课、访谈和参与介入实验。

除了上述原则之外,本研究在前人研究的基础上,参照文献综述中的教师专业发展阶段论并结合自身研究对象情况,主要关注入职时间较短的适应期阶段,入职时间相对较长的发展期阶段和成熟期阶段三个阶段的教师。从横向看,这三个阶段涵盖了不同阶段教师的发展情况。从纵向看,某种程度上这三个阶段可以反映出每个教师在不同职业生涯阶段的发展特征以及发展情况。因此,在探索性小组访谈选择访谈对象的时候,考虑到了方便原则、合作原则和差异性原则,选择本单位创新团队教师参与本研究。小组座谈对象的选择也考虑了上述因素,在探索性小组座谈后从本单位最终选择了四名受试教师,教师A与B、C、D可以形成鲜明的对比,便于比较不同经历、不同背景对教师实践性知识的形成与发展的影响。其具体信息详见下页表3.1。

教师A为讲师,女,研究生学历,无海外留学经历,为国内重点院校毕业的硕士研究生,商务英语翻译方向(MTI),对语言学、二语习得、教育心理学了解甚少,没有经过系统的学习。

教师B,讲师,女,曾在新西兰攻读硕士学位。教师B与教师D都有国外留学经历,两位教师的对比可以折射不同学校教育对教师的实践性知识是否有显著影响。又因本研究旨在探究海外留学经历是否对教师实践性知识形成与发展存在影响,所以通过两个案例对比,可以揭示异族文化是否对其实践性形成与发展存在影响以便进一步分析原因。

教师 C 为男教师,讲师,本科毕业于军事院校英语专业,语言基本功扎实,但是对语言学、二语习得、教育心理学了解甚少,也没有经过系统的学习。在职攻读了一所师范院校的硕士学位,无国外留学经历。

教师 D 为副教授,女,师范院校毕业,本科学历,后在职赴英国留学一年攻读硕士学位。该教师在本科和研究生阶段,系统学习和研究了二语习得、课程论、教育学、心理学等。希望通过对她实践性知识实然状况的观察和分析可见其所受教育对教师实践性知识的形成与发展所起到的作用。

表 3.1 四位受试教师信息一览

教师	性别	年龄	教龄	职称	教育背景	专业方向
TA	女	28	3	讲师	国内重点院校毕业,硕士,无留学经历	商务英语翻译方向(MTI)
TB	女	29	4	讲师	硕士,新西兰留学1年	TESOL
TC	男	32	9	讲师	军事院校毕业,硕士,无留学经历	英语/比较文学
TD	女	35	13	副教授	国内师范专业毕业,硕士,英国留学1年	TESOL

以上四名受试者均为研究者所在单位的创新团队成员,他们会定期参加本单位的岗位培训,包括教育学、心理学、语言学、语言教学、测试评价、研究方法各方面的培训。他们都表示愿意参与本研究,希望通过这一活动提升个人素质,增长教师的实践性知识。

3.4 研究方法

基于文献综述和理论基础,本研究计划采用实验研究的方式,作为实验研究的准备需要进行调查研究和理论研究,前者主要指开展实地调查,选取实施对象,通过多种研究工具收集资料,为后续研究收集有效信息,而后者主要是文献研究,前面文献部分已有说明,这里不再赘述。

3.4.1 研究方法的选择

质性研究不是以数字或统计来进行测量,也不会事先以结构性的问卷来取得相关数据,而是通过深度访谈、田野调查等手段收集资料,在真实的自然环境和情境中对社会现象进行整体性探究,以研究者本人作为基本研究工具,通过与研究对象的互动过程形成与发展对其行为及其意义的解释性理解,最后通过综合法或归纳法对资料进行分析整理并上升为理论。而量化研究采用实证主义的观点,以统计分析探究社会现象,企图建立放诸四海皆准的原理原则,更进一步解释、预测和控制社会现象。量化的研究者皆认为社会的现象可透过观察而得,强调价值中立的态度,以达成客观结论。通过设定量化标准,测定特征数值发现研究对象各因素间的变化规律,最终用演绎法对研究结果进行分析、考量和解释(Merriam,1998;陈向明,2000;Creswell,2009;许宏晨,2013;徐忆,2015)。综合前面几位学者以及刘润清(1998)等人对研究方法的分析,研究者将质性研究与量化研究的主要特征进行对比并归纳,如表 3.2 所示。

表 3.2　质性与量化研究方法的比较

质性研究	量化研究
一、现象学观点	一、逻辑实证主义观点
1. 强调亲身参与活动以获得经验 2. 只有通过个人主观经验才能认识人类行为 3. 了解就是移情 4. 依赖定性数据	1. 强调用实验方法来获取数据 2. 只有摆脱主观状态才能了解社会现象的因果关系 3. 了解要保持距离 4. 依赖定量数据
二、综合法	二、分析法
1. 从部分到整体 2. 整体观 3. 面向内部结构 4. 了解过程 5. 假设一种动态现实	1. 从整体到部分 2. 成分观 3. 面向外部结构 4. 了解结果 5. 假设一种静态现实
三、归纳法	三、演绎法
1. 以观察材料为出发点 2. 实现没有形成看法 3. 探索性的、扩展性的、描述性的 4. 可以生成假设 5. 成果:描述或假设	1. 以假设为出发点 2. 事先进行预示 3. 简约性的、推断性的、验证性的 4. 假设检验 5. 成果:理论
四、自然观察	四、操纵和控制
1. 观察面广,但较分散 2. 变量不加控制,有利于了解变量的复杂关系,但也容易顾此失彼 3. 注意内容,但容易忽视形式 4. 主观,但解释力强 5. 接近现实,但需时间较长	1. 观察面窄,但较集中 2. 观察面窄,但集中了解因果关系,容易把问题简单化 3. 注意形式但容易忽视内容 4. 客观,但解释力弱 5. 所需时间较短,但人为成分较大
五、描写性	五、推断性
1. 没有干扰的自然观察 2. 归纳数据,进行描写 3. 旨在发展规律或模式 4. 效度高、信度低 5. 可概括程度低:个案研究	1. 有控制的实验 2. 归纳数据,进行推断 3. 旨在验证已有的假设 4. 信度高,效度低 5. 可概括程度高:多元观察

(Merriam,1998;刘润清,1998;陈向明,2000;Creswell,2009)

上表显示,质化研究和量化研究均对同一事物的"质"进行研究,但在研究角度、研究层面和研究方法等方面存在诸多不同之处。质化研究注重研究者和被研究者之间的互动关系,通过长期深入、细致的体验、调查和分析对事物活动进行较全面、深刻的认识;而量化研究则通过对事物进行测量和计算,分析变量之间的相关关系,从而实现对事物的把握(陈向明,2001)。二者在研究目标、研究对象、研究方法、研究路径、数据收集、数据分析与结果讨论等方面各有所长,但也都存在不足之处。若两种方法混合使用,取长补短,既得到了结果,又了解了过程,对提高研究质量大有裨益。Rossman 和 Wilson(1994)认为,混合研究方法存在诸多好处,通过三角验证,量化与质化的数据彼此验证,从而获得更加可靠、更加丰富的数据。甚至通过关注两种数据之间的差异或矛盾发现新问题,开拓新思路,产生新认识。文秋芳和韩少杰(2011)认为,不同的研究方法适合回答不同的问题,研究者应首先确定研究问题,再根据问题选择恰当的研究方法。他们概述了质化、量化、混合研究中研究问题的主要特点(见表3.3)。

表 3.3 不同类型研究中研究问题的主要特点

研究方法	常见研究策略	研究问题的主要特点
质性研究方法	行动研究	解决教学实践中出现的难题
	个案研究	描述少数个体呈现的某些特征及解释其原因
量化研究方法	问卷调查	描述群体中带有趋势性的特征或几个因素之间的关系
	实验研究	验证两种因素之间的因果关系
混合方法	量化+质性	从描述总趋势到解决具体难题;从验证因素之间的关系到解决具体难题
	质性+量化	从解决具体难题到验证两种因素之间的关系;从描述个体特征到描述群体特征的趋势

(文秋芳、韩少杰,2011)

结合上述论述来看本研究的三个研究问题。问题一"高校英语教师阅读教学实践性知识现状如何?"这属于描述性问题,可以通过问卷调查数据和访谈资料来回答。完成这个问题后,进一步深入了解产生这种情况的原因,因此问题二"影响高校英语教师阅读教学实践性知识的形成与发展的因素有哪些?"也属于描述性问题,该问题的回答可依据问卷的数据分析并结合课堂观察和深度访谈资料数据给出。在解决以上两个问题分析的基础上,着手回答问题三"哪种介入手段有助于高校英语教师阅读教学实践性知识发展?"这属于解释性问题,计划通过介入手段、课堂观察和访谈来解决。

根据本研究的设计需要,计划采用混合研究方法。研究首先采用探索性访谈,探索高校教师实践性知识的初步现状,如教师的本体性知识、条件性知识、学习者知识、情境知识及其他方面知识的实然状态,为调查问卷的设计和修改提供原始资料,同时为随之进行的小组访谈和深度访谈做好铺垫。在此基础上,通过问卷调查深入探讨不同教育背景、不同学习经历、不同职称的教师由于受各自社团文化的影响,其实践性知识会不会有显著差异,并深入了解阅读教学中教师信奉的理论和使用的理论之间的错综复杂的关系,探讨分析其中的影响因素。本研究的探索性访谈和问卷调查在开展实验介入前进行,采用质化与量化的手段同时收集数据。介入试验阶段,主要采用质化研究手段,通过课堂观察、访谈、教师日志等方式获取资料,进行厚实描写,阐释教师实践性知识双路径形成与发展的过程。

总之,本研究使用调查研究、案例研究和行动研究策略,采用定量研究(quantitative research)与定性研究(qualitative research)相结合的方式,以探索高校英语教师实践性知识的形成与发展的媒介与机制。本研究集两种研究方法优势于一身,弥补其不足之处,这样做是为了能更好地促进研究在深度和广度上相互印证,从多个角度去描述、解释高校英语教师实践性知识发展的实然状态,分析教师信奉的理论与使用理论之间的差距,探索教师实践性知识形成的媒介,以及教师实践性知识发展的路径和模式。通过采用质化+量化+质化的研究策略,以阅读教学为例,探索分析高校教师实践性知识现状,并通过教育干预推动教师信奉的理论向使用理论转化,进而推动教师发展。混合研究方法的选择既可以保证研究的效度,利于厚实描写,不同资料数据间通过三角验证,又在更大程度上保证论文的信度。整体研究阶段由以下环节组成,前一个阶段为后一个阶段打好基础,做足准备。本研究具体的研究方法如下:

1. 调查研究

调查研究旨在了解高校英语教师实践性知识既存现况,为接下来案例的选择提供依据。调查将采用小组座谈,设计先导问卷调查和访谈,通过问卷了解河北地区高校英语教学的基本状况和教师课堂、教学的理念,学科教学知识的掌握,并对其读写教学实践做出判断。但是,访谈所得的教师实践性知识状况仍旧具有主观性,受教师表述能力的影响。

为了真实判断教师实践性知识的现状,本研究将对部分教师进行课堂实录并辅以访谈。录课教师的选择将遵循教师差异和合作两个基本原则,首先保证录课教师在职称、学历和国外留学经历方面存在差异。另外,考虑到伦理道德问题,教师是否愿意配合访谈也很重要。幸运的是,本研究涉及的受试教师非常乐意配合相关工作的开展。一方面,通过对教师课堂观察和课堂实录的分析,可以判断教师真实所使用的教育教学理念和学科教学知识。另一方面,通过访谈可以分析教师信奉的理论与其所使用理论的差异。

2. 案例研究

本研究将选择研究者所在学校的4名教师作为案例。案例的选择是在问卷调查和录课访谈基础上进行的。本研究共选择录课和访谈教师16名,他们表示愿意参加本研究。

案例研究将结合行动研究进行,采用跟踪法研究教师实践性知识的形成与发展。首先基于课堂实录和访谈,通过教师对问题的框定帮助其析出其实践性知识,使其认清自己信奉的但是未能转化为实践性知识的理论或教学理念,自己所了解的但是无法在具体教学实践中使用的认知语言学、语用学和文学等方面的知识。然后通过介入实验,通过教育干预,寻找可以帮助教师形成与发展新的教育教学理念的途径。

3. 行动研究

Kemmis和McTaggart(1982)指出行动研究是社会工作者和教育工作者通过自我反思方式来提高自身对所从事的社会或教育事业、对自身工作过程和对自己工作环境的理性认识和正确评价。王蔷(2001)认为行动研究能够引导教师对自身教学进行研究,通过观察与反思,利用教学理论和方法分析解决问题,以便不断改进方法,提高教学水平,实现教师与教学同步发展。行动研究具有一线教师参与、强调合作、改变现状三大特点(王艳艳、王勇,2013)。而行动研究是一个循环反复、持续不断地探究与行动整体进化的过程(Ramos,2006),这个过程也相应地呈现出循环模式:计划—行动—观察—反思—计划(施良方,1996)。由此可见,行动研究能有效解决理论与实践脱节的问题,是师资培养模式改革的一个可行性方案(王蔷,2001)。

本研究将介入实验视作行动研究,其目的是通过教育干预来解决教师教学中遇到的问题,而不是以某个教师为案例开展实验研究。本研究在借鉴 Argyris(1985)探究与介入的方法与技巧、傅建明(2007)教师专业发展的方法与途径以及陈向明(2011)教师实践性知识形成与发展的媒介和机制等研究的基础上,首先对教师课堂实录进行分析,与教师一起对问题情境进行框定。通过问题情境的框定帮助教师认识其所实践的学科教学知识和相关教育教学理念,帮助其认识其信奉的教育理念和相关理论知识的原型,并通过教学设计将其应用于教学实践。由于每位教师对理论的理解不同,对自己一直使用的教育教学理念的固守程度不同,教育干预的次数与方式可能会存在差别。本研究也因此将根据具体案例的差异,框定其问题,反思并调整教育干预的方式,对教师进行跟踪观察,捕捉教师实践性知识的表征,分析促成其实践性知识形成与发展的因子,确定行动目标,实施教育介入,进一步观察反思,探索教师实践性知识形成与发展的模式、路径以及保障机制。

3.4.2　数据收集

基于本文中(3.4.1)对研究方法和研究问题的分析,本研究拟采用定性与定量相结合的研究方法收集数据。首先开展先导研究,收集小组座谈和课堂教学等数据资料,为问卷调查设计以及后面的实验介入提供资料依据。问卷调查通过收集大范围数据来发现高校英语教师实践性知识的群体倾向趋势。实验介入后主要通过收集受试教师的课堂观察、访谈、反思日志等质化数据,与小组座谈、课堂教学视频及问卷调查的数据进行对比分析,起到三角验证的作用。因此,本研究数据采集的工具包括教师教案与课件、课堂教学视频、调查问卷、访谈、教师反思日志等,具体的数据收集工具及选择理据将在下一节详细分析,这里只做简要介绍。

3.4.2.1　问卷设计与数据收集

本研究问卷调查目的是了解高校英语教师实践性知识的现状以及高校英语教师实践性知识的影响因素。问题包括教师所秉承的教育教学理念、经常采用的教学行为,以及做出选择的原因。对问卷的数据采用定量分析的方式,目的是了解影响教师教学行为和实践性知识的影响因子。在教师教案与教学设计分析、课堂观察、开放式教师座谈的基础上,以教师实践性知识的构成为理论依据,设计问卷内容,并本着便利、合作和差异的原则选择6所高校发放200份问卷,收回152份,有效问卷150份,作为量化研究数据。

问卷调查是用来广泛收集定量数据的工具之一,也广泛地应用在质化研究和描写研究中。与量化研究不同,质化研究不需要对被调查者的回答进行量化处理和分析(刘润清,1998)。问卷调查花时少,费用低,但设计出高质量的问卷却并非易事。不仅要注意问卷的内容,还要注意语言措辞、回答方式、编排格式等,以确保问卷的效度。因此,在问卷设计过程中要遵守以下几个步骤:(1)选择实施问卷调查的方式;(2)明确收集数据的类型;(3)决定数据的处理方式,是单个处理还是分类处理;(4)确定每题的内容及措辞;(5)选择问卷题目的结构;(6)将问卷题排序;(7)决定问卷的格式;(8)进行小范围的测试。

本研究为确保问卷调查的信度和效度,对问卷的内容设定、设计过程等方面注重其内在逻辑性和条理性。基于研究问题,梳理相关文献后,在前人研究的基础上推导出本研究的研究概念框。本研究利用小组座谈作为先导研究,设计了本研究的问卷题目,并通过对常规变量进行分析,提高问卷的信度和效度。为调查问卷的预调查收集数据,征询问卷调查对象意见,进一步修订、完善问卷,使之成为较为合理的研究工具。

本研究问卷调查主要是了解大学英语教师实践性知识的现状及其影响因素,问卷设计参照实践性知识的表征形式和大学英语课程的基本要求。调查问卷设计分为基本情况、信念和教学实践三个维度,问卷也因此由三部分组成。问卷设计先后经历了准备阶段、设计阶段和试验阶段,具体操作时则按照五个步骤进行。

问卷设计之前,第一步确定问卷设计背景,依据研究问题确定样本的选择和抽样策略,制定好抽样计划,选择问卷调查对象。

第二步,主要是准备问卷调查内容。研究者阅读了本领域大量文献,尤其参照了陈向明教授实践性知识的形成与发展研究及文秋芳教授自主发展英语教学研究方法与案例分析中的相关问卷,此外,本研究还参照了徐忆(2015)的问卷调查研究方法。同时,研究者对所在学校四名教师进行了课堂观察,并与之进行了开放式访谈,了解了教师的教学信念及其教学实践。合作院校的信息则通过电话访谈以及现场交流收集信息反馈,以便为问卷的设计做足充分的准备。通过这些先导性质化研究,了解高校教师本体性知识、条件性知识、问题情境知识等方面的实然状态,之后对这些资料数据进行整理、编码和归类,为调查问卷的修订提供实证数据。

第三步确定问卷内容,并对部分内容进行修订。根据前人的设计思路与方法,结合本研究的研究概念框架,初步对问卷的问题和选项进行设定。与此同时,将先导研究阶段的资料数据进行分类整理,提炼出与教师实践性知识有关的事实与行为,并将之与调查问卷进行比对,以修订问卷。问卷设计采用5级量表制,涉及教师的教学信念及其实践部分,每道题目对应5个数字,从小到大分别表示"从不""很少""有时""经常"和"总是",对应教师的看法"完全不同意""部分不同意""不清楚""部分同意""完全同意"。

第四步在已有问卷基础上,对问卷的选项等级设置、问卷格式和选项排列顺序按照由易到难的原则重新进行调整。随后,联系了教师发展与外语教学方面的两位专家,分别阅读本问卷,以检测问卷的专家效度。专家回馈意见后再次修订,然后请文法系中文教师和基础部数学教师阅读问卷,以回馈意见进行可读性测试,确保问卷的表面效度。

第五步问卷设计好后,通过统计软件 Statistical Product and Service Solutions(以下简写为 SPSS),对其信度和效度进行检验。再通过对研究者所在单位 20 名不同教育背景、不同职称的教师进行的先导试验,进一步对问卷进行修订。

问卷内容主要包括以下几方面的信息:

1. 基本情况

为了了解不同的专业背景、不同的教育经历、不同的职称对教师实践性知识的形成与发展是否有影响，同时也为了了解接触不同的教育教学理念对教师实践性知识的形成与发展是否起到一定的促进作用，各类培训对教师实践性知识的形成与发展是否有促进作用，问卷的基本情况包括专业、学位、职称、国外访学经历和参加培训情况等项目。

2. 教师信念

教师信念部分主要是了解教师所信奉的知识。结合课程的特点，本部分包括教师对自己作为教师所扮演角色的评价、对学生的认识、对学校的理解、对大学英语课程目标的理解、提倡的教学方式，以及对大学英语教学内容等方面的认识。由于实践性知识多以意象、比喻、个人哲学、行为原则为表征方式，在设计选项时本问卷采用了类似导演、牧师、母亲、警察等方式描述教师角色；采用小树苗、一张报纸、自己的孩子等描述学生；工厂、社会、象牙塔、知识的殿堂、考试培训机构等描述学校。由于每位教师的理解可能不同，每个问题都设计了开放性答案，被试根据自己的理解如实填写。

课程理念、教学理念等方面既包括了传统的教学理念，也包含了比较新的教学理念。而在对大学英语课程的认识方面，更是提供了教师在培训过程中可能会接触到的一些理念，如大学英语课程应该以满足社会需求为目标，以英语学科核心内容为依据，以满足学习者需求为主要目的，大学英语课程应该基于每个学校自己的情况设计。通过教师的选择可以看出教师是否接受了新的课程理念。

3. 教学实践

实践所折射的才是真正的教师实践性知识。为了避免教师自我解读可能出现的偏差，本部分采用教师具体行为的描述方式设计问题，采用 5 级量表，教师根据满足自己实际教学的程度在相应的空格内打钩即可。

为了使调查不流于空泛，本部分的实践集中于阅读教学的开展，包括读前的准备、阅读活动的设计、阅读课的教学内容，包括教师对语言、图式、文化等的处理，包括不同教学理念支撑的教学活动，同时还包括了教师的课堂组织。

问卷调查主要在河北地区五所高校和北京一所普通高校进行，其中包括一所工科为主的本科院校、一所重点师范院校、一所军事院校、两所市属师范院校。调查对象为 200 名英语专业和非专业教师。选择北京学校的原因在于该学校外语系一直在开展团队建设，团队负责人十分配合，所选学校的院系教师愿意以其团队为案例进行教师实践性知识的形成与发展的研究，可以帮助印发和回收问卷。

选择河北地区高校进行调研主要是基于方便和合作原则。研究者熟悉河北地区高校，联系比较密切，可确保被访高校教师认真、真实、客观地填写问卷内容。

3.4.2.2 访谈设计与数据收集

访谈部分分两类：干预之前访谈和干预之后访谈。干预之前访谈目的是结合现状了解教师信奉的理论和使用的理论之间的关系；干预后访谈目的是了解教师在教学中使用新的理论的情况，进一步帮助教师分析存在的问题，寻找帮助教师形成有效的学习方法和教学路径。访谈是重要的数据收集工具之一，依据访谈内容和访谈的方式，本研究以创新团队为驱动，以教师共同体为平台，本着平等、自愿和共同发展的原则，开展了一系列座谈、小组访谈和个别访谈。研究者本人作为座谈的主持人和访谈的采访者，对受试对象进行提问。在创新团队中有活动秘书，负责下达研究者的通知，召集各项活动，并做座谈记录。所有座谈和访谈都进行录音，由研究者本人和一名负责本单位电教资料的听力教师（他也是本研究的受试者之一）负责录音、转写和资料收集整理工作。研究者本人多次熟读资料并进行分类、整理和编码之后，将资料发给团队的所有成员审阅修改进行验证。

"访谈"是研究者"寻访"被研究者并且与其进行"交谈"的一种活动。访谈是质化研究的一种重要方式，涉及别人的理念、意义形成与发展和语言表达等多方面（陈向明，2001）。根据形式，访谈可以分为正式访谈和非正式访谈。非正式访谈比较灵活，用于了解研究场地情况，可以为正式访谈奠定基础。而通过正式访谈可以短期内获得大量数据。根据访谈的问题组织方式和过程控制程度，可以分为开放式访谈（open interview）、半开放式访谈（semi-open）以及结构化访谈（structured interview）和半结构化访谈（semi-structured），视其调查目的而定（刘润清，1998）。开放式访谈比较自由、少有约束，可以获得深度信息，但也存在客观描述性语言过多，费时等问题。而半开放式访谈可根据事先规定的几个核心问题展开，深挖有关信息。结构式访谈按事先确定的题目进行，回答简洁，节省时间，但是整个环节呆板机械，缺乏人情味，而回答也会有避重就轻的现象。半结构性访谈事先确定具体问题，但允许访谈者和被访者略有变动和发挥，可以有效弥补结构性访谈的缺陷。此外，根据参加访谈的人数，访谈还可以分为单独访谈和小组访谈，与前者相比，后者可以节约时间，充分实现小组互动，但每个人发言时间较少，顾虑较大（2012，杨鲁新）。

质化研究中，访谈者往往在初期使用开放性访谈，随着研究深入，慢慢转向半开放性访谈、半结构化访谈。鉴于访谈在质化研究中的重要作用，结合本研究的研究目的、研究思路和研究方法，本研究主要采用了半结构化的小组座谈。

本研究在先导研究阶段主要采用小组座谈方式，主要考虑到这种方式的非结构性、自由灵活性和随机性等特点。这些特点可以很好地用于实验介入前阶段收集数据，为问卷调查和实验介入后的小组访谈及深度访谈打好基础。而本研究中实验介入阶段也采用了小组访谈的形式。小组访谈又称"集体访谈"，是指研究者对一群人同时进行访谈，通过群体成员间的互动对研究焦点问题进行探讨。大家相互补充、相互纠正、群策群力，协商解决问题。既可以对探索性访谈及实验介入前后的初步研究结果进行效度检验，还可以借此机会，征求大家意见，对后续访谈进行改进。同时气氛热烈，活动有序。

访谈设计

依据访谈内容本研究有先导性访谈和小组座谈，先导性访谈指实验介入前对被访教师的访谈。小组座谈主要指实验介入前后与受试教师的座谈。先导性访谈以及试验介入前的小组座谈目的在于了解高校英语教师实践性知识的基本现状，为问卷的设计提供佐证。实验介入后的访谈其目的在于了解受试教师信奉的教学理念,帮助教师认识其所使用的教育教学理论,验证哪种介入方式能促进受试教师转变自身信念和教学理念,形成与发展相关理论原型并应用于自身教学实践。

依据访谈方式,访谈有结构式访谈和半结构访谈。结构访谈属于标准化访谈的范畴,半结构访谈属于非标准化访谈。本研究访谈以半结构访谈方式为主,也有开放式座谈和半开放式座谈。实验介入后的小组座谈每次围绕一个主题展开,研究者与被访教师就某个主题自由交流,以便于被访教师发挥,研究者从其描述中捕捉信息引导教师阐述自己的教育教学理念。访谈全程录音,录音资料由研究者教师发展团队中的一名教师负责转写。该教师军事外语院校英语专业毕业,大学期间主修军事监听,非常适合录音转录工作。同时他也非常乐于帮助将访谈的录音进行详细转写,并形成转写文稿。转写后的文稿由研究者熟读并修改,且在团队所有成员间传阅,为后期资料的编码和分析做好准备。本研究采集的探索性小组访谈和实验介入前后的小组座谈录音经转写后,获得共计约12.5万字的受试教师访谈资料。为了保证所有研究对象均匿名参与本项研究,研究者针对以上质化研究资料制定了具体的编号规则,并将研究获得的相关质化资料以编码的形式呈现。其中,针对小组座谈内容的转录文字稿编号为"GIT+年份+教师代码+次序",其中 G 代表 Group,I 代表 Interview,T 代表 Teacher。因此,例如"GIT-2014A2"质化资料则代表2014年第二次小组座谈中 A 教师发言内容的转录文稿。再比如"IT-2014D2"表示在2014年第二次访谈中 D 教师发言内容转录资料。在质化资料进行转写和编号后,研究者首先对全部资料进行初步整理和反复阅读,并在透彻理解研究对象本意的基础上,逐字逐句对全部资料进行初步编码和主题标注。然后基于扎根理论对质化资料进行类属分析,勾勒初步理论框架,同时回到原始资料结合文献综述进行检验,以回答研究问题。

访谈实施

本研究介入前的访谈主要是小组访谈。小组访谈安排在每周三的下午,因为按照本校惯例,每周三下午各教学单位集中例会、集体备课。选择这一天,主要是出于便利原则,受试的四位教师均为研究者本单位的教师,男教师一名,女教师三名,职称包括助教、讲师、副教授和教授,他们的学历背景均为硕士。作为本教学单位行政领导,研究者对本单位教师的基本情况比较了解,通过小组访谈,加深对受试教学理念的了解,同时公开征求受试参与深度访谈及后期实验介入研究的意愿。

小组访谈主要了解教师实践性知识现状,本单位四名教师小组访谈后随即对各自的课堂教学进行录像,小组访谈期间通过向受试教师播放课堂实录片段,结合这四位教师的课堂教学行为,从以下几方面进行了访谈。

1. 教师的专业方向

主要是教师在研究生阶段的专业领域,自己所掌握的专业知识,比如认知语言学、应用语言学、语言教学、二语习得、文学、翻译等。将此纳入访谈内容主要是分析教师能否将其专业知识应用于教学,尤其是认知语言学、语用学、文学等。

2. 教师的教育教学经历

主要涉及教师的留学经历、参与培训的经历,目的是引导教师思考其留学经历以及参与培训的经历对其教学产生的影响。比如,教师留学前后教学理念是否发生转变,国外留学给自己的实际教学带来的影响;教师都参与过哪些内容的培训,培训中所学到的理论自己能否应用到具体教学之中。

3. 教师所使用的教学方法

这里的教学方法指具体的教学方法,是教学方法论的一个层面。教学方法论包括教学方法指导思想、基本方法、具体方法、教学方式四个层面。与教学方法密切相关的概念还有教学模式和教学手段。教学模式是在一定教学思想指导下建立起来的为完成某一教学课题而运用的比较稳定的教学方法、程序及策略体系,它由若干个有固定程序的教学方法组成。每种教学模式都有自己的指导思想,具有独特的功能。它们对教学方法的运用,对教学实践的发展有很大影响。

在教学实践中,也许教师并不清楚自己采用的具体的教学方式,但是,访谈仍就将其纳入访谈内容之一。访谈时首先是问教师提倡什么样的教学理念,教学中是否遵循了这些理念,实施其教学理念的原因、效果及感想等。通过此项内容的访谈可以了解教师对各种教学模式、教学方法的认识,也可以发现教师所遵行的教学理念和其具体教学实践的差异。

4. 教师对以学习者为中心的看法

基于形成与发展主义理论的现代教育理念认为,学生是认知的主体,是知识意义的主动形成与发展者,教师只对学生的意义形成与发展起帮助和促进作用,教师的教学活动应以学习者为中心。因此本研究拟在具体的教学活动中将学习者为中心的理念作为一个核心概念进行调查。首先询问教师对学习者为中心的看法,然后请其评价自己的教学是否符合学习者为中心的教学理念。

5. 对课堂具体操作的解读

由于每位教师授课程类型、授课内容和授课方式各有不同,有听说、有读写,访谈也因此视教师授课内容不同而有所差异,主要关注教学内容的处理和教学活动的组织等。

本次半结构性访谈持续近3个小时,大家在轻松友好的氛围中畅所欲言。座谈全程录音,音效比较清晰,没有杂音。事后研究组一名成员将录音转写成文字并剔除与问题无关的信息。访谈和座谈的数据将与研究者前期在五所院校收集的问卷调查数据相互印证,在下一章进行详尽阐述。

小组访谈后,本研究进入了介入后的小组访谈阶段。介入后的小组访谈与介入前的访谈不同,这一阶段的访谈不是分析教师实践性知识的现状,而是分析新的理论的应用,新的实践性知识的形成与发展,本阶段主要对本单位的四位老师进行了多次的小组访谈。

本阶段的小组访谈分座谈和访谈两种。所谓座谈是指团队成员参与访谈,而访谈则是研究者本人与参与介入实验的教师进行座谈。座谈时研究者引导所有教师对参与实验的教师的教学设计和课堂实录进行分析，分析其是否反映了某种教学理念（比如，以学习者为中心的教学理念）。团队的协同有助于教师更好地接受人们对其教学实践的解读，帮助教师认清其实践性知识形成与发展的效果。

与一般的访谈不同，研究者与参加介入实验者的访谈目的在于通过对问题的框定，通过帮助教师认识其所使用的知识和理念，引导教师分析其行动策略背后的主导变量，加强对主导变量的评估，帮助教师形成与发展新的教学理念。每次访谈也因此主要是针对某一具体教学理念或具体知识的运用。比如认知语言学中的原型理论(prototype theory)、隐喻理论(metaphor theory)、语用学中的语域理论(register theory)、会话含义理论(conversational implicature theory)、言语行为理论(speech act theory)以及心理学中的形成与发展主义学习理论(construct theory)、图式理论(schema theory)、Bloom 的教育目标分类学理论(taxonomy of educational objectives theory)，甚至包括基于内容的教学(content-based)、任务型教学(task-based)、交际教学(communicative teaching)等。

结合本研究受试实际情况，重点对任务型阅读教学、原型理论、形成与发展理论等进行了介入后小组访谈。而在介入后小组访谈的实际操作过程中，为了避免时间遗忘效应，研究对参与介入实验的教师的课堂教学进行录像，以便反复研究分析。访谈一般安排在课堂录像之后的每周三下午系部例会后进行，采用追溯式研究方式(retrospective study)，引导教师回顾、分析自己在课堂操作中的真实想法。具体访谈/座谈见表3.4：

表3.4 介入后小组访谈实施情况

	访谈对象 参会人员	访谈形式	访谈目的
1	研究者、四名受试	半结构式	了解教师是否口头自认为"以学生为中心"的教学理念
2	研究者、四名受试、本教学单位科研创新团队成员两名	半结构式	了解教师任务型阅读教学理论、教学实践实际情况
3	研究者、四名受试、大学英语教研室主任、副主任	半结构式	分析任务型阅读教学的教学设计、教学模式和方法及教学评价等
4	研究者、四名受试、英语专业教研室主任等	半结构式	分析任务型阅读教学中学生的学习习惯、学生角色、教师角色与作用等
5	研究者、四名受试	半结构式	了解教师问题情境种类及其应用情况
6	研究者、四名受试、本教学单位教师发展科研团队成员两名	半结构式	了解教师教学反思、行动反思的种类及其应用情况
7	研究者、四名受试、教师发展科研团队成员三名	半结构式	了解教师实践/学习共同体的种类及其对实践性知识形成与发展的影响
8	研究者、四名受试、教师发展科研团队成员四名	半结构式	了解职场培训的途径（校本培训、企业挂职、海外学习经历、学位进修等）对教师实践性知识形成与发展的作用

本研究先后进行了8次介入后小组访谈，由于这一阶段的小组访谈对象均为本单位教师，进展顺利，访谈或座谈气氛友好、融洽。同时为了促进本单位教师理论知识与实践

性知识的共同发展,提升教学与科研水平,访谈期间,本单位的科研创新团队、大学英语和英语专业教研室各派代表出席一次。另外本单位组建了教师发展团队和学术沙龙分享小组,其成员力争每次参会。小组访谈绝大部分安排在每周三下午例会后,确保访谈的人员和时间,完全保证了访谈的顺利开展。访谈地点根据实际情况,选择在本单位的不同会议室或教室。访谈或座谈均有录音记录,采用本单位的录音笔或受试老师高清晰度智能手机为记录工具。录音材料经研究者本人和本研究中的一名受试教师转写后,由研究者核实并由团队成员在业余时间帮助编码简化。

3.4.2.3 教案、课件与录课数据收集

本研究在教育干预前和教育干预过程中均会把教师的教案设计以及教学教案与课件作为重要的数据进行分析。教育干预前收集的教案与课件材料作为先导研究的一部分,以发现教师教学理念的整体趋势,为问卷设计提供支持。而教育干预过程中,通过不断收集受试教师的相关教学资料,探索教育干预措施是否有效,以决定是否和如何采取进一步干预措施。研究者作为院系行政领导,执行教学管理任务,每学期期初、期中和期末都要对全系教师的常规教学资料进行检查。检查资料包括教师教案、教学日志、教学课件、教案首页以及授课总结等。通过采用定性分析的方式对这些教学资料进行分类和整理,作为先导研究、问卷调查设计和实验介入前后的研究数据,用于后续的分析讨论。

教案和课件设计是教学设计的一部分,教学设计反映的是教师的预设,而教学目标的达成需要教师的教学实践,实践环节可以真正反映教师是否能够真正实施以学习者为中心的教学理念。通过对课堂上教师教学行为的分析,可析出其行动理论的类型。

本研究对教师课堂教学实践数据的收集主要通过课堂实录来实现。课堂实录为分析时反复观看提供了可能,可以结合课堂实录与教师开展对话,了解教师的课程设想、所采取的行动策略,分析其行动策略背后的主导价值观,帮助教师认识并逐步形成与发展实践性知识。

研究者所在单位正在开展课程建设项目,其中大学英语课程位列其中。要求主讲教师都要有课堂授课进行的录像。研究者也因此获得了大学英语课程四个学期的全部录像资料。这些录像资料作为前期研究的重要数据予以收录。除此之外,研究者每学期都要对本单位英语教师分类进行听课,以此作为课堂观察的另一部分数据进行收集。

录课设计

录课设计分为介入实验前的录课和介入实验中的录课以及介入实验后的录课三种情况。介入实验前录课的目的在于调查教师实践性知识的现状,因此录课并没有具体的要求。所录为教师常规课堂教学,根据时间的安排,可以是听说,可以是读写,教师不需要事先做特别的准备。录课前不与教师沟通,也不通知教师,这样录到的是教师平时授课的真实状态,有利于发现教师的常规教学行为。

介入试验中的录课目的在于探索什么样的教育干预能够促成教师实践性知识的形成与发展,因此,参与介入实验的老师首先要在研讨的基础上,根据研究者的要求,有意识地应用某种教学理念或将相关知识应用于课堂教学设计,课堂实录也依照计划采用以下

方式。

首先研讨确定某种教学理念,比如基于内容的教学、基于输出假说的教学设计,明确这种教学理念的表现形式,然后由参与实验的教师以某一单元为内容设计课堂教学活动和教学过程,最后该教师将自己的设计与团队成员分享,研究者也通过受试教师的解读和团队成员的反馈分析受试教师对该教学理念的理解和应用。

课堂实录是对教师修改后教学设计在课堂实施情况的录像。课堂的动态特征以及各种突发情况的存在可以检验教师在变化中实践新的教学理念的程度,观察教师实践性知识的形成和发展与情境和学生因素之间的关系。本研究也因此对介入实验的课堂进行全程录像,以供分析之用。

录课实施

(介入实验前录课)

根据研究的案例,本研究首先完成 6 名受试老师的录课任务,涉及具有留学经历的老师 3 名;硕士 6 名;副教授 3 名,讲师 2 名,助教 1 名;听说课 2 节,读写课 4 节。介入实验前的录课视频在探索性小组座谈中呈现,并由小组座谈相关教师讨论和分析,用于了解高校英语教师的教学信念和教学理念,以分析教师实践性知识的实然状态,为实验介入和问卷调查提供依据。

(介入实验过程中录课)

在选定 4 名受试后,介入实验中的录课由研究者听课观察时实录,先后对 4 名受试教师各听课两次,全部为读写课程。通过反复观察录课,结合小组访谈,分析受试教师实践性知识形成和发展的影响因素,探索哪些介入有效,为分析教师实践性知识形成和发展的媒介和机制提供质化资料。

3.4.2.4 日志资料收集

日志是自我表达的一种方式。一直以来,教师常用教学日志这种方式来表达自己教学中的情感,记录教学实践和学生感受(曹丽娟,2007)。教学日志是指教师积极主动地将发生在自己教学活动中的重要事件真实地记录下来,并进行反思和批判性分析,以解决实际教学问题,持续改进方法,不断更新教学观念,从而促进教师的专业发展(夏慧贤、曹丽娟、袁玲玲,2007)。行动中反思是教师实践性知识构成的媒介之一。本研究要求参与教育干预的教师有计划地就自身的教学活动进行反思并撰写反思日志。研究者将通过对教师日志的分析了解教师思想的变化,从而找到促成其观念变化的因子。

通常情况下,教师日志作为教务处常规教学检查的一项重要资料,要求教师填写并上交教学工作日志。本研究中这些工作日志作为先导研究的部分资料,用于分析教师现状,框定问题情境。此外,本研究还要求研究者所在单位所有教师就每学期常态化的校本培训进行总结,撰写培训反思日志。同时在介入实验前后,要求创新团队成员包括受试者在内,每次教师共同体研讨活动后都要撰写行动反思日志,这些日志均作为本研究的资料进行收集。

3.4.3 数据分析

本研究采用量化加质化的混合研究方法。下文将逐一介绍各种数据在收集整理之后的分析策略和方法。

3.4.3.1 问卷分析

问卷调查数据采用 SPSS 统计软件进行定量分析,主要包括描述统计分析(频率分析)、单因素方差分析和其他相关分析。描述性分析主要是分析当下普通高校英语教师所秉承的教育教学理念,发现其趋同性;而单因素方差主要用于分析不同职称、不同学习和教育背景的教师其信念和实践是否存在显著差异,分析这些因素之间的差异性;相关分析主要分析国外留学经历和参与培训经历与教师信念和教学实践之间是否相关,教师的教学信念和教学行为之间是否存在相关。这些分析结果可以为后续实验介入环节的分析提供参考。

3.4.3.2 访谈分析

访谈按照研究需要,分为量化研究前的先导访谈、以教师座谈形式进行的开放式访谈。目的是收集教师的学科教学知识和实践性知识方面存在的问题,作为调查问卷的设计依据。依据问卷结果开展小组座谈和课堂录课主讲教师的半结构式个别访谈,开展深层次的挖掘,作为问卷的补充,同时为框定问题和设定研究目标提供数据。接下来的介入实验以反复多次的访谈记录作为实验过程中对受试教师的干预观察资料。由于介入实验前的先导访谈主要是分析教师实践性知识的现状,因此,分析将集中于教师的行为和其所遵行的理念之间的差异,也就是教师信奉的理论和教师所使用的理论。分析将采用定性分析的方式,通过教师表述与相关理论对比界定教师信奉和使用的理论。介入实验中的访谈分析将集中分析介入中的教育干预在教师教学设计和课堂教学实践中的体现。分析也采用定性分析的方式。

本研究的访谈按照质化研究资料分析的步骤,首先将收集整理访谈资料,对资料进行转写(详见附录7:案例访谈转录节选)。转写资料发给研究中的四名受试教师,校对文字的同时验证访谈资料的效度。之后,研究者对转写资料反复通读,在透彻理解资料内容的基础上,对访谈资料进行编码、主题标注和类属分析(详见附录8:案例访谈资料编码、归纳举例)。在编码和分析后,研究者基于对访谈资料的归类和分析,在扎根理论的指导下自下而上进行归纳、整理和推导,初步建构理论框架,以期回到文献综述中结合本研究的理论基础进行验证分析。

3.4.3.3 教案、课件与录课分析

教师的教案设计是其教育教学理念和相关理论知识应用的展示,通过对教师教案设计的分析可以揭示教师的实践性知识。教师的课件是教师教案的一部分,主要包括教案首页、教案文本、PPT、音频和视频等辅助材料。教师课件既是教师教案的主要表现形式,又是教师教学理念的表达方式,同时还是教师教育技术素养的体现。

录课的目的是为了日后更好地观察(崔允漷,2011)。在质化研究中,观察(observation)是重要的手段之一。观察可以分为两种,一种是研究者作为参与者去观察(participant observation),另一种是研究者作为旁观者去观察(non-participant observation)。前者指在外语教学中,研究者通过观察其他教师如何备课、上课、批改作业、开展课外活动等,在大脑中摄下有意义的图像,通过回忆追述内省教学活动,加深理解。后者指研究者完全作为旁观者,不去干涉正常的教学活动。在条件允许的情况下,观察者可以使用录像机对现场进行录像,以便课后进行反复观察、分析问题,试图找到解决问题的方法。

按照公开的程度,观察还可以分为隐蔽性与公开型两种(陈向明,2001)。前者指被观察者在不知情的情况下被观察研究。虽然这种方式获得的信息比较真实、自然,但这一观察过程是在没有征询被观察者同意的前提下进行的,违背了"志愿参与"的伦理道德。而后者正好相反,征得了被观察者的同意才展开,符合研究的伦理规范,但获取的信息可能不尽真实,因为被观察者有可能有意改变自己的行为方式。

本研究的录课是在征得被观察教师的许可后进行的,符合伦理规范,同时研究者在录课前充分向被研究者解释了录课的目的是为了课下共同分析,以提高教学水平。需要指出的是,研究者与被研究者是同事关系,同时研究者作为系部领导,与同事间关系亲密,深得下属信任。且研究者平时多次听课,因此,被观察者的课堂教学录像相对真实自然。

本研究通过课堂录像,收集教师英语阅读教学中使用的教学策略、方法,课下通过反复查看录像,分析被观察者课堂上使用的教学理论知识与其信奉的理论知识是否一致。结合对教师的深度访谈,探索验证各问题情境要素之间的复杂关系,为实验介入提供依据,促进教师的行动反思,揭示学习共同体创建的现实必要性和可行性,从而推动实现教师专业发展。

3.4.3.4 日志分析

本研究的日志数据分为三类:(1)教师工作日志。(2)教师培训反思日志。(3)教师行动反思日志。教师工作日志作为教务处常规教学检查的一项重要资料,要求教师填写并上交。作为常规教学记录,工作日志包括课程名称、课程章节、学生考勤、学生作业与成绩、教师课后感想。教师工作日志作为先导调查问卷设计的部分依据,可从一个侧面了解教师的日常教学行为和教学观。教师培训反思日志也是作为先导调查问卷设计的部分依据,同时也作为介入前对教师问题情境的主要数据,充当实验介入后教师反思的对比材料。教师行动反思日志作为在专家引领、老教师传帮带以及同行协商的基础上,结合教师自主学习和自身专业发展的行动,展现出教师实践性知识形成和发展的过程。

本研究的日志资料分析是在扎根理论的基础上,按照质化研究资料分析的步骤开展的,首先收集整理教师日志资料,对资料进行转写(详见附录5:教师反思报告编码、归类举例)。转写资料收集后,发给本研究中的四名受试教师,校对文字的同时验证访谈资料的效度。之后,研究者对转写资料反复通读,在透彻理解资料内容的基础上,对反思资料进行编码、主题标注和类属分析。同访谈资料编码一样,研究者也为教师日志资料制定了类似的编号规则"R+年份+教师代码",其中R代表Reflection,例如"R-2014A"质化资料则代表 2014 年 A 教师反思内容的转录文稿。针对本研究中实验介入后的教学反思，研究者特意为不同类型的教学反思做了具体的编码。其中，教学经验反思的转录文字稿编号为"ERS"，其中 E 代表 Experience，R 代表 Reflection，S 代表 Script。依此规则，教师教学反思日志资料还被编码为"DRS""PRS""ERS""FRS""TRS"和"NCRS"，分别代表"教学设计(design)反思稿""教学过程(procedure)反思稿""教学效果(effect)反思稿""教学反馈(feedback)反思稿""教学理论(theory)反思稿"和"新的问题情境(new context)反思稿"(详见附录 10:质化数据撰写稿及编码)。在编码和分析后，研究者基于对日志资料的归类和分析，自下而上进行归纳、整理和推导。

在介绍了各种数据的分析方法后，本研究将数据分析总体框架图绘制如下，如图 3.3 所示。

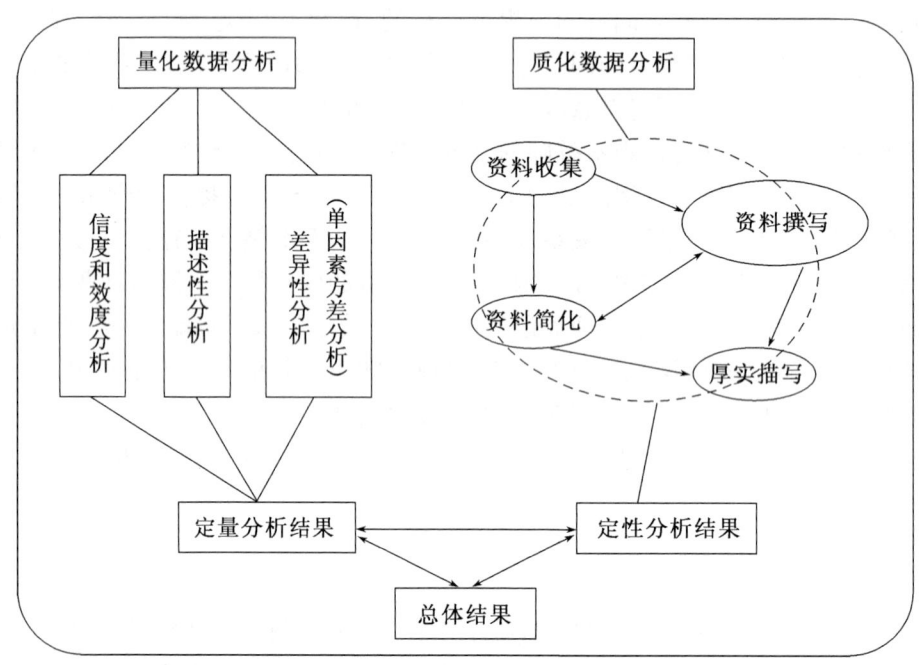

图 3.3　数据分析总体框架图

3.5　研究信度和效度

信度和效度是任何研究中两个相互关联的重要标准。信度(reliability)是指测验结果的一致性、稳定性及可靠性，往往从研究方法和数据资料两个维度进行分析。效度(validity)即有效性，是指测量工具或手段能够准确测出所需测量的事物的程度，也可以指所测量到的结果反映所想要考察内容的程度。信度和效度是一项科学研究活动和结果具有科学价值和意义的保证(刘润清，1998)。

下文将论证本研究调查问卷、课堂观察、访谈以及反思的信度和效度。

3.5.1 调查问卷数据的信度与效度

问卷的信度主要指问卷是否精确。常用的信度分析方法包括重测信度(test-retest reliability)、复本信度(alternate form reliability)、分半信度(split-half reliability)、Cronbach's Alpha 内部一致性信度等。Cronbach's Alpha 系数用于评价问卷的内在一致性,又称为内在一致性检验,是常用的问卷信度分析手段(许宏晨,2013)。本研究在收集 150 份有效问卷数据后,利用 SPSS19.0 软件求出 Cronbach's Alpha 系数,对《高校英语教师实践性知识探究》正式调查问卷的内部一致性进行了分析。去掉当前题目整个问卷的描述统计量(scale if item deleted),即敏感性分析后,得到去掉当前问卷题目后问卷的内部一致性系数(alpha if item deleted),作为调整题目的一个重要参考依据(秦晓晴,2009)。本问卷共有 100 个选择题项目,整体问卷的 alpha 值为 0.873,删去 12 个描述性统计题目后基于标准化项问卷的 alpha 值为 0.834。根据 Cronbach's Alpha 内部一致性信度的规律,在探索性研究中,信度只要达到 0.70 就可接受,而本研究 alpha 值为 0.834,高于 0.70 的可接受信度系数,说明问卷内部一致性较好,具体如表 3.5 所示:

表 3.5 调查问卷信度分析结果

案例处理汇总				可靠性统计量		
		N	%	Cronbach's Alpha	基于标准化项的 Cronbach's Alpha	项数
案例	有效	132	88.0			
	已排除	18	12.0	0.873	0.834	73
	总计	150	100.0			

a. 在此程序中基于所有变量的列表方式删除。

问卷的效度通常指问卷的有效性和正确性,亦即问卷能够测量出其所预测量特性的程度(秦晓晴,2009)。通常社会科学领域采用统计证据和逻辑证据来证明调查问卷的效度。前者指通过统计分析结果来证明问卷项目与研究目的之间的关系,而后者指通过逻辑分析论证问卷的内容效度,证明问卷的项目是否符合研究要求(秦晓晴,2009)。

统计证据方面,本研究通过问卷因子分析进行问卷的结构效度检验。因子分析指的是通过分析项目间的内部相关关系来检验数据中的基本结构,将具有相关性的变量转化为少数能代表众多变量的主要信息的因子,起到降维的作用(秦晓晴,2009)。本研究使用 SPSS19.0 软件对问卷数据执行数据分析,问卷各部分数据采用主成分分析法进行了因子分析。对高校英语教师实践性知识的探究因子分析的结果显示 Barlett 球形检验值为 4 963.772,显著性为 0.000,小于 0.05,表明数据来自正态分布总体,可以做进一步分析;KMO 检测值为 0.782,适合做分析,见表 3.6。

表 3.6 调查问卷因子分析结果

KMO 和 Bartlett 检验		
取样足够度的 Kaiser-Meyer-Olkin 度量。		0.782
Bartlett 的球形度检验	近似卡方	4 963.772
	df	2 628
	Sig.	0.000

内容效度方面,本研究的调查问卷在设计过程中借鉴了前人的相关研究成果,并结合质化研究中的探索性小组座谈数据对问卷进行了修订,在正式发放问卷前,邀请教师专业发展与外语教学方面的两位专家,分别阅读本调查问卷,以检测问卷的专家效度。专家回馈意见后再次修订,然后请文法系中文专业和基础部数学专业的两位老师阅读问卷,以回馈意见进行可读性测试,确保问卷的表面效度。问卷设计好后,对研究者所在单位 20 名不同教育背景、不同职称的教师进行先导试验,进一步对问卷进行修订,从而确保问卷的信度和效度。

3.5.2 访谈资料的信度与效度

在社会科学中,效度往往用来衡量研究结果的可靠性,即研究结果是否反映了研究对象的真实情况(张立忠,2011)。其中,量化研究中的效度是指研究结果与其他研究部分之间的一致性。而质化研究中的效度却指对这个结果的表述是否真实地反映了在特定环境下特定研究员为达到特定目的而使用某一研究问题和与其相适应的方法对某一事物进行研究这一活动(杨鲁新等,2012)。

影响质化研究效度的因素主要包括记忆问题、研究效应、文化前设和间接资料来源四个方面,分别指由于时间久远造成记忆衰退而遗忘;研究者参与研究的过程中,被研究者与平时表现不一样;研究者和被研究者的语言、文化和生活习惯等方面不一致;被研究者的资料来源是间接的(陈向明,2000)。

本研究中的访谈是质化研究的重要组成部分,为克服上述效度"失真",在研究过程中分别采取了如下对策。首先,研究者在课堂观察过程中,全程录音或录像,在小组座谈/访谈中,先播放教学录像,允许受试教师在观看录像后自我陈述 5 分钟,之后研究者对之进行追述式访谈,有效避免了记忆的遗忘。其次,本研究中的四位受试教师和研究者是同一个单位的,彼此比较熟悉。研究者是单位的行政领导,平时经常听普通教师的课,大部分教师对其听课已经习以为常。小组座谈/访谈就是为了形成一种相对轻松的氛围,让多名教师在一起集体协商,共同研讨,最大程度上减少"研究效应"的影响。再次,由于研究者与受试者是同事关系,在本研究的驱动下,组建了教师发展团队,大家有着共同的专业发展愿景,经常在一起合作分享交流,进一步密切了研究者与被试的关系,基本不存在文化前设问题。最后,在研究过程中,研究者通过人文关怀和绩效奖励措施,使四位受试教师十分乐意合作,更加有利于保证研究的信度和效度。

3.5.3 录课资料的信度与效度

录课的目的是为了日后更好地观察。在质化研究中,观察是重要的手段之一。本研究中,研究者完全作为旁观者,使用录像机对现场进行录像,为的是不去干扰正常的教学活动,以便课后进行反复观察、分析问题,并试图找到解决问题的方法。

本研究的录课是在征得被观察教师的许可后进行的,符合伦理规范,同时研究者在录课前充分向被观察者解释了录课的目的是为了课下共同分析,以提高教学水平。需要指出的是,研究者作为系部领导,与同事间关系亲密,深得下属信任。且研究者平时多次听课,因此,被观察者的课堂教学录像相对真实自然,研究过程中的资料全部都是一手资料。

研究者还应用了参与者检验法,课堂观察、追述式访谈以及反思报告的录音撰写工作完成后,请受试教师阅读并帮助进行整理,有利于保证研究的效度。

3.5.4 三角验证

三角验证法(triangulation)又称为三角检验法,是指将同一结论用不同的方法、在不同的情境和时间里、对样本中不同的人进行检验(Cresswell,2009;杨鲁新等,2012)。此种策略的运用将有助于降低线性思考所导致的偏误或盲点,并增加研究结果的解释效力。

本研究在研究过程中采用了量化加质化的混合研究方法,首先通过探索性访谈了解高校英语教师阅读教学实践性知识的整体趋势,为调查问卷设计提供佐证。调查问卷设计参照了前人的相关研究成果,同时充分考虑了本研究的文献综述和探索性访谈获得的先导数据,调查高校英语教师阅读教学实践性知识的实然状态。而问卷调查结果反过来又将与先导访谈数据和本研究文献进行相互验证。量化研究结果为质化研究提供了研究问题的线索,同时本研究通过质化研究进一步对调查问卷统计分析结果进行验证。具体而言,量化研究部分,部分回答了高校英语教师阅读教学实践性知识的现状及影响因素这两个研究问题。质化研究部分,通过观察阅读教学课堂,框定受试教师的问题情景,结合量化研究结果,对受试教师开展教育干预。在实验介入后的小组座谈以及对受试者的追述式访谈中通过任务型阅读教学设计开展讨论,进一步明确受试教师某个授课环节的真实意图。受试教师在访谈中谈到的问题或现象还通过撰写行动反思报告得到进一步验证。

基于扎根理论的质化研究通过实验介入了解受试教师阅读教学实践性知识的发展变化情况,包括受试教师的信念、教学理念、教学行为等方面,质化研究设计与量化问卷设计逻辑上完全对应。而质化实验介入数据结果也将与量化问卷调查和先导访谈等进行比较,相互验证,以期最终回到文献综述里进一步丰富和发展相关理论。

3.6 研究伦理

在研究设计过程中除了考虑研究技术和操作以及研究信度和效度外,还有必要关注研究的伦理问题。研究伦理是研究活动所遵循的基本道义精神和道德前提,是研究者所应遵守的规范(Seidman,2006)。由于教育研究中涉及人与人的行为,因此在研究过程中必然会涉及研究伦理问题。研究者在研究中需要遵守四条伦理准则:自愿与公开原则、保密原则、公正合理原则和公平回报原则(陈向明,2000)。

本研究过程中,研究者始终对伦理道德保持敏感性。在选择受试过程中,坚持完全自愿原则。每次课堂观察都提前征得受试教师的同意。小组座谈或访谈期间,研究者尽量创造轻松自如的环境,访谈录音也得到了受试的同意和认可。而访谈录音材料只局限研究者和受试教师以及本研究组建的教师发展团队成员使用和参考。研究中所有受试教师都使用匿名,以遵守保密原则,不给受试造成伤害。根据公正合理的原则,研究者在研究过程中始终抱着学习的心态与受试教师平等地协商、合作、交流、分享。小组座谈一般安排在系部例会之前或之后,尽量做到少占用受试教师的业余时间,尽最大努力做到不扰乱受试教师的日常工作和生活。此外,研究者的项目以教师发展为内容,以科研学术交流为驱动,受试教师在合作过程中提高了自身的教学和科研水平,同时,受试教师还得到了研究者给予的物质和精神激励,实现了公平回报。

3.7 本章小结

本章在文献综述的基础上结合研究问题,首先对关键概念进行了界定。然后介绍了被试选择的方法及理据,并描绘出了本研究的研究路径。之后详细介绍了本研究的研究设计。在描述了量化研究与质化研究各自的特征后阐明本研究采用混合研究的理据。之后分别介绍数据收集与数据分析的工具。重点对问卷、访谈和录课的类型、选择、设计、实施办法以及各自的数据分析进行了阐述。接下来介绍和分析了研究的信度和效度,并结合本研究从调查问卷、访谈资料和录课资料的信度和效度分别进行分析。最后,探讨了研究伦理问题。

下一章将报告调查问卷数据分析结果,从高校英语教师的课程理念、教学理念以及影响其实践性知识形成与发展的因素三个维度展开,结合 SPSS 统计数据进行展示与分析。

第 4 章

调查问卷分析

4.1 引　言

基于先导开放式座谈以及教师的教案、课件等资料,依据教师实践性知识的构成内容,本研究的量化研究部分采用问卷调查,以阅读教学为例,了解教师信奉的教学理念以及在教学实践中实际使用的理念之间的差别,分析其原因和影响因素,了解目前高校英语教师的实践性知识的实然现状。

本章共分四小节,第一小节是引言。第二小节分两部分,从认知维度出发,针对问卷中教师的信念等展开分析,再现高校英语教师教学信念的实然状况,结合阅读教学的设计理念以及阅读教学实践情况汇报和分析教师的教学理念情况。第三小节针对问卷中教师阅读教学实践进行数据呈现与分析,对高校英语教师实践性知识的影响因素(所学专业、海外学习经历、参加各种培训、性别等)进行验证与讨论。最后一节是本章小结。

4.2 高校英语教师信念

随着教师专业发展日趋受到社会各界的关注,针对高校英语教师的各类培训越来越多,出国进修教师的比例也不断扩大。在政策导向和体制机制方面,高校英语教师在科研考核和职称评审等方面的需求迫使教师开展语言、文学、认知、教学设计、评价测试等方面的研究,教师的科研意识增强。随着教学改革的深入,学校对于课程建设有了明确的规定,课程教学改革也开展得如火如荼。与此同时,教师信念研究也受到了国内学者的关注,如郑新民(2005;2006;2008;2012;2014)从教师认知角度出发,关注课改下的高校英语课堂教学,研究教师信念、教学情境、课程设置、教学方法、环境因素、文化氛围等与教师教学实践和教学改革的关系。陈冰冰和陈坚林通过问卷调查大学英语教师教学认知和课堂教学情况,发现教师信念与课堂使用理论不符(陈冰冰、陈坚林,2008)。徐翠(2012)通过问卷调查高校英语教师英语学习、英语教学、英语课程及教师发展等方面的信念,探究信念与年龄、性别、职称等因素的关系等。研究发现,随着高校英语教师的学历日渐提高,教师自我发展意识逐步增强。而且教师的个人进修,各级机构、学校组织的各种培训以及教师不同文化氛围下的访学经历都会对教师的教育理念产生某种影响。因此,本文将结合问卷数据进一步验证高校英语教师信念及教学理念对教师课堂教学行为的影响。

4.2.1 高校英语教师的课程理念

教师的实践性知识由本体性知识、条件性知识、学习者知识、情境知识等组成,它们从不同侧面揭示出教师的教育理念(申继亮,2002)。本研究结合实践性知识的特点,采用知识表征的隐喻方式调查教师的学习者知识、情境知识以及教师的本体性知识。隐喻(metaphor)普遍存在于人类语言、思维和各种语篇之中,是无意识认知系统的一部分,隐含着对待相关事物的态度、观点和立场,识别它们成为透视语言背后概念框架的有效途径(Lakoff,2004;Maalej,2007;张蕾,2013)。教学隐喻是一种启发式的自我反思手段,可以被用于教师对其知识、信念、角色和其他内心活动的反思中。因此,隐喻不仅是教师发展领域一个重要的研究问题,也是教师反思自身教学方法和教学实践的有效手段(刘熠,2010)。

本次问卷调查主要在河北地区五所高校(其中包括一所工科为主的本科院校、一所省属重点师范院校,一所军事院校、两所市属师范院校)和北京一所工科普通高校进行,共发放问卷200份,回收152份,有效问卷150份,有效问卷率为75%。参与调查的教师情况如表4.1所示。

表4.1 参与调查的教师情况

学历	人数	%	专业背景	人数	%	职称	人数	%	教龄	人数	%
本科	34	22.7	语言学	61	40.6	讲师	74	49.3	≤6	15	10
硕士	111	74	文学	59	39.3	副教授	45	30	6~10	45	30
博士	5	3.3	翻译	11	7.3	教授	9	6	11~15	45	30
其他	0	0	其他	19	12.67	助教	22	14.67	≥16	45	30
合计	150	100	合计	150	100	合计	150	100	合计	150	100

注释:参加调查的教师中,男19名,占12.67%,女131名,占87.33%;参加培训123人,占82%,未参加培训27人,占18%;有出国经历32人,占21.3%,无出国经历118人,占78.7%。

通过上表数据,我们可以看出,参与此次调查的女教师数量远远高于男教师,反映出高校教师,尤其是高校英语教师中,女教师占了很大的比例。高校英语教师受教育经历不同,所学专业各异。目前硕士学位的教师占整个教师队伍的74%,拥有博士学位的教师数量依然不高。教师队伍中,助教的数量约为15%,讲师的数量约为50%,副教授约占30%,而教授只占6%左右。这些数据与教师教龄数据基本吻合。40%的教师教龄少于10年,30%的受访教师工作年限在10~15年之间,教龄超过16年的约占30%。职称与教龄数据反映出高校英语教师中青年占比很大。教师队伍中,有海外学习经历的约占

21%,近 79%的教师没有海外留学背景。培训方面,超过 80%的教师参加过各种形式的培训,但仍有 18%的教师没有或很少参加培训。

本研究调查数据显示高校英语教师的男女比例失衡,女性教师比例远远大于男性教师,男女比例失衡的现象由来已久,对学生素质的优化培养及对人才培养造成的负面影响本文不做讨论。除此之外,本调查显示教师学历和所学专业各异,教学经验、学位进修、海外学习经历、参加培训等情况也存在差别。本研究对这些不同因素对教师实践性知识形成和发展的影响进行探究,从教师的教学信念以及在实际教学中所使用的知识出发,试图从教师的认知层面验证各因素对实践性知识形成和发展的影响作用。

4.2.1.1 教师的自我知识

教师隐喻体现了教师对自身在教育中作用的理解,可以折射出教师的教育理念、教学方法和师生关系(潘海燕,2008)。国外将隐喻引入教学进行研究已经相当普遍,但国内这方面的研究相对较少。已有研究显示,部分隐喻的映射具有普适性,而有些则带有一定的文化烙印(Lakoff,1993)。中国传统的教师隐喻如春蚕、蜡烛、人类灵魂工程师、母亲等强调教师的敬业和奉献精神,突出教师在教学中巨大作用的同时却忽略了培养学生的自主学习能力,体现了以教师为中心的教学理念(潘海燕,2008)。而西方常规教师隐喻如教练、乐队指挥、向导、导演等则体现了教师与学生间的合作关系。教师在教学过程中主要起组织协调的作用,引导学生积极主动地通过自主学习和相互合作来完成学习目标。因此,这些隐喻是以学生为中心的教学理念(潘海燕,2008)。本研究考虑了中外文化烙印,在前人的基础上为揭示教师对自我的认识,将教师的自我隐喻设定为导演、牧师、母亲、管理员和朋友,调查结果如表 4.2 所示。

表 4.2 教师对自己作为教师的认知

教师的自我意象		响应		个案百分比
		N	百分比	
教师自我意象[a]	导演	47	21.1%	32.9%
	牧师	13	5.8%	9.1%
	母亲	37	16.6%	25.9%
	管理员	49	22.0%	34.3%
	朋友	77	34.5%	53.8%
总计		223	100.0%	155.9%
a. 值为 1 时制表的二分组。				

上表显示,34.5%的被调查者认为自己与学生的关系应该是朋友关系,他们想走进学生的内心、学生的生活,关心帮助学生,成为学生信任的朋友。这种朋友关系也许有助于学生的学习、生活和师生之间的相互信任,从而有助于教师给学生提各种建议。有 16.6%的被调查者认为自己就像母亲一样关爱学生。但是,母亲的意象却使人们联想到溺爱、包

办、无自理能力的孩子,同时也联想到中国学生自我管理能力低下、自主学习能力很差的现象。近四分之一的被调查者认为自己其实扮演的是一个管理员的角色,而学校的管理员不负责学生的学业、不负责学生的发展,更多是关注学生的衣食住行,学生是否遵守纪律,是否有违纪行为。当教师只是管理员,那就没有教育。另有近四分之一被调查者认为自己扮演的是导演。与其他角色不同,一个好的导演可以发挥演员的潜能,不仅可以达成预定目标,并且有可能超出预计目标。当教师扮演导演的角色时,学生就有机会真正参与到课程学习中来,并且发挥主导作用。

调查还显示有近6%的被访者认为自身的作用如同牧师。而牧师在西方一般基督教会中是专职负责带领及照顾其他基督徒的人。牧师既有教导的职责,也有治理的职责,是从先知和君王两个方面代表基督行使教牧的职责和权柄。[①] 这与韩愈《师说》中的"师者,所以传道、授业、解惑也"的理念是比较接近的,都反映出教师在教学中处于主导地位,布道般地向学生传递和灌输知识,这种教育方式束缚了学生个性发展和创新能力的培养。

此外,本研究在设计问卷时,考虑到教师的自我认识可能是多元的,每位教师也可能扮演多重角色。因此,在选项设定时,设为不定项选择。调查显示,很多教师选择了多个隐喻进行作答,说明他们的教学隐喻并非一成不变,在不同的情境下,教师对自身职业的认同有可能会通过不同的隐喻表达出来。而不同隐喻之间界限的模糊性也符合隐喻结构所具有的复杂、重叠的蕴含(Lakoff & Johnson,1980;刘熠,2010)。

除了多元意象外,研究者为了方便调查者表达自己的观点,在该部分问卷每个问题后都设计了开放项目,教师可以写出问题中没有包含的适合自己的意象。除这里展示的几个意象以外,个别教师认为自己应该是一个引领者,也有教师感觉自己是一个无奈的家长,还有的教师认为自己应该是严父,所谓"棒子底下出孝子"或者等同于传统的严厉的工匠师傅,因为"严师出高徒"。

无论教师把自己视为学生的家长还是管理员,都让研究者感到一丝丝不安,因为家长只会溺爱,让学生失去自主。而管理员只负责管理,又导致教育缺失。更令研究者惊讶的是,时至今日仍有部分教师在扮演布道士的角色统领课堂,向学生进行填鸭式灌输。

4.2.1.2　教师的学习者知识

在Shulman(1987)提出的学科教学知识理论的基础上,国内外学者对其内涵进行修订和发展。多数学者认同教师关于学生的知识是教师学科教学知识中的重要部分(Grossman,1990;Cochran,1993;Grossman,2005;等等)。教师对学习者的知识与学科紧密相关,包括多个层面的信息,如学习策略、学习风格、学习兴趣、学习动机、学生差异和生活背景等(甄玲,2013)。而教师的学习者知识影响教师的教育教学行为,与教师的自我意象相呼应。西方近代隐喻形态的学生观代表人物Comenius在其著名的论述"种子说"中把学生比喻成种子,把教育过程比作"种子"的生长、发芽、开花、结果的过程(高原,2013)。除了"种子",他还用"树木""阳光""雨露"等隐喻进行论述。"种子说"或"树木说"

[①]　关于牧师的职分与职责,引自360doc个人图书馆,http://www.360doc.com/content/11/1215/07/1104645_172347245.shtml.

将学生看作具有自身特点的有机生命体,需要得到别人的尊重和保护(高原,2013)。而Locke 的"白板说"认为"能力是天赋的,知识是后得的。他假定人的心灵如同一块白板,上面原本没有任何标记,后来,通过经验在上面印上了印痕,形成了观念和知识"(高原,2013)。

本研究在前人的基础上将教师对于学习者的认识设定为小树苗、五颜六色的纸、自己的孩子和朋友这四个隐喻,通过问卷收集的信息如下(表 4.3)。

表 4.3 教师对学生的认识

教师眼中的学生		响应		个案百分比
		N	百分比	
对学生的意象[a]	小树苗	30	15.5%	20.4%
	五颜六色的纸	59	30.4%	40.1%
	自己的孩子	40	20.6%	27.2%
	朋友	65	33.5%	44.2%
总计		194	100.0%	132.0%
a. 值为 1 时制表的二分组。				

上表说明,在大学阶段 33.5%的教师把学生当朋友看待,也有 20.6%的被调查者会把学生看作自己的孩子,这与教师把自己看作家长相呼应。到大学阶段学生都已经成人,而"自己的孩子"或者"母亲"的角色带给大家的更多是中国父母的溺爱、包办一切,使大家想到的是学生的幼稚、自我管理能力很差。虽然,家长会关心孩子的学习,但更多的是生活,而家长关心的内容与方式与教师应该有的关心大相径庭。本问卷中意象的选择部分是开放的,不局限于问卷中所列的四项,调查对象可以按照自己的理解进行补充。调查显示,仍然有约三分之一的老师把学生看作一张纸。与小学初中不同,教师不是把学生看作一张白纸(仍然有教师在开放选项中补充了"一张白纸"的意象),而是看作五颜六色的纸。不管是白纸还是已经五颜六色,学生都是一个被动的角色,是等待着任由教师处理的一张没有生命、没有主动权的纸,等待着教师去描绘最新最美的图画。这在很大程度上体现了传统知识灌输的理念。

如果把人才比作树木,树的成长需要适合的土壤,需要适量的营养,需要正确的管理。但是,到大学阶段学生也已经不再是小树苗。尽管问卷设置了开放项目,但只有个别教师给出了问卷以外的项目,比如"考试机器"(期中考试、期末考试、各类级别的等级考试、资格证书考试等)。虽然这只是极个别教师给出的意象,但是仍然可以看出高等教育受应试教育的影响所带来的严重后果,而这一切都需要改变教师的信念。

4.2.1.3 教师的情境知识

Max van Manen 是"现象学教育学"(Pedagogy Phenomenology)的开拓者之一。他认为教育活动具有前反思、前理论、情境性和实践性的特点(王元辰,2011)。教育发生在教育情境中,这情境因为具有教育的目的追求和教育的功能而被称为教育情境。在教育情境中,教师和学生既是情境的构成要素,又同时创造着情境。师生与有意义的文字符号、有影响力的人际氛围、有感染力的物质环境等要素相互作用、相互影响,共同构成了教育情境。因此,受调查教师对学校这一物质环境的看法同样可以从某种程度上折射出其情境知识。

作为独特的文化现象,隐喻也存在于大学之中。关于大学的隐喻很多,比如"知识的殿堂""大师云集的圣地""人才培养的摇篮""发展科学的源泉""铸就人生的熔炉""引导社会的灯塔""人类的精神家园",等等(韩延明,2003)。这些隐喻中"象牙塔"最难理解,这个隐喻表达了人们赋予大学圣洁、高深、优雅之蕴,隐喻背后反映了大学教育上的理性主义,强调对永恒真理的追求,甚至为了保持其纯洁性,将知识与市场和政治场相分隔(徐小洲,2003;杨天平、刘爱生,2009)。本研究将高校英语教师对学校的隐喻设定为社会、象牙塔和知识的殿堂三个意象,以期揭示教师对于学校的情境知识。通过问卷收集信息如表4.4所示。

表4.4 教师对学校的认识

	教师眼中的高校			
		响应		个案百分比
		N	百分比	
对学校的意象[a]	社会	62	36.3%	44.9%
	象牙塔	30	17.5%	21.7%
	知识的殿堂	79	46.2%	57.2%
总计		171	100.0%	123.9%

a. 值为1时制表的二分组。

表4.4显示,近半数的被调查教师认为学校是知识的殿堂,暗示着教师们认为学生来到高校是学习知识的。相对"象牙塔",选择"社会"这一意象说明大部分教师已经不把高校视为与世隔绝的净土、世外桃源,高校就是社会的缩影,身处高校也就是身处社会之中。这个意象有几个暗示:第一,高校不只是学生学习知识的殿堂,更是学会如何相处、如何做事的地方,学生与教师,学生与学生的关系也就是社会人之间的关系,学生在学习知识的同时必须发展社会适应能力;第二,这也暗示着学校有可能与社会一样混乱,解释了有的教师认为高校就是一个"大杂烩"的原因。而个别教师把高校视为"考试培训机构",反映出他们对目前高等教育受大学英语四、六级考试等各种考试影响的无奈与困惑。

4.2.1.4 教师的课程知识

依据Shulman(1987)对教师知识的分类,课程知识也是教师知识的一部分。教师的课程知识是教师掌握教材和教学计划的"行业工具"。Reynolds(1989)认为教师课程知识是教师对包括国家、学校、社会、教师以及学生层面的课程以及各个层次关系的了解和掌握。Grossaman(1990)认为教师的学科知识包括课程发展的过程、学科知识间的联系以及跨年级发展的知识。周淑卿认为广义的教师课程知识指的是教师所需要的关于如何开展课程活动应掌握的知识,狭义的课程知识指的是教师在课程实践中,能动地表现出来的,为实现有效的课堂活动所必须具备的一系列信念、认知、行为策略等的总和(周淑卿,2006)。教师对课程的理念将影响其课程教学,为深入了解教师的课程知识,本研究在前人的基础上、在问卷设计时,将常见的几种教师对课程设置的看法以通俗的语言表达出来(以满足社会需求为目标、以英语学科内容为依据、以满足学习者需求为目标和基于学校情况进行设计)供教师选择,统计结果见表4.5。

表4.5 教师的课程知识

教师的课程理念情况		响应		个案百分比
		N	百分比	
对高校英语课程的认识[a]	应以满足社会需求为目标	95	40.1%	63.8%
	应以英语学科核心内容为依据	43	18.1%	28.9%
	应以满足学习者需求为主要目标	64	27.0%	43.0%
	应基于学校实际情况的设计	35	14.8%	23.5%
总计		237	100.0%	159.1%

a. 值为1时制表的二分组。

表4.5中"以满足社会需求为目标"反映的是基于情境的课程设计模式,这一模式强调将社会需求和学科需求与学习者需求整合,采用的是反向设计模式,课程设计首先考虑的是不同于一般的教育目标,而是社会需求。这也是比较符合高校英语课程理念的一种课程设计模式。调查显示,40%的被访者也比较认可这一模式。

"以英语学科核心内容为依据"反映的是学术中心课程理念,这是以往课程常用的模式,课程关注的是英语语言知识的系统性,而不是语言的应用性,忽略了社会需求和学习者需求。这种课程理念不太适应高校英语学科的发展需求,也不太符合高等教育的课程目标,特别是当前高校英语专业毕业生队伍庞大,就业率不高,学生所学学科理论与社会实际需求的脱节也是造成就业巨大压力的一个原因。尽管在教学中不能忽视英语的学科知识体系,但调查显示,18.1%的被访者仍然认为大学课程有必要以英语学科内容为依据,这与他们的情境知识是一致的。

"以满足学习者需求为主要目标"反映的是学习者中心课程开发模式,这是一种很难实现的课程模式。课程不可忽视学习者的需求,满足学习者的个性发展和全面发展也应该是课程目标之一,但是不能是课程的主要目标。27%的教师选择此种课程模式,说明教师课程知识的缺乏。教师可能把教学应该满足学习者需求误解为"课程应以满足学习者需求为主要目标"。

"基于学校实际情况的设计"反映了每所学校的实际情况不同。因此,课程教学也必须考虑到学校的实际,这也是情境课程的一个组成目标。情境课程中的情境包括社会环境和学校环境,教师不清楚课程的理念,凭自己的理解选择,说明教师课程知识的缺乏。

事实上真正从事课程研究的教师很少,教师也很少接触或者关心课程模式,缺乏相应的课程知识可以理解。教师能够选择这一模式说明教师在组织课程教学时会考虑到学校的实际。每所高校都有自己的特色,都有自己的目标;有科研型高校,有应用型高校,学校的学科基础不同,目标定位也不同。课程设计应该基于学校的实际需求,只是不能把这一需求作为课程设计的核心或者主要依据。

4.2.1.5　教师对高校英语课程目标的认识

课程教学是实现人才培养目标的基本途径,直接关系到学生的知识、能力、素质的全面与协调发展。为适应我国高等教育发展的新形势,深化教学改革,提高教学质量,满足新时期国家和社会对人才培养的需要,教育部分别制订了《大学英语课程教学要求》和《高等学校英语专业英语教学大纲》,其各自的课程目标摘录如下:

> 大学英语的教学目标是培养学生的英语综合应用能力,特别是听说能力,使他们在今后学习、工作和社会交往中能用英语有效地进行交际,同时增强其自主学习能力,提高综合文化素养,以适应我国社会发展和国际交流的需要。
> 英语专业人才的培养目标和规格:这些人才应具有扎实的基本功、宽广的知识面、一定的相关专业知识、较强的能力和较高的素质。也就是要在打好扎实的英语语言基本功和牢固掌握英语专业知识的前提下,拓宽人文学科知识和科技知识,掌握与毕业后所从事的工作有关的专业基础知识,注重培养获取知识的能力、独立思考的能力的创新的能力,提高思想道德素质、文化素质和心理素质。

对于英语课程目标,大学英语教学大纲明确指出:

> 大学英语课程不仅是一门语言基础课程,也是拓宽知识、了解世界文化的素质教育课程,兼有工具性和人文性。因此,设计大学英语课程时也应当充分考虑对学生的文化素质培养和国际文化知识的传授。

而英语专业课程分为英语专业技能、英语专业知识和相关专业知识三种类型。其中:

> 专业课程教学是实施全面素质教育的主要途径。专业课程教学不但要提高学生的业务素质,而且要培养他们的思想道德素质、文化素质和心理素质。在专业课程教学中要正确处理好业务素质教育和其他素质教育的关系,使它们有机地、和谐地融为一体。

因此,考查一名教师对课程的认识可以从课程目标、课程内容、课程教学等方面入手。本研究在设计调查问卷时也是从这几方面调查教师对大学英语课程理念的认识,结果如表 4.6 所示。

表 4.6 教师对英语课程目标的认识

		响应		个案百分比
		N	百分比	
对英语课程目标的认识[a]	拓展学生的语言知识	85	18.1%	56.7%
	培养学生的语言运用能力	117	24.9%	78.0%
	促进学生的智能发展	48	10.2%	32.0%
	培养学生的生存技能	53	11.3%	35.3%
	使学生学会做事	69	14.7%	46.0%
	使学生学会做人	97	20.7%	64.7%
总计		469	100.0%	312.7%
a. 值为1时制表的二分组。				

调查结果显示,被访者中 24.9% 的教师认为大学英语课程应该培养学生的语言运用能力。20.7% 的受访者认为通过大学英语课程的教学,使学生学会如何做人,而不只是掌握基本的语言知识、发展基本的语言技能。虽然也有教师认可大学英语课程应该注重培养学生如何做事的能力,关注学生的智能发展,但还有 18.1% 的教师认为大学英语课程应该把拓展学生的语言知识作为目标之一。这从某种程度上反映了教师视大学为知识殿堂,把学生视为五颜六色的纸的意识。与基础教育相比,知识,尤其是语言知识的拓展已经不是高等教育的核心目标,如果教师仍然把语言知识看得如此之重,说明部分教师仍然持有传授式的知识教学观念,新的教育教学理念仍然未被他们所接受。

除了对课程理念、课程目标的认识外,教师对课堂教学重点的认识(基本的语言知识、文化、认知)也能从某种程度上反映教师的教学理念。为此,研究者特设计了相关问卷,调查结果如表 4.7 所示。

表 4.7 教师对高校英语教学内容的认识

教师对英语教学中教什么最为重要的认识				
		响应		个案百分比
		N	百分比	
对英语教学中重要内容的认识[a]	词汇	41	16.8%	28.7%
	语法	22	9.0%	15.4%
	策略	38	15.6%	26.6%
	文化	65	26.6%	45.5%
	认知发展	78	32.0%	54.5%
总计		244	100.0%	170.6%
a. 值为1时制表的二分组。				

表4.7说明,虽然半数多的教师认为高校英语课程应该拓展学生的语言基础知识,但是就高校英语教学而言,对"哪些内容最为重要"这个问题,教师的回答却与其对目标的认识不同。调查显示,41.4%的教师仍然认为词汇、语法、策略等是高校英语课程的重要教学内容,26.6%的教师认为在大学阶段,文化相对于语言知识来说更为重要,这就解释了为什么很多教师认为学会做人应该是高校英语的主要教学目标之一。但是,调查还显示,32%的教师认为最为重要的是学生的认知发展。这里的认知发展与哈佛大学William G. Perry的大学生发展理论是相似的。该理论主要体现在教学过程中大学教师角色的转变,重视大学生的参与和体验,创造民主的学习环境,鼓励多样化和个性化发展(转引自牛慧娟,2008)。统计数据显示大部分教师认为大学阶段学生的认知能力发展,也就是逻辑思维能力、创新思维能力、批判性思维能力的发展远比语言知识更为重要。

此外,课程的教学方法直接影响到学生各方面能力的培养与提高。改变教学模式,仅仅变换教学方法和教学手段是远远不够的,更需要彻底转变教学理念。遵循《大学英语课程要求》,需要实现从"以教师为中心、单纯传授语言知识和技能的教学思想和实践",向"以学生为中心、既传授语言知识与技能,更注重培养语言实际应用能力和自主学习能力"的教学思想和实践的转变,也是向"以培养学生终身学习能力为导向的终身教育的转变"。通过调查问卷,研究者收集的数据显示了目前高校教师英语教学模式选择的实然状态,如表4.8所示。

表4.8 教师提倡在大学阶段英语教学采用什么样的教学方式

教师提倡的教学方式		响应		个案百分比
		N	百分比	
对教学方式的认识[a]	学生自学(包括知识和听力、阅读训练),教师引导	52	28.6%	35.1%
	教师教授知识,设计活动训练学生能力	43	23.6%	29.1%
	教师设计项目、任务,学生合作完成,通过评价反馈和后续性训练培养学生的能力	87	47.8%	58.8%
总计		182	100.0%	123.0%
a. 值为1时制表的二分组。				

尽管教师们认为大学是知识的殿堂,学生是五颜六色的纸,但是就教学方式而言,真正认同以教师教授为中心的教学方式的教师却只有23.6%,更多的教师提倡学生自主学习,47.8%的被调查教师支持在大学阶段开展项目学习等教学方式。这些教学方式是教师通过诸如外出参加培训等方式接触到的新的教育教学理念。同时也说明,在观念上教师是接受新的教学理念的,尽管这与其自我意象、学习者知识和情境知识有点不协调,甚至有点矛盾。

4.2.2 高校英语教师的教学理念

上一小节从教师对自我意象、对学生的意象、对学校的意象以及对课程知识的认识四个方面探究了高校英语教师的教学信念,此部分侧重探讨了教师信奉的知识。而本节重点关注教师的实践,通过问卷收集教师对自己阅读教学行为的反思,把握其所采纳的教学理念。问卷从需求分析开始,对阅读教学的语言处理、教学理念、教学组织模式、图式形成与发展、信息处理等层面分别展开,逐一考察分析。

需求分析(need analysis)指的是通过内省、访谈、观察和问卷等手段研究需求的技术和方法。外语领域的需求分析理论来源于20世纪60年代的课程开发理念,该理念主张课程开发须遵循三个原则,即改进教学方法、依据教学群体特点调整教学设计方案、注重学生自主学习能力的培养(Rodgers,1980)。随后,二语习得中的交际功能、学习中心法等相关理论进一步为需求分析提供了理论支撑(陈冰冰,2009)。有学者指出需求分析是语言课程设计和实施不可或缺的启动步骤,是教学设计的必要环节(束定芳,2004)。就阅读教学而言,需求分析包括阅读文本分析和学习者分析。文本分析包括文本的语言分析、结构逻辑分析以及非语言信息分析,如文化、情感态度、价值观等方面信息;学习者分析包括学习者语言基础分析和学习兴趣分析(王笃勤,2012)。

4.2.2.1 教师阅读教学的需求分析

本研究在前人的基础上对教师英语阅读教学的需求分析开展调查,主要从分析语言现象、分析文本逻辑结构、分析非语言现象、分析活动的适应性、分析学生的语言基础和分析学生的兴趣等方面开展问卷调查,调查结果见图4.1:

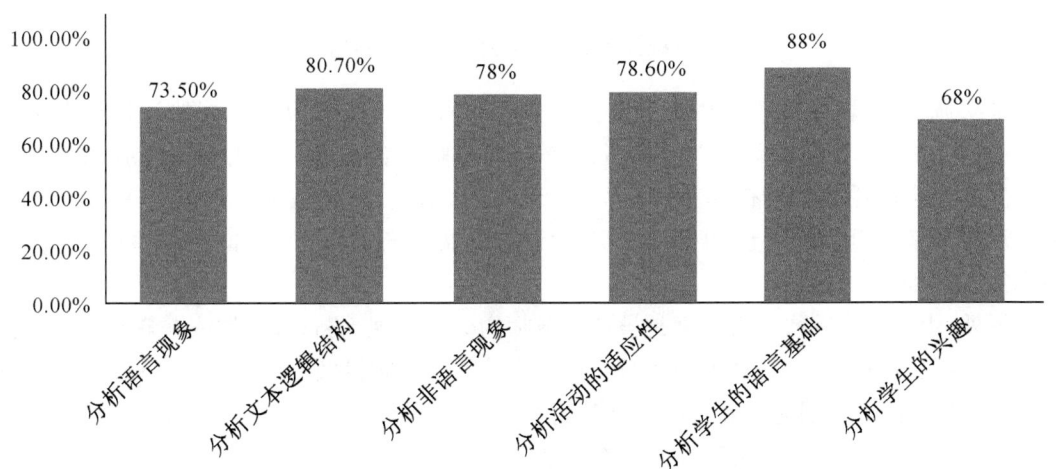

图 4.1　阅读教学的需求分析

调查结果显示,大部分教师都能在阅读前开展需求分析,不仅分析文本和学习者,同时还分析活动设计的适应性问题。尽管教师的专业背景不同(非教育专业的教师一般都没有学过教学设计的相关理论),但是大部分教师对如何做需求分析还是比较了解的。图4.1信息还说明,大部分教师能够从阅读文本和学习者这两个方面出发,分析阅读教学的真实需求,从侧面反映出在职培训、继续学习等活动对教师教学设计相关知识的形成与发展起到了一定的作用。

4.2.2.2 教师阅读教学中对学生认知的培养

阅读教学是外语教学的核心组成部分。随着语言学和语言教学理论的发展,"认知"越来越为人们所重视。就阅读教学而言,不仅要培养学生的推理能力、信息模式识别等阅读认知技巧,还要培养学生在与语篇的交流中读懂文本和非文本的能力(周先武,2004)。因此,为了解教师在阅读教学中的认知情况,本研究在问卷设计时按照讲授单词基本用法、以语块为单元处理单词、根据单词的认知特征讲授、将隐喻等应用于语言教学、基于认知呈现单词、设计单词应用活动等六个维度开展调查,结果见图4.2。

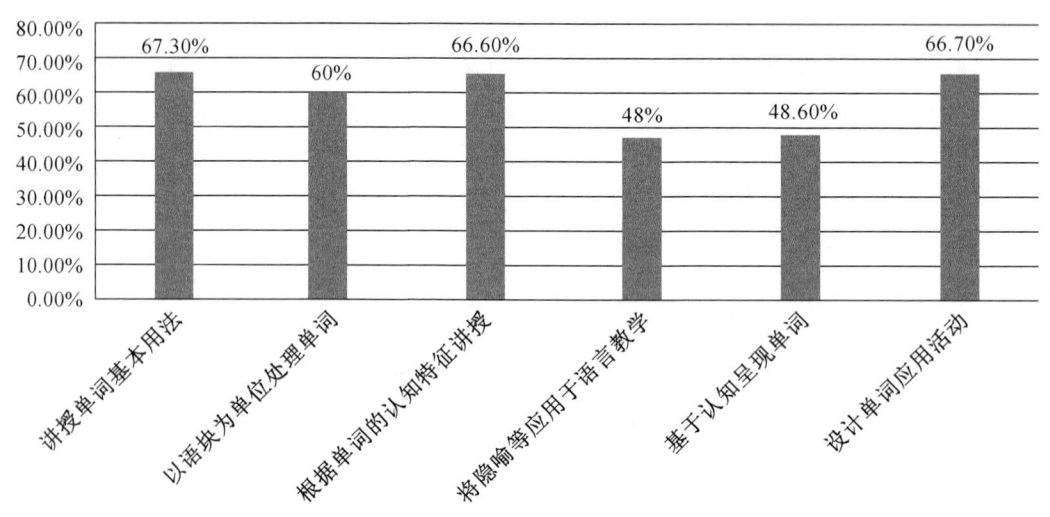

图 4.2 教师阅读教学中对学生认知的培养

本次调查发现,阅读教学中能够关注认知的约占2/3,能够根据单词的认知特点呈现单词的为48.6%,能够以语块为单位处理单词的教师仅占60%,而能够设计应用活动培养学生的语言应用能力的被访教师也只有66.7%。图4.2中数据说明至少有1/3的教师还没有了解乃至掌握与认知相关的实践性知识,即使教师了解认知,比如隐喻,在教学中也很少用到。

另外,由于问卷获取的答案都是被调查教师的个人主观判断,判断的依据各不相同。比如对"能够以语块为单位处理单词"的判断,即使教师这样做只做一次,如果教师确实是做了,就可以选择"5"。因为问卷问的是"能"而不是"是不是经常"或"每次上课都这样"。由此来看,60%的频率本身不能说明大部分教师都可以将认知理论应用于英语阅读教学之中。

4.2.2.3 教师阅读教学理念

阅读教学通常由三个阶段组成:读前(pre-reading)、读中(while-reading)和读后(post-reading)。在教学模式上,现在各级培训又提倡以"输入为基础,以输出为驱动"的教学模式、"基于内容的教学模式"。另外项目学习(project-based learning)、任务型教学(task-based learning)也多为教师们所接纳。但是,本研究问卷调查却有不同的发现(见图4.3):

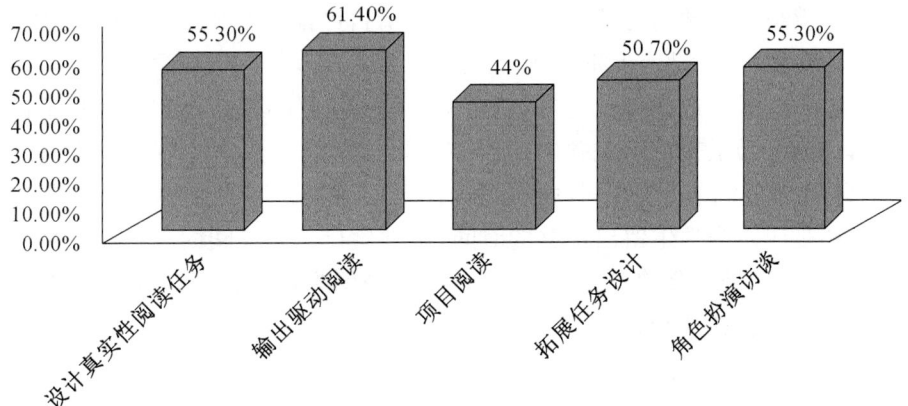

图 4.3 阅读教学模式

调查显示，55.3%的人表示自己能够根据现实生活中类似文章的相关阅读要求设计任务，也就是教师认为自己所完成的是真实性阅读任务；组织学生根据阅读做项目的有44%。有50.7%的被访者表示会给学生提供相关的课外阅读，设计相关任务。由此来看，教学实践中，有近半的教师认为自己能将任务型教学理念或项目学习理念应用于教学实践。55.3%的被访者表示自己能够做好简单的角色扮演或访谈类具有实践意味的读后活动。61.4%的被访者表示自己会设计输出活动，在读后环节设计一个输出活动以便学生为了输出而关注阅读，至于是否真正做到输出驱动并不清楚。

4.2.2.4　教师阅读课堂组织教学方式

课堂组织教学指教师通过协调课堂内的各种教学因素而有效地实现教学目标的过程（吴安利、郝贝洪，2010）。组织教学是一门艺术，是课堂教学的重要组成部分，是教师必备的才能之一，是一节课成功与否的关键（庄清珠，2002）。在具体组织教学的环节上，教师不仅要了解每个学生的性格、爱好、学习情况等，做到因材施教，还要结合学生特点，熟悉课标，灵活运用教材。阅读教学也应如此。本研究在设计问卷时，将教师的组织教学方式分成教师组织学生阅读以获取信息、教师自己阅读讲解、教师在任何条件下尽量保证学生活动时间、教师组织学生阅读后回答问题、教师组织学生阅读材料并完成选择填空等练习活动五个层面。调查结果如图 4.4 所示。

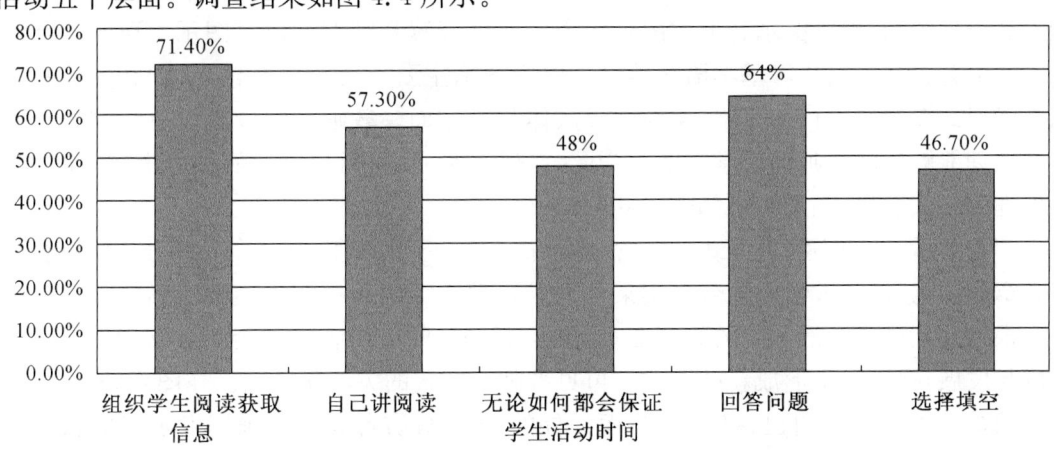

图 4.4　阅读教学组织方式

调查显示,就组织教学而言,71.4%的教师表示自己能够组织学生阅读获取信息,但是57.3%的被访者表示因课堂时间有限,如果给学生太多的阅读时间,教学任务就无法完成。这时,教师一般是选择自己讲授,包括文章的大意,作者的写作意图,甚至包括文章的结构、逻辑、修饰,乃至文章中包含的最基本的事实信息。只有48%的教师表示,无论如何他们都会保证学生的阅读时间,而不是选择自己讲解。即使教师选择以自己讲授阅读材料为主,还是应该为学生留出足够的时间,由学生自己完成阅读。我们发现两者的回答"基本符合"的比例是吻合的,这也从某种程度上说明本调查的可信度比较高。因此我们可以信任教师在问卷中的回答。

针对不同类型学生差异发展的需求,教学活动应尽量使主体参与过程与活动过程同步,保证每个学生充分参与其中,以达到最佳的教学效果,实现最优发展(闫朝霞、胡小力,2005)。就阅读课而言,教师应该通过设计默读、听读、抢答、填表、观看视频、小组讨论、即兴演讲等教学活动,鼓励学生培养综合运用语言和深度思维的能力,从而进入高一级的认知水平,但实际情况却并非如此。教师阅读教学很大程度上是在为英语等级考试做准备。为此,研究者特设计了高校英语教师阅读教学是否为大学英语四六级考试做准备的问卷,按照 Likert scale,分为完全符合、比较符合、基本符合、基本不符合和完全不符合进行调查,结果如图 4.5 所示。

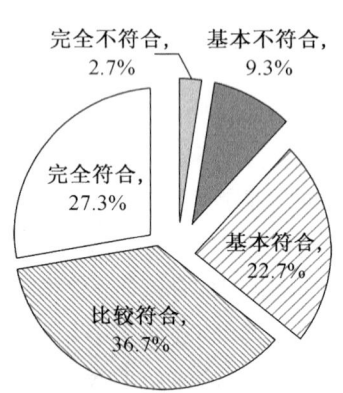

图 4.5　阅读教学为四、六级考试做准备

调查显示,有 36.7%的教师认为自己的阅读教学很大程度上是为考试做准备,因此,在阅读教学中这些教师往往会按照四、六级考试中的选择填空的形式讲解阅读。27.3%的被访者表示其阅读教学就是应试教学。而不为四、六级做准备的仅有 12%。这说明,目前的大学英语教学很大程度上仍然是以应试为主。

4.2.2.5　教师对阅读中图式的处理

阅读过程本身也是一个图式形成与发展过程。图式(schema)是认知的基础,是存储于记忆中的知识框架(仇慧,2010)。图示理论应用于阅读策略教学,要求教师帮助学习者能够从语言图示、内容图示和形式图示三个方面来理解和掌握。语言图示主要包括阅读文本的语音、词汇、语法等基本语言信息。内容图示主要指特定主题信息,即相关背景知识。而形式图示涵盖行文风格、文体、修辞、体裁等方面。教师在阅读教学过程中对于图示的处理能够反映教师的教学实践。为此,本研究在问卷中设计了教师在阅读教学中图示处理的相关题目,调查结果如图 4.6 所示。

调查显示,即使不清楚图式的概念,教师都会关注到图式问题。在需求分析阶段会分析文章的结构,课堂教学中也会采用某种方式处理文章的结构逻辑。39.3%的被访者表示会根据阅读要求激活学生的阅读图式,更有 42.6%的被访者表示会关注阅读中的图式形成与发展,帮助学生形成新的图式。可见教师对图式的关注比较高。在图式处理方面,42%的被访者表示会自己讲解图式,而另外的 44%被访者表示会采用发现式的教学方

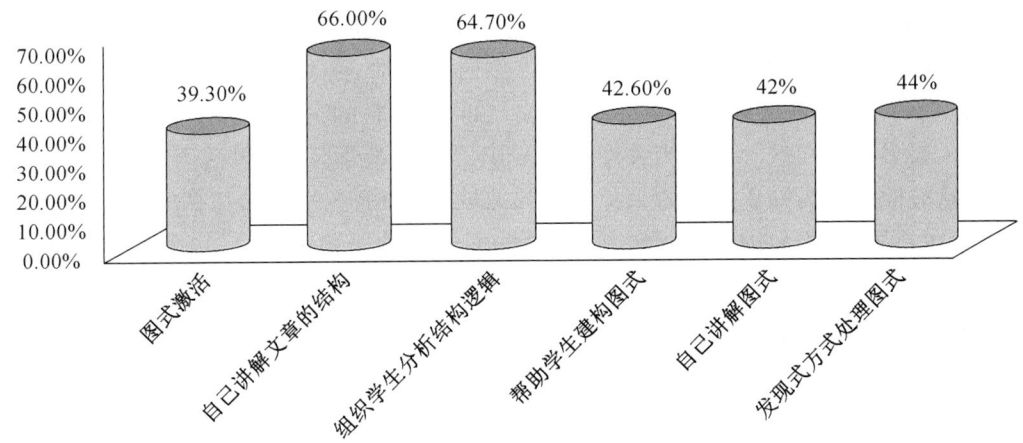

图 4.6 图式的处理

式,先让学生试着阅读提取图式,然后再讲解图式。尽管图式受到广泛的关注,但是数据分析结果表明大部分教师采用的仍然是把图式作为知识讲解给学生,而不是设计活动帮助学生自己形成与发展图式(64.7%)。

4.2.2.6 教师对阅读中其他信息的处理

几乎所有教师都会遇到阅读材料高于学生现有语言水平的情况,在这种情况下教师需要借鉴二语习得的输入假说,以保证输入的可理解性(戴明忠,2010)。输入假说是美国学者克拉申语言习得的核心理论(Krashen,1980s)。该理论认为,如果语言输入材料全部容易理解,就无法激发学习者的学习兴趣和动机。教师提供比学生现有水平略高的语言材料,可以促进学习者根据自身水平,通过努力,不断吸收所接触的语言材料,逐步提高学习语言的能力,也就是克拉申"i+1"语言输入原则。克拉申还认为第二语言的习得有赖于大量的语言输入信息,这些语言输入一定要有效。如果输入的语言材料过于复杂,学习者只会把注意力集中在语言的形式上,而无法集中在语言交流的意义上,这样的语言输入也就在一定程度上失去了其真正的教学目的。本研究结合阅读教学,设定了教师阅读教学可理解性输入相关问卷,调查结果如图 4.7 所示。

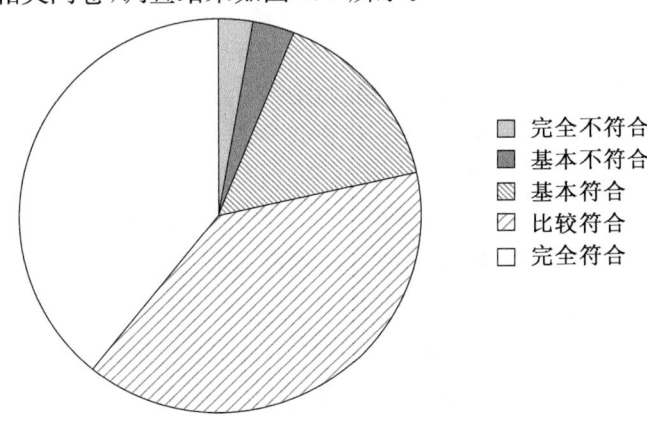

图 4.7 可理解性输入

调查显示,如果阅读材料比较难,超出了学生的语言能力,教师会想办法把语言变得可理解,尽可能多地为学生提供背景知识,排除语言障碍,解释复杂句、复杂语法现象等等。只有6%的被访表示自己不会想办法以增加阅读材料的可理解性。

此外,很多教师在教学中最为关注的是知识层面的教学任务,包括语言知识、文化知识,也包括被他们视为知识的图式。以上结果表明,教师的教学认知和高校英语教学大纲的要求存在差异,因为大纲明确规定,阅读教学不仅是传授知识,还应培养学生的阅读策略能力。

除了语言信息,本研究还调查了教师对于非语言信息的关注情况,结果如图4.8所示。

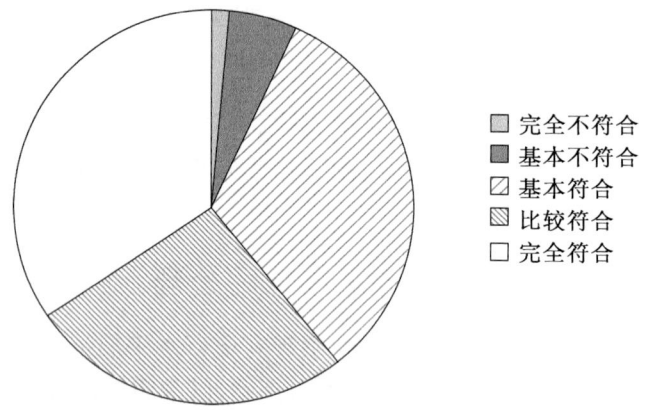

图 4.8　关注非语言信息

上图4.8显示,与语言知识相比,60%的教师表示自己在教学中会更加关注非语言知识,如文体、文化等。只有6.8%的教师表示自己不会关注这些非语言信息。虽然比例不大,但仍可以透露出部分教师对于教学目标的理解存在问题,因为除了培养学生的基本语言知识外,还需要培养学生为人、处事等方面的非语言知识的能力。

4.3　高校英语教师实践性知识的影响因素

教师所受教育、经历、生活史、文化环境等因素都会影响其实践知识的形成与发展(邱春安、吴磊,2010)。本研究通过问卷调查,试图发现教师自身的课程知识、学术水平、海外学习经历等是否会对其信念产生影响。本部分共设置了29个项目,采用Likert 5级量表,1代表"完全不符合",2代表"基本不符合",3代表"基本符合",4代表"比较符合",5代表"完全符合"。数据采用SPSS19.0统计软件进行描述性分析和单因素方差分析。

描述性统计主要呈现数据的集中趋势和离散趋势。前者指一组数据向中心值靠拢的程度,常用均值、中值和众数表示。均值应用最广,最具代表性,但易受极端数值的影响。中值主要用于分析定距和定序变量的集中趋势,不受极端数值影响,但灵敏度低。众数则有利于对集中趋势进行粗略估计,但可靠性低(秦晓晴,2004)。本研究结合统计特点,选用均值测量数据的集中趋势。

除了集中趋势,本研究也关注数据的离散趋势,注重分析不同因素对高校英语教师实践性知识形成和发展的影响差异。而离散趋势指观测值偏离中心位置的趋势,反映数据偏离中心值的离散分布程度。一般情况下,标准差与均值一起使用,反映变量全部数值的差异情况。标准差是公认的可靠的离散趋势指标(秦晓晴,2004)。除了标准差,标准误是描述样本均数的抽样误差,主要用于估计参数的可信区间,进行假设检验等。标准误代表当前的样本对总体数据的估计,反映了样本均数与总体均数的相对误差。标准误越小,表明样本统计量与总体参数的值越接近,样本对总体越有代表性,用样本统计量推断总体参数的可靠度越大(李金昌,2007)。另外,95%可信区间的含义应该是这个区间包含总体均数的可能性是95%,而不是总体均数落在这个区间内的可能性是95%。

本研究除了关注集中和离散趋势外,还探索多种因素(专业、学位、培训、留学等)对高校英语教师实践性知识形成与发展的影响,采用单因素方差分析逐一进行验证。在统计学中,单因素方差分析(One Way ANOVA)是两个样本平均数比较的引申,它是用来检验多个平均数之间的差异,从而确定因素对试验结果有无显著性影响的一种统计方法(赵丹亚、邵丽,2000)。

4.3.1 教育经历对教师实践性知识的影响

1. 专业的影响

以往研究皆表明,教师的实践性知识受其所接受教育的影响。但是本研究有不同的发现。统计显示,受访教师的教育背景主要以语言、文学、翻译、英语教育为主。无论哪种专业背景,在实际教学中将隐喻、原型、拟像等应用于语言教学之中的数据均值为3.3~3.8,也就是说"基本符合";根据每个单词的特征讲授单词的数据均值为3.2~4.0,也就是说实际"基本符合""比较符合";以语块的方式处理单词的数据均值为3.6~4.0,也就是说实际"基本符合""比较符合";根据每个语言现象的认知特点选择信息技术呈现单词的统计数据均值为3.1~3.8,也就是说实际"基本符合""比较符合"。四个方面均值数据的比较显示,尽管教师专业背景不同,但教师教学认知情况基本趋同,差异不大。

为了进一步验证,研究者随之进行了单因素方差分析,数据显示"根据每个单词的认知特征讲授单词"这项的显著性为0.024,低于0.05,表明在这项上,不同专业的教师阅读教学方法存在显著差异。研究者进一步参见单因素方差分析的事后检验结果,看两两对比结果的显著性情况,但由于至少一个组中的案例少于两个(语言文学专业教师只有1名),因此无法执行"在此之后"检验。其余各项P值(0.321,0.874,0.255)均大于0.05,所以在置信区间0.95下不能否定零假设,也就是说教师的专业背景对教师在教学中应用隐喻、以语块的方式处理单词,根据语言现象认知特点选择信息技术呈现单词等方面没有显著差异,如表4.9所示。

表 4.9 专业对教师认知图式的影响

描述

		N	均值	标准差	标准误	均值的95% 置信区间		极小值	极大值
						下限	上限		
将隐喻、原型、拟像等应用于语言教学之中	语言学	66	3.424 2	1.137 62	0.140 03	3.144 6	3.703 9	1.00	5.00
	文学	52	3.307 7	0.960 77	0.133 23	3.040 2	3.575 2	1.00	5.00
	翻译	20	3.800 0	1.239 69	0.277 20	3.219 8	4.380 2	1.00	5.00
	英语教育	10	3.500 0	1.080 12	0.341 57	2.727 3	4.272 7	2.00	5.00
	语言文学	1	2.000 0					2.00	5.00
	总数	149	3.429 5	1.092 08	0.089 47	3.252 7	3.606 3	1.00	5.00
根据每个单词的认知特征讲授单词	语言学	66	3.651 5	0.952 61	0.117 26	3.417 3	3.885 7	1.00	5.00
	文学	52	4.019 2	0.828 19	0.114 85	3.788 7	4.249 8	2.00	5.00
	翻译	20	3.850 0	1.136 71	0.254 18	3.318 0	4.382 0	1.00	5.00
	英语教育	10	3.200 0	1.229 27	0.388 73	2.320 6	4.079 4	1.00	5.00
	语言文学	1	2.000 0					2.00	2.00
	总数	149	3.765 1	0.982 20	0.080 47	3.606 1	3.924 1	1.00	5.00
以语块的方式处理单词	语言学	66	3.772 7	0.973 42	0.119 82	3.533 4	4.012 0	2.00	5.00
	文学	52	3.653 38	1.045 71	0.145 01	3.362 7	3.945 0	1.00	5.00
	翻译	19	3.789 5	0.854 98	0.196 15	3.377 4	4.201 6	2.00	5.00
	英语教育	10	4.000 0	1.247 22	0.394 41	3.107 8	4.892 2	1.00	5.00
	语言文学	1	4.000 0					4.00	4.00
	总数	148	3.750 0	0.995 74	0.081 85	3.588 2	3.911 8	1.00	5.00
根据每个语言现象的认知特点选择信息技术呈现单词	语言学	65	3.400 0	1.042 83	0.129 35	3.141 6	3.658 4	1.00	5.00
	文学	52	3.403 8	1.033 93	0.143 38	3.116 0	3.691 7	1.00	5.00
	翻译	20	3.800 0	1.056 31	0.236 20	3.305 6	4.294 4	1.00	5.00
	英语教育	10	3.100 0	1.197 22	0.378 59	2.243 6	3.956 4	1.00	5.00
	语言文学	1	2.000 0					2.00	2.00
	总数	148	3.425 7	1.056 83	0.086 87	3.254 0	3.597 4	1.00	5.00

ANOVA

			平方和	df	均方	F	显著性
将隐喻、原型、拟像等应用于语言教学之中	组间	（组合）	5.612	4	1.403	1.182	0.321
		线性项 未加权的	1.688	1	1.688	1.422	0.235
		线性项 加权的	0.181	1	0.181	0.153	0.697
		线性项 偏差	5.431	3	1.810	1.525	0.210
	组内		170.898	144	1.187		
	总数		176.510	148			
根据每个单词的认知特征讲授单词	组间	（组合）	10.663	4	2.666	2.906	0.024
		线性项 未加权的	4.065	1	4.065	4.431	0.037
		线性项 加权的	0.417	1	0.417	0.454	0.501
		线性项 偏差	10.246	3	3.415	3.723	0.013
	组内		132.116	144	0.917		
	总数		142.779	148			
以语块的方式处理单词	组间	（组合）	1.232	4	0.308	0.305	0.874
		线性项 未加权的	0.153	1	0.153	0.152	0.697
		线性项 加权的	0.192	1	0.192	0.190	0.663
		线性项 偏差	1.040	3	0.347	0.343	0.794
	组内		144.518	143	1.011		
	总数		145.750	147			
根据每个语言现象的认知特点选择信息技术呈现单词	组间	（组合）	5.963	4	1.491	1.347	0.255
		线性项 未加权的	2.304	1	2.304	2.083	0.151
		线性项 加权的	0.020	1	0.020	0.018	0.892
		线性项 偏差	5.943	3	1.981	1.790	0.152
	组内		158.219	143	1.106		
	总数		164.182	147			

本研究发现，教师在大学、研究生甚至是博士阶段学习的相关课程对教师信念以及阅读教学存在部分影响，不同学历背景的教师在教学中对单词的认知特征处理不同，但在教学中对隐喻、语块以及语言现象认知特点知识的分析和应用则较为趋同，未存在显著差异。

2. 学位的影响

有关学位影响的研究显示，学位对教师的教育理念和教学实践没有本质的影响（潘慧春，2003），这也是为什么很多人都抱怨高学历未必比低学历教师会讲课的原因之一。但本研究统计数据显示，博士学位教师"根据单词认知特征进行讲授"以及"根据语言现象的认知特点选择信息技术呈现单词"的均值都在4.1以上（4.1,4.3），明显高于硕士学位教师(3.7,3.4)和学士学位教师(3.5,2.9),说明受教育越多,掌握的语言认知理论知识越丰富。单因素方差分析显示,"根据每个语言现象的认知特点选择信息技术呈现单词"一项显著性为 0.002,明显低于 0.05,因此表明不同学位的教师之间对该项目的教学策略存在显著差异。单因素方差分析的事后检验两两对比结果显示,博士学位者与学士学位者对比,P 值为 0.016,小于 0.05,存在显著差异,其他两两对比 P 值均大于 0.05,不存在显著差异。而"根据单词认知特征进行讲授"这项单因素方差分析显示 P 值为 0.402,大于 0.05,所以在置信区间 0.95 下不能否定零假设,也就是说教师的学位对教师该项目的教学策略没有显著差异(详见表 4.10)。

表 4.10 学位对教师知识的影响

描述

		N	均值	标准差	标准误	均值的 95%置信区间		极小值	极大值
						下限	上限		
根据每个单词的认知特征讲授单词	博士	9	4.111 1	0.600 93	0.200 31	3.649 2	4.573 0	3.00	5.00
	硕士	110	3.763 6	1.013 01	0.096 59	3.572 2	3.955 1	1.00	5.00
	学士	27	3.592 6	0.971 09	0.186 89	3.208 4	3.976 7	2.00	5.00
	其他	3	4.333 3	0.577 35	0.333 33	2.899 1	5.767 6	4.00	5.00
	总数	149	3.765 1	0.982 20	0.080 47	3.606 1	3.924 1	1.00	5.00
根据每个语言现象的认知特点选择信息技术呈现单词	博士	9	4.333 3	1.000 00	0.333 33	3.564 7	5.102 0	2.00	5.00
	硕士	110	3.490 9	1.020 39	0.097 29	3.298 1	3.683 7	1.00	5.00
	学士	26	2.923 1	1.016 78	0.199 41	2.512 4	3.333 8	1.00	5.00
	其他	3	2.666 7	0.577 35	0.333 33	1.232 4	4.100 9	2.00	5.00
	总数	148	3.425 7	1.056 83	0.086 87	3.254 0	3.597 4	1.00	5.00

ANOVA

			平方和	df	均方	F	显著性
根据每个单词的认知特征讲授单词	组间	(组合)	2.850	3	0.950	0.984	0.402
		线性项 未加权的	0.61	1	0.061	0.063	0.802
		线性项 加权的	0.431	1	0.431	0.447	0.505
		线性项 偏差	2.419	2	1.209	1.253	0.289
	组内		139.929	145	0.965		
	总数		142.779	148			
根据每个语言现象的认知特点选择信息技术呈现单词	组间	(组合)	16.179	3	5.393	5.247	0.002
		线性项 未加权的	7.659	1	7.659	7.452	0.007
		线性项 加权的	15.317	1	15.317	14.903	0.000
		线性项 偏差	0.862	2	0.431	0.419	0.658
	组内		148.004	144	1.028		
	总数		164.182	147			

多重比较
根据每个语言现象的认知特点选择信息技术呈现单词
Tamhane

(I)学位	(J)学位	均值差(I-J)	标准误	显著性	95%置信区间	
					下限	上限
博士	硕士	0.842 42	0.347 24	0.203	−0.307 7	1.992 5
	学士	1.410 26*	0.388 43	0.016	0.224 7	2.595 8
	其他	1.666 67	0.471 40	0.064	−0.098 1	3.431 5
硕士	博士	−0.842 42	0.347 24	0.203	−1.992 5	0.307 7
	学士	0.567 83	0.221 88	0.085	−0.048 1	1.183 7
	其他	0.824 24	0.347 24	0.541	−2.061 7	3.710 2
学士	博士	−1.410 26*	0.388 43	0.016	−2.595 8	−0.224 7
	硕士	−0.567 83	0.221 88	0.085	−1.183 7	0.048 1
	其他	0.256 41	0.388 43	0.992	−1.751 0	2.263 8
其他	博士	−1.666 67	0.471 40	0.064	−3.431 5	0.098 1
	硕士	−0.824 24	0.347 24	0.541	−3.710 2	2.061 7
	学士	−0.256 41	0.388 43	0.992	−2.263 8	1.751 0

*.均值差的显著性水平为0.05。

上述统计数据(表 4.10)说明学位对教师的影响只是停留在基本的理论知识层面,而这种理论知识不涉及教师的价值观和教学理念的转变,只涉及内容的选择和方法的使用。换句话说,拥有博士学位的人更为关注语言的认知特征,他们会根据词汇的认知特征选择信息技术呈现单词的意义。但是,在实际教学中根据单词的认知特征进行讲授,只拥有高学历也未必能做到。这也从侧面说明教师信奉的理论和理论实际使用的存在差距。

4.3.2 培训对教师实践性知识的作用

随着国家对教师专业发展的重视,各级部门组织的教师培训越来越多。除了每年出版社给用教材学校提供的免费培训之外,权威出版社如外语教学与研究出版社、上海外语教育出版社每年都会组织召开有关教学、科研、学科建设、教师发展、课程等方面的专业研修班课程,旨在提高高校教师的理论水平、科研能力和教学质量。本研究调查了高校英语教师参加相关培训的情况,数据见表 4.11。

表 4.11 教师参加培训情况

参考培训情况

		频率	百分比	有效百分比	累积百分比
有效	没有参加过培训	28	18.7	18.7	18.7
	偶尔参加培训	91	60.7	60.7	79.3
	经常参加培训	18	12.0	12.0	91.3
	每年都参加培训	13	8.7	8.7	100.0
	合计	150	100.0	100.0	

本调查统计结果表明,80%以上的被访教师几乎都参加过培训,没有参加过培训的教师只有 18.7%。本研究通过描述性统计以及单因素方差分析展示了参加培训对教师信念和教学行为的影响,如表 4.12 所示。

表 4.12 培训对教师认知知识形成与发展的作用

描述

		N	均值	标准差	标准误	均值的 95% 置信区间		极小值	极大值
						下限	上限		
以语块的方式处理单词	没有参加过培训	26	3.461 5	0.947 87	0.185 89	3.078 7	3.844 4	1.00	5.00
	偶尔参加培训	91	3.714 3	1.014 19	0.106 32	3.503 1	3.925 5	1.00	5.00
	经常参加培训	18	4.166 7	0.857 49	0.202 11	3.740 2	4.593 1	2.00	5.00
	每年都参加培训	13	4.000 0	1.000 00	0.277 35	3.395 7	4.604 3	2.00	5.00
	总数	148	3.750 0	0.995 74	0.081 85	3.588 2	3.911 8	1.00	5.00
将隐喻、原型、拟像等应用于语言教学之中	没有参加过培训	27	3.592 6	1.083 42	0.208 50	3.164 0	4.021 2	2.00	5.00
	偶尔参加培训	91	3.208 8	1.100 67	0.115 38	2.979 6	3.438 0	1.00	5.00
	经常参加培训	18	4.166 7	0.785 91	0.185 24	3.775 8	4.557 5	3.00	5.00
	每年都参加培训	13	3.615 4	0.960 77	0.266 47	3.034 8	4.196 0	2.00	5.00
	总数	149	3.429 5	1.092 08	0.089 47	3.252 7	3.606 3	1.00	5.00
根据每个语言现象的认知特点选择信息技术呈现单词	没有参加过培训	27	3.444 4	0.891 56	0.171 58	3.091 8	3.797 1	1.00	5.00
	偶尔参加培训	90	3.244 4	1.144 71	0.120 66	3.004 7	3.484 2	1.00	5.00
	经常参加培训	18	3.833 3	0.707 11	0.166 67	3.481 7	4.185 0	3.00	5.00
	每年都参加培训	13	4.076 9	0.759 55	0.210 66	3.617 9	4.535 9	3.00	5.00
	总数	148	3.425 7	1.056 83	0.086 87	3.254 0	3.597 4	1.00	5.00

(续表)

		N	均值	标准差	标准误	均值的95%置信区间		极小值	极大值
						下限	上限		
设计任务以便学生在使用中掌握单词	没有参加过培训	27	4.000 0	0.877 06	0.168 79	3.653 0	4.347 0	3.00	5.00
	偶尔参加培训	90	3.755 6	0.890 79	0.093 90	3.569 0	3.942 1	1.00	5.00
	经常参加培训	18	4.222 2	0.878 20	0.206 99	3.785 5	4.658 9	2.00	5.00
	每年都参加培训	13	4.307 7	0.630 43	0.174 85	3.926 7	4.688 7	3.00	5.00
	总数	148	3.905 4	0.883 24	0.072 60	3.761 9	4.048 9	1.00	5.00

ANOVA

				平方和	df	均方	F	显著性
以语块的方式处理单词	组间	（组合）		6.217	3	2.072	2.139	0.098
		线性项	未加权的	3.869	1	3.869	3.993	0.048
			加权的	4.927	1	4.927	5.085	0.026
			偏差	1.290	2	0.645	0.665	0.516
	组内			139.533	144	0.969		
	总数			145.750	147			
将隐喻、原型、拟像等应用于语言教学之中	组间	（组合）		15.382	3	5.127	4.614	0.004
		线性项	未加权的	0.964	1	0.964	0.868	0.353
			加权的	1.974	1	1.974	1.776	0.185
			偏差	13.408	2	6.704	6.033	0.003
	组内			161.128	145	1.111		
	总数			176.510	148			
根据每个语言现象的认知特点选择信息技术呈现单词	组间	（组合）		11.470	3	3.823	3.605	0.015
		线性项	未加权的	5.659	1	5.659	5.337	0.022
			加权的	5.941	1	5.941	5.602	0.019
			偏差	5.529	2	2.765	2.607	0.077
	组内			152.712	144	1.060		
	总数			164.182	147			
设计任务以便学生在使用中掌握单词	组间	（组合）		6.173	3	2.058	2.731	0.046
		线性项	未加权的	1.768	1	1.768	2.347	0.128
			加权的	1.948	1	1.948	2.586	0.110
			偏差	4.225	2	2.112	2.803	0.064
	组内			108.503	144	0.753		
	总数			114.676	147			

描述性统计结果表明,经常参加培训和每年都参加培训的教师在均值方面普遍高于没有参加培训或偶尔参加培训的教师。具体而言,"以语块的方式处理单词"这项,经常参加培训和每年都参加培训的教师均值在 4.0 以上,而没有参加培训或偶尔参加培训的教师均值在 3.4~3.7 间。"将隐喻、原型、拟像等应用于语言教学中"这项,经常参加培训和每年都参加培训的教师均值为 3.6~4.1,而没有参加培训或偶尔参加培训的教师均值在 3.2~3.5 间。"根据每个语言现象的认知特点选择信息技术呈现单词"这项,二者的均值分别为 3.8~4.0 和 3.2~3.4。"设计任务以便学生在使用中掌握单词"这项,二者的均值分别为 4.2~4.3 和 3.7~4.0。这四项数据说明培训的确使教师对某些理论知识、理念有所了解。但是培训对教师的自我意象、学习意象和课程理念并无效果。比如,统计均值数据显示不管教师的专业背景如何,经常参加培训的教师对语块、认知等方面的掌控优于没有参加过培训的教师,但"以语块的方式处理单词"这项的单因素方差分析结果却是 0.098,大于 0.05,不存在显著差异。这一矛盾的结果可能是由于没有参加过培训的教师中有部分教师是研究认知或认知语言学的,对隐喻、原型、拟像等应该比较熟悉。统计还显示,经常参加培训的教师不仅能以语块方式处理单词,还能根据每个语言现象的认知特点选择特定信息技术呈现单词,而没有参加过培训的教师在语块应用方面逊于经常参加培训或每年都参加培训的教师。不仅如此,经常参加培训的教师还能够设计语言应用活动,以培养学生的语言应用能力。这很大程度上与培训时接受的教学理念有关。

有关教师培训的单因素方差分析显示,将隐喻、原型、拟像等应用于语言教学、根据每个语言现象的认知特点选择信息技术呈现单词、设计任务以便学生在使用中掌握单词的情况各项 P 值在 0.004~0.046 之间,均小于 0.05,也就是说培训对教师的认知方面存在显著影响。

此外,本研究数据显示培训对参训教师"图式"知识的形成与发展同样有显著的影响。如表 4.13 所示。

表 4.13 培训对教师图式知识形成与发展的影响

		N	均值	标准差	标准误	均值的95%置信区间		极小值	极大值
						下限	上限		
做图式激活方面的阅读准备工作	没有参加过培训	27	3.407 4	1.217 16	0.234 24	2.925 9	3.888 9	2.00	5.00
	偶尔参加培训	90	2.955 6	0.935 10	0.098 57	2.759 7	3.151 4	1.00	5.00
	经常参加培训	18	4.000 0	0.907 49	0.213 90	3.548 7	4.451 3	2.00	5.00
	每年都参加培训	13	4.153 8	0.800 64	0.222 06	3.670 0	4.637 7	3.00	5.00
	总数	148	3.270 3	1.066 46	0.087 66	3.097 0	3.443 5	1.00	5.00
关注阅读中的图式建构,帮助学生形成新的阅读图式	没有参加过培训	27	3.444 4	0.847 32	0.163 07	3.109 3	3.779 6	1.00	5.00
	偶尔参加培训	90	3.044 4	1.130 89	0.119 21	2.807 6	3.281 3	1.00	5.00
	经常参加培训	18	3.944 4	0.872 60	0.205 67	3.510 5	4.378 4	2.00	5.00
	每年都参加培训	13	3.615 4	0.869 72	0.241 22	3.089 8	4.141 0	2.00	5.00
	总数	148	3.277 0	1.074 26	0.088 30	3.102 5	3.451 5	1.00	5.00

(续表)

		N	均值	标准差	标准误	均值的95%置信区间		极小值	极大值
						下限	上限		
一般是采用讲解文章中图式的方式	没有参加过培训	27	3.481 5	1.014 14	0.195 17	3.080 3	3.882 7	2.00	5.00
	偶尔参加培训	89	2.966 3	1.060 12	0.112 37	2.743 0	3.189 6	1.00	5.00
	经常参加培训	18	3.888 9	0.758 40	0.178 76	3.511 7	4.266 0	2.00	5.00
	每年都参加培训	13	3.846 2	0.987 10	0.273 77	3.249 7	4.442 7	2.00	5.00
	总数	147	3.251 7	1.071 70	0.088 39	3.077 0	3.426 4	1.00	5.00
会在阅读中为学生参加四级考试做准备	没有参加过培训	27	3.259 3	1.403 09	0.270 02	2.704 2	3.814 3	1.00	5.00
	偶尔参加培训	90	3.844 4	0.970 48	0.102 30	3.641 2	4.047 7	1.00	5.00
	经常参加培训	18	3.944 4	0.802 37	0.189 12	3.545 4	4.343 5	2.00	5.00
	每年都参加培训	13	4.153 8	0.554 70	0.153 85	3.818 6	4.489 0	3.00	5.00
	总数	148	3.777 0	1.042 11	0.856 6	3.607 7	3.946 3	1.00	5.00
最常用的活动是阅读回答问题	没有参加过培训	27	3.740 7	1.129 76	0.217 42	3.293 8	4.187 7	1.00	5.00
	偶尔参加培训	90	3.666 7	0.948 09	0.099 94	3.468 1	3.865 2	2.00	5.00
	经常参加培训	18	4.166 7	0.857 49	0.202 11	3.740 2	4.593 1	2.00	5.00
	每年都参加培训	13	4.615 4	0.869 72	0.241 22	4.089 8	5.141 0	2.00	5.00
	总数	148	3.824 3	1.001 47	0.082 32	3.661 6	3.987 0	1.00	5.00

ANOVA

			平方和	df	均方	F	显著性
做图式激活方面的阅读准备工作	组间	（组合）	29.156	3	9.719	10.139	0.000
		线性项 未加权的	9.872	1	9.872	10.299	0.002
		线性项 加权的	11.048	1	11.048	11.526	0.001
		线性项 偏差	18.108	2	9.054	9.445	0.000
	组内		138.033	144	0.959		
	总数		167.189	147			
关注阅读中的图式建构,帮助学生形成新的阅读图式	组间	（组合）	15.132	3	5.044	4.701	0.004
		线性项 未加权的	1.827	1	1.827	1.703	0.194
		线性项 加权的	2.792	1	2.792	2.602	0.109
		线性项 偏差	12.340	2	6.170	5.750	0.004
	组内		154.510	144	1.073		
	总数		169.642	147			

(续表)

			平方和	df	均方	F	显著性
一般是采用讲解文章中图式的方式	组间	（组合）	20.577	3	6.859	6.668	0.000
		线性项 未加权的	3.723	1	3.723	3.610	0.059
		线性项 加权的	4.518	1	4.518	4.392	0.038
		偏差	16.059	2	8.030	7.805	0.001
	组内		147.110	143	1.029		
	总数		167.687	146			
会在阅读中为学生参加四级考试做准备	组间	（组合）	9.998	3	3.333	3.207	0.025
		线性项 未加权的	7.094	1	7.094	6.827	0.010
		线性项 加权的	7.551	1	7.551	7.267	0.008
		偏差	2.446	2	1.223	1.177	0.311
	组内		149.644	144	1.039		
	总数		159.642	147			
最常用的活动是阅读回答问题	组间	（组合）	12.670	3	4.223	4.513	0.005
		线性项 未加权的	8.934	1	8.934	9.547	0.002
		线性项 加权的	8.840	1	8.840	9.446	0.003
		偏差	3.830	2	1.915	2.046	0.133
	组内		134.762	144	0.936		
	总数		147.432	147			

调查统计显示，经常参加培训的教师不仅在读前能够开展相关的图式激活活动，在阅读过程中也能关注学生图式的形成与发展，把图式形成与发展视为阅读教学的目标之一，而不只是为学生理解文本做图式准备。但是，本研究还发现在图式处理方面，偶尔参加培训的教师比没有参加过培训的教师更喜欢自己把图式作为知识讲解，而不是设计活动、搭建支架由学生自己形成与发展阅读图式。

不仅如此，本研究发现，经常参加培训的教师应试教学的意识更强，每年都参加培训的教师均值为4.1538，而从未参加过培训的教师在四级应试教学方面的均值只有3.2593，说明培训无法改变教师的应试理念，只是增加了教师的某方面的理论知识，而教师也喜欢在教学中尝试图式和认知，而尝试认知和图式的目的还是为了学生在大学英语四级考试中取得更好的成绩。

调查还显示，经常参加培训的教师更容易接受新的理论。有关培训在教师实践性知识的形成与发展中影响的分析同样也表明，参加培训与否在"以输出为驱动，以输入为基础"理论应用方面没有太大差异。这也许是因为即使教师参加了培训，培训内容也未必是"以输出为驱动，以输入为基础"的。因此，这样的理论培训教师未必能接纳，其效度未必高，即使教师接纳了，也未必能在其教学中使用。

但是，令人惊讶的是，培训在任务型教学、项目教学方面的作用却比较显著。这从表

4.14 的统计中可以看出。

表 4.14 培训对教师任务型教学知识形成与发展的影响

描述

		N	均值	标准差	标准误	均值的95%置信区间		极小值	极大值
						下限	上限		
给学生提供相关的课外阅读,并设计相关任务	没有参加过培训	27	3.555 6	1.050 003	0.202 08	3.140 2	3.970 9	1.00	5.00
	偶尔参加培训	90	3.400 0	1.129 78	0.119 09	3.163 4	3.636 6	1.00	5.00
	经常参加培训	18	4.277 8	0.669 11	0.157 71	3.945 0	4.610 5	3.00	5.00
	每年都参加培训	13	4.153 8	0.987 10	0.273 77	3.557 3	4.750 3	2.00	5.00
	总数	148	3.601 4	1.098 79	0.090 32	3.422 9	3.779 8	1.00	5.00
让学生根据阅读材料做一个项目	没有参加过培训	27	3.185 2	1.241 50	0.238 93	2.694 1	3.676 3	1.00	5.00
	偶尔参加培训	90	3.088 9	1.108 14	0.116 81	2.856 8	3.321 0	1.00	5.00
	经常参加培训	18	4.111 1	0.832 35	0.196 19	3.697 2	4.525 0	2.00	5.00
	每年都参加培训	13	4.076 9	0.954 07	0.264 61	3.500 4	4.653 5	3.00	5.00
	总数	148	3.317 6	1.154 92	0.094 93	3.130 0	3.505 2	1.00	5.00
设计输出活动,学生为了输出关注课文的输入	没有参加过培训	27	3.814 8	1.177 91	0.226 69	3.348 9	4.280 8	1.00	5.00
	偶尔参加培训	90	3.711 1	0.914 85	0.096 43	3.519 5	3.902 7	2.00	5.00
	经常参加培训	18	4.000 0	0.907 49	0.213 90	3.548 7	4.451 3	2.00	5.00
	每年都参加培训	13	4.384 6	0.767 95	0.212 99	3.920 5	4.848 7	3.00	5.00
	总数	148	3.824 3	0.966 91	0.079 48	3.667 3	3.981 4	1.00	5.00
根据现实生活中类似文章的相关的阅读要求设计阅读任务	没有参加过培训	27	3.814 8	0.878 68	0.169 10	3.467 2	4.162 4	2.00	5.00
	偶尔参加培训	90	3.444 4	1.061 18	0.111 86	3.222 2	3.666 7	1.00	5.00
	经常参加培训	18	3.888 9	0.471 40	0.111 11	3.654 5	4.123 3	3.00	5.00
	每年都参加培训	13	4.076 9	0.640 51	0.177 65	3.689 9	4.464 0	3.00	5.00
	总数	148	3.621 6	0.964 72	0.079 30	3.464 9	3.778 3	1.00	5.00

ANOVA

		平方和	df	均方	F	显著性
给学生提供相关的课外阅读,并设计相关任务	组间	15.910	3	5.303	4.727	0.004
	组内	161.570	144	1.122		
	总数	177.480	147			
让学生根据阅读材料做一个项目	组间	24.011	3	8.004	6.698	0.000
	组内	172.064	144	1.195		
	总数	196.075	147			

(续表)

		平方和	df	均方	F	显著性
设计输出活动,学生为了输出关注课文的输入	组间	5.793	3	1.931	2.112	0.101
	组内	131.640	144	0.914		
	总数	137.432	147			
根据现实生活中类似文章的相关的阅读要求设计阅读任务	组间	7.814	3	2.605	2.907	0.037
	组内	128.997	144	0.896		
	总数	136.811	147			

表 4.14 显示,经常参加培训的教师和每年都参加培训的教师在任务型教学理念方面,要强于偶尔参加培训和很少参加培训的教师(前者均值都在 3.8 以上,而后者均值在 3.8 以下)。经常参加培训的教师能够根据阅读材料的特点,布置相关的阅读任务,也能开展项目学习。事实上,只有每年都参加培训的教师才能根据现实生活中类似阅读材料的要求设计真实性的阅读任务。也就是说,培训让教师看到了任务型教学的价值。

培训对于教师任务型阅读教学的单因素方差分析显示,除"设计输出活动,学生为了输出关注课文的输入"一项外,其余各项 P 值均小于 0.05(0.000~0.037),也就是说培训对教师的任务型阅读教学存在显著影响。值得注意的是,"设计输出活动,学生为了输出关注课文的输入"这一项的单因素方差分析 P 值为 0.101,大于 0.05,说明"以输入为基础,以输出为驱动"的相关理论比较难以理解,即使经过培训,很多教师还是不能很好地理解并将其应用到自己的课堂教学中去。

4.3.3 海外留学对教师实践性知识的影响

海外学习对教师是个宝贵的机会,很多人认为在以英语为母语的环境下学习可以增加教师的专业知识与技能,由于体验了不同的文化理念和价值观念,其教育理念也会产生变化。但本调查发现事实并非如此。

本研究首先通过验证无海外留学经历和有海外留学经历(3~6 个月,6~12 个月,1年以上)的教师对自我意象(朋友)的影响。之所以选择朋友,是因为前面教师关于自我意象的调查显示,有 34.5 的教师认为自己是学生的朋友,高于其他意象(详见本章 4.2.1.1 数据)。调查结果见表 4.15。

表 4.15 海外留学经历对教师自我意象(朋友)的影响

描述

朋友

	N	均值	标准差	标准误	均值的 95% 置信区间		极小值	极大值
					下限	上限		
无国外访学经历	118	0.593 2	0.493 33	0.045 41	0.503 3	0.683 2	0.00	1.00
1~6 个月	21	0.190 5	0.402 37	0.087 81	0.007 3	0.373 6	0.00	1.00

(续表)

	N	均值	标准差	标准误	均值的95%置信区间		极小值	极大值
					下限	上限		
6～12个月	4	0.2500	0.50000	0.25000	−0.5456	1.0456	0.00	1.00
一年以上	7	0.4286	0.53452	0.20203	−0.0658	0.9229	0.00	1.00
总数	150	0.5200	0.50127	0.04093	0.4391	0.6009	0.00	1.00

ANOVA

朋友

			平方和	df	均方	F	显著性
组间	（组合）		3.263	3	1.088	4.646	0.004
	线性项	未加权的	0.114	1	0.114	0.486	0.487
		加权的	1.452	1	1.452	6.203	0.014
		偏差	1.811	2	0.906	3.868	0.023
组内			34.177	146	0.234		
总数			37.440	149			

本研究利用SPSS 19.0对调查数据进行方差分析，发现在很多项目上，国外访学的经历对教师的教育教学理念并没有显著的影响，有国外留学经历与无海外学习经历的教师其自我意象、对学生的认识以及学校的认识，包括大学英语的课程性质和教学目标、教学内容、教学方式等方面都没有显著的影响，也就是说大家的认识趋同。但是，在个别项目上，数据分析显示存在较为显著的影响，如无国外访学经历的教师相对于国外访学1～6个月的教师而言，更容易把师生关系看作"朋友"，前者均值为0.59，而后者均值仅为0.19，且单因素方差分析P值为0.004，小于0.05，存在显著差异。

本调查还显示，国外留学经历对教师的自我意象、学生意象以及对大学英语教学目标、内容与方法的总体认识没有显著影响，但是在认知层面（隐喻、原型理论和拟像）的影响却十分显著，下面将结合数据进行分析。

表4.16 海外留学经历对认知的影响

描述

		N	均值	标准差	标准误	均值的95%置信区间		极小值	极大值
						下限	上限		
将隐喻、原型、拟像等应用于语言教学之中	无国外访学经历	117	3.2650	1.08591	0.10039	3.0661	3.4638	1.00	5.00
	1～6个月	21	4.0952	0.99523	0.21718	3.6422	4.5483	2.00	5.00
	6～12个月	4	4.0000	0.81650	0.40825	2.7008	5.2992	3.00	5.00
	一年以上	7	3.8571	0.69007	0.26082	3.2189	4.4953	3.00	5.00
	总数	149	3.4295	1.09208	0.08947	3.2527	3.6063	1.00	5.00

(续表)

		N	均值	标准差	标准误	均值的95%置信区间		极小值	极大值
						下限	上限		
根据每个单词的认知特征讲授单词	无国外访学经历	117	3.649 6	1.011 28	0.093 49	3.464 4	3.834 7	1.00	5.00
	1~6个月	21	4.190 5	0.749 60	0.163 58	3.849 3	4.531 7	2.00	5.00
	6~12个月	4	4.250 0	0.957 43	0.478 71	2.726 5	5.773 5	3.00	5.00
	一年以上	7	4.142 9	0.690 07	0.260 82	3.504 7	4.781 1	3.00	5.00
	总数	149	3.765 1	0.982 20	0.080 47	3.606 1	3.924 1	1.00	5.00
以语块的方式处理单词	无国外访学经历	116	3.646 6	1.006 54	0.093 45	3.461 4	3.831 7	1.00	5.00
	1~6个月	21	4.142 9	1.014 19	0.221 31	3.681 2	4.604 5	2.00	5.00
	6~12个月	4	4.000 0	0.816 50	0.408 25	2.700 8	5.299 2	3.00	5.00
	一年以上	7	4.142 9	0.377 96	0.142 86	3.793 3	4.492 4	4.00	5.00
	总数	148	3.750 0	0.995 74	0.081 85	3.588 2	3.911 8	1.00	5.00
根据每个语言现象的认知特点选择信息技术呈现单词	无国外访学经历	116	3.352 1	1.024 88	0.095 16	3.173 6	3.550 6	1.00	5.00
	1~6个月	21	3.761 9	1.179 18	0.257 32	3.225 1	4.298 7	1.00	5.00
	6~12个月	4	4.250 0	0.500 00	0.250 00	3.454 4	5.045 6	4.00	5.00
	一年以上	7	3.000 0	1.154 70	0.436 44	1.932 1	4.067 9	1.00	4.00
	总数	148	3.425 7	1.056 83	0.086 87	3.254 0	3.597 4	1.00	5.00

ANOVA

			平方和	df	均方	F	显著性
将隐喻、原型、拟像等应用于语言教学之中	组间	(组合)	15.057	3	5.019	4.508	0.005
		线性项 未加权的	1.703	1	1.703	1.529	0.218
		线性项 加权的	9.103	1	9.103	8.175	0.005
		线性项 偏差	5.954	2	2.977	2.674	0.072
	组内		161.453	145	1.113		
	总数		176.510	148			
根据每个单词的认知特征讲授单词	组间	(组合)	7.301	3	2.434	2.605	0.054
		线性项 未加权的	1.427	1	1.427	1.528	0.218
		线性项 加权的	5.171	1	5.171	5.535	0.020
		线性项 偏差	2.130	2	1.065	1.140	0.323
	组内		135.478	145	0.934		
	总数		142.779	148			

(续表)

			平方和	df	均方	F	显著性
以语块的方式处理单词	组间	（组合）	5.813	3	1.938	1.994	0.118
		线性项 未加权的	1.091	1	1.091	1.123	0.291
		线性项 加权的	4.118	1	4.118	4.238	0.041
		偏差	1.685	2	0.847	0.872	0.420
	组内		139.937	144	0.972		
	总数		145.750	147			
根据每个语言现象的认知特点选择信息技术呈现单词	组间	（组合）	6.830	3	2.277	2.083	0.105
		线性项 未加权的	0.215	1	0.215	0.197	0.658
		线性项 加权的	0.268	1	0.268	0.245	0.621
		偏差	6.562	2	3.281	3.003	0.053
	组内		157.353	144	1.093		
	总数		164.182	147			

数据分析（表4.16）显示，出国1年以内的教师（均值4.0）比不出国的教师（均值3.2～3.6）更容易将隐喻、原型理论、拟像理论应用于教学之中，甚至比留学一年以上的教师更容易做到。留学半年至一年的教师（均值在4.0以上）在词汇教学中最容易关注到词汇的认知，能够根据词汇的认知特征讲授单词，并且能根据词汇的认知特点采用相应的信息技术呈现单词。在所有涉及认知的项目中，没有国外留学经历的教师与有国外留学经历的教师相差较大，包括语块在语言教学中的应用。这在很大程度上与国外认知研究开展早于国内有关。当然出国访学人员也存在差异，其访学目的、学习内容以及自身专业素质也不尽相同。

表4.16单因素方差分析"将隐喻、原型、拟像等应用于教学之中"这一项数据存在显著差异，显著性为0.005，低于0.05的P值，表明海外留学经历对该项存在显著差异。而其他项目都没有显著差异，说明海外留学经历对教师总体教学理念没有显著的影响。但就阅读教学而言，海外留学经历还是对阅读教学模式产生了显著的影响，下面将结合统计数据进行分析。

表4.17 海外留学经历对阅读教学理念的影响

描述

		N	均值	标准差	标准误	均值的95%置信区间		极小值	极大值
						下限	上限		
设计输出活动，学生为了输出关注课文的输入	无国外访学经历	116	3.7414	0.98793	0.09173	3.5597	3.9231	1.00	5.00
	1～6个月	21	4.3810	0.74001	0.16148	4.0441	4.7178	3.00	5.00
	6～12个月	4	4.2500	0.50000	0.25000	3.4544	5.0456	4.00	5.00
	一年以上	7	3.2857	0.75593	0.28571	2.5856	3.9848	2.00	4.00
	总数	148	3.8243	0.96691	0.07948	3.6673	3.9814	1.00	5.00

(续表)

		N	均值	标准差	标准误	均值的95%置信区间		极小值	极大值
						下限	上限		
让学生根据阅读材料做一个项目	无国外访学经历	116	3.146 6	1.113 20	0.103 36	2.941 8	3.351 3	1.00	5.00
	1~6个月	21	4.047 6	1.160 87	0.253 32	3.519 2	4.576 0	1.00	5.00
	6~12个月	4	4.250 0	0.957 43	0.478 71	2.726 5	5.773 5	3.00	5.00
	一年以上	7	3.428 6	0.975 90	0.368 86	2.526 0	4.331 1	2.00	5.00
	总数	148	3.317 6	1.154 92	0.094 93	3.130 0	3.505 2	1.00	5.00
给学生提供相关的课外阅读,并设计相关任务	无国外访学经历	116	3.448 3	1.106 07	0.102 70	3.244 9	3.651 7	1.00	5.00
	1~6个月	21	4.381 0	0.804 75	0.175 61	4.014 6	4.747 3	3.00	5.00
	6~12个月	4	4.250 0	0.957 43	0.478 71	2.726 5	5.773 5	3.00	5.00
	一年以上	7	3.428 6	0.786 80	0.297 38	2.700 9	4.156 2	2.00	4.00
	总数	148	3.601 4	1.098 79	0.090 32	3.422 9	3.779 8	1.00	5.00

ANOVA

			平方和	df	均方	F	显著性
设计输出活动,学生为了输出关注课文的输入	组间	(组合)	10.060	3	3.353	3.791	0.012
		线性项 未加权的	1.351	1	1.351	1.527	0.219
		线性项 加权的	0.175	1	0.172	0.195	0.660
		线性项 偏差	9.888	2	4.944	5.589	0.005
	组内		127.372	144	0.885		
	总数		137.432	147			
让学生根据阅读材料做一个项目	组间	(组合)	18.149	3	6.050	4.896	0.003
		线性项 未加权的	0.662	1	0.662	0.536	0.465
		线性项 加权的	7.594	1	7.594	6.146	0.014
		线性项 偏差	10.555	2	5.278	4.271	0.016
	组内		177.925	144	1.236		
	总数		196.074	147			
给学生提供相关的课外阅读,并设计相关任务	组间	(组合)	177.373	3	5.791	5.209	0.002
		线性项 未加权的	0.022	1	0.022	0.020	0.889
		线性项 加权的	3.869	1	3.869	3.480	0.064
		线性项 偏差	13.504	2	6.752	6.073	0.003
	组内		160.106	144	1.112		
	总数		177.480	147			

表 4.17 数据中,海外留学 6～12 个月的教师在让学生根据阅读材料做一个项目和给学生提供相关的课外阅读并设计相关任务这两项中,均值(4.2～4.3)高于其他留学时间长度的教师(均值小于 4.2)。同时,单因素方差分析结果 P 值均小于 0.05,差异显著,这说明国外留学一年以内的教师更容易接受"以输出为驱动,以输入为基础"的教学理念,在教学中能够通过输出的要求引导学生关注输入,他们也更容易开展项目学习和任务型教学,包括课外拓展性阅读。但是,该表中海外留学在一年以上的各项均值(3.2～3.4)小于海外留学 6～12 个月教师的各项均值(4.2 左右),且与无海外留学经历教师的各项均值比较接近(3.1～3.7),这说明当教师留学回国超过一年,其教学又回到了出国前的状态。这很可能是因为刚出国时教师接触到新的教育理念,感觉十分新鲜,便有意识地在自己的教学中尝试这种新的教学方式。但是,当时间一长,信念感弱化,教师又回归传统。

4.3.4 团队建设对教师实践性知识的影响

本研究还调查了团队建设对教师实践性知识的影响。

表 4.18 团队建设在教师实践性知识的形成与发展中的作用

描述

		N	均值	标准差	标准误	均值的95%置信区间		极小值	极大值
						下限	上限		
以语块的方式处理单词	未参与团队建设	82	3.487 8	1.021 30	0.112 78	3.263 4	3.712 2	1.00	5.00
	参与团队建设	68	4.075 8	0.864 88	0.106 46	3.863 1	4.288 4	2.00	5.00
	总数	148	3.750 0	0.995 74	0.081 85	3.588 2	3.911 8	1.00	5.00
根据每个单词的认知特征讲授单词	未参与团队建设	83	3.624	1.069 99	0.117 45	3.368 8	3.836 0	1.00	5.00
	参与团队建设	66	3.969 7	0.822 19	0.101 20	3.767 6	4.171 8	2.00	5.00
	总数	149	3.765 1	0.982 20	0.080 47	3.606 1	3.924 1	1.00	5.00
将隐喻、原型、拟像等应用于语言教学之中	未参与团队建设	83	3.168 7	1.124 23	0.123 40	2.923 2	3.414 2	1.00	5.00
	参与团队建设	66	3.757 6	0.961 74	0.118 38	3.521 2	3.994 0	2.00	5.00
	总数	149	3.429 5	1.092 08	0.089 47	3.252 7	3.606 3	1.00	5.00
根据每个语言现象的认知特点选择信息技术呈现单词	未参与团队建设	83	3.144 6	1.116 75	1.225 8	2.900 7	3.388 4	1.00	5.00
	参与团队建设	65	3.784 6	0.856 82	0.106 28	3.572 3	0.996 9	2.00	5.00
	总数	148	3.425 7	1.056 83	0.086 87	3.254 0	3.597 4	1.00	5.00
做图式激活方面的阅读准备工作	未参与团队建设	83	3.048 2	0.998 82	0.109 64	2.830 1	3.266 3	1.00	5.00
	参与团队建设	65	3.553 8	1.090 17	0.135 22	3.283 7	3.824 0	1.00	5.00
	总数	148	3.270 3	1.066 46	0.087 66	3.097 0	3.443 5	1.00	5.00
让学生根据阅读材料做一个项目	未参与团队建设	83	3.048 2	1.157 20	0.127 02	2.795 5	3.300 9	1.00	5.00
	参与团队建设	65	3.661 5	1.064 73	0.132 06	3.397 1	3.925 4	1.00	5.00
	总数	148	3.317 6	1.154 92	0.949 3	3.130 0	3.505 2	1.00	5.00

ANOVA

			平方和	df	均方	F	显著性
以语块的方式处理单词	组间	（组合）	12.641	1	12.641	13.865	0.000
		线性项 未加权的	12.641	1	12.641	13.865	0.000
		线性项 加权的	12.641	1	12.641	13.865	0.000
	组内		133.109	146	0.912		
	总数		145.750	147			
根据每个单词的认知特征讲授单词	组间	（组合）	4.960	1	4.960	5.290	0.023
		线性项 未加权的	4.960	1	4.960	5.290	0.023
		线性项 加权的	4.960	1	4.960	5.290	0.023
	组内		137.819	147	0.938		
	总数		142.779	148			
将隐喻、原型、拟像等应用于语言教学之中	组间	（组合）	12.750	1	12.750	11.445	0.001
		线性项 未加权的	12.750	1	12.750	11.445	0.001
		线性项 加权的	12.750	1	12.750	11.445	0.001
	组内		163.760	147	1.114		
	总数		176.510	148			
根据每个语言现象的认知特点选择信息技术呈现单词	组间	（组合）	14.933	1	14.933	14.608	0.000
		线性项 未加权的	14.933	1	14.933	14.608	0.000
		线性项 加权的	14.933	1	14.933	14.608	0.000
	组内		149.250	146	1.022		
	总数		164.182	147			
做图式激活方面的阅读准备工作	组间	（组合）	9.320	1	9.320	8.620	0.004
		线性项 未加权的	9.320	1	9.320	8.620	0.004
		线性项 加权的	9.320	1	9.320	8.620	0.004
	组内		157.869	146	1.081		
	总数		167.189	147			
让学生根据阅读材料做一个项目	组间	（组合）	13.713	1	13.713	10.979	0.001
		线性项 未加权的	13.713	1	13.713	10.979	0.001
		线性项 加权的	13.713	1	13.713	10.979	0.001
	组内		182.361	145	1.249		
	总数		196.074	147			

表4.18显示，参加团队活动的教师在语块、认知（包括隐喻、原型、拟像）、图式等知识应用方面表现优于不参加团队的教师（参与团队建设的教师其各项均值都高于未参与团

队建设教师的均值)。而且单因素方差分析显示各项 P 值在 0.00~0.023 之间,均小于 0.05,所以在置信区间 0.95 下能否定零假设,也就是说教师是否参加团队活动对教师的认知方面产生显著影响。

但是,本研究调查发现,团队在改变教师的自我意象、学生意象以及课程理解方面未起到明显的作用,在听说教学模式的选择、教学内容与方式的选择方面也没有体现出很大的差异(具体数据见附录 3)。这在某种程度上与团队建设的目标、团队活动的内容与形式有关,与团队的文化环境、团队的共同愿景也有关。目前,虽然有关高校各种团队建设的探索很多,但本调查显示这些团队在转变教师理念方面没有起到相应的作用。

此外,本研究还调查了性别因素在教师实践性知识的形成与发展中的作用,结果见表 4.19。

表 4.19 性别在教师实践性知识的形成与发展中的作用

描述

		N	均值	标准差	标准误	均值的 95% 置信区间		极小值	极大值
						下限	上限		
母亲	男	19	0.000 0	0.000 00	0.000 00	0.000 0	0.000 0	0.00	0.00
	女	131	0.282 4	0.451 92	0.039 48	0.204 3	0.360 6	0.00	1.00
	总数	150	0.246 7	0.432 52	0.035 31	0.176 9	0.316 4	0.00	1.00
知识的殿堂	男	19	0.263 2	0.452 41	0.103 79	0.045 1	0.481 2	0.00	1.00
	女	131	0.564 9	0.497 68	0.043 48	0.478 9	0.650 9	0.00	1.00
	总数	150	0.526 7	0.500 96	0.040 90	0.445 8	0.607 5	0.00	1.00
自己的孩子	男	19	0.210 5	0.418 85	0.096 09	0.008 6	0.412 4	0.00	1.00
	女	131	0.274 8	0.448 13	0.039 15	0.197 3	0.352 5	0.00	1.00
	总数	150	0.266 7	0.443 70	0.036 23	0.195 1	0.338 3	0.00	1.00

ANOVA

			平方和	df	均方	F	显著性
母亲	组间	(组合)	1.324	1	1.324	7.379	0.007
		线性项 未加权的	1.324	1	1.324	7.379	0.007
		线性项 加权的	1.324	1	1.324	7.379	0.007
	组内		26.550	148	0.179		
	总数		27.873	149			

(续表)

			平方和	df	均方	F	显著性
知识的殿堂	组间	（组合）	1.511	1	1.511	6.231	0.014
		线性项 未加权的	1.511	1	1.511	6.231	0.014
		加权的	1.511	1	1.511	6.231	0.014
	组内		35.883	148	0.242		
	总数		37.393	149			
自己的孩子	组间	（组合）	0.069	1	0.069	0.347	0.557
		线性项 未加权的	0.069	1	0.069	0.347	0.557
		加权的	0.069	1	0.069	0.347	0.557
	组内		29.265	148	0.198		
	总数		29.333	149			

研究发现，除教师个人意象、学习者意象以及对高校的意象等方面存在差距外，性别不是构成影响教师信念和实践的关键因素。但是表4.19还显示，女性教师往往把师生关系视为母子关系，而女教师也更容易把学校视为知识的殿堂。当然，由于参与调研的男女比例悬殊，性别比例的巨大差异也会影响研究推论的效度。

4.4　本章小结

本章主要按照研究设计对问卷调查进行了数据呈现，并结合数据进行分析。本章主要从教师信念和教师实践性知识形成和发展的影响因素这两个大的方面展开。教师信念方面从高校英语教师的课程理念和教学理念两个维度展开，具体分析了教师的自我知识、学习者知识、情境知识、课程知识和对课程目标的认识。而教师教学理念方面则结合阅读教学问卷数据，对教师教学前是否进行需求分析、阅读教学中语言的处理、阅读教学理念、组织教学、阅读中图式的形成与发展、阅读中各种信息的处理等角度进行数据解读与分析。

关于高校英语教师实践性知识的影响因素，本文首先从教师的教育经历分专业和学位两个维度分别进行了描述性统计分析和单因素方差分析。研究发现，教师的专业对教师的信念以及阅读教学没有显著的影响，在认知、隐喻等知识的应用方面也并无显著差别。而学位对教师的影响也只是停留在基本的理论知识层面。

然后，本章从培训角度出发，按照培训对教师认知知识形成与发展的作用、对教师图式知识形成与发展的影响、对应试教学的影响和对任务型教学知识形成与发展的影响等用均值统计分析和单因素方差分析的形式分别做了验证。结果表明，培训能使教师对某些理论知识、理念（尤其是任务型教学、项目教学）有所了解，能够获得语块、认知等方面的知识，能够设计语言应用活动以培养学生的语言应用能力，对教师的"图式"知识的形成与发展同样有显著的影响,但是培训对教师的自我意象、学习意象和课程理念并无显著效果。

接着本章从"海外留学"出发,按照海外留学对教师自我意象、认知和阅读教学理念三个维度分别考察并验证其影响作用。均值统计分析和方差分析显示,海外访学的经历对教师的教育教学理念并没有显著的影响,但是在认知方面的影响却比较显著。就阅读教学而言,海外留学经历对阅读教学模式还是产生了较大的影响。

本章还调查了团队建设对教师实践性知识的影响。数据显示,团队在转变教师理念方面没有起到相应的作用。此外,本研究还调查了性别因素在教师实践性知识的形成与发展中的作用。研究发现,除教师个人意象、学习者意象以及对高校的意象等方面存在差距外,性别不是构成影响教师信念和实践的关键因素。

先导问卷所反映出的这些因素是教师的主观认识,观念和行为有时会不一致,甚至是相互矛盾的,为什么会出现"言行不一"的现象?除此之外,还有哪些因素影响教师实践性知识?研究者将通过课堂观察和访谈以及深度访谈进一步予以解读。

第5章 访谈与录课分析

5.1 引 言

  教师行为受教师的信念支配,信念是指人们信奉的思想或者看法,是人们坚定不移地信守并执行的观念(郭元祥,2006)。但是,现实中教师信念和实际使用的理论往往并不一致,这就出现了所谓的"言行不一",或者是言不由衷的现象。本研究的问卷部分虽然收集了高校英语教师实践性知识的相关信息,但还不足以全面而真实地揭示当下高校英语教师实践性知识的现状。为此,研究者在问卷调查的基础上,开展质化研究,旨在进一步了解高校英语教师实践性知识的实然状态。

  阅读教学所涉及的研究内容颇丰,包括任务型阅读教学、基于内容的阅读教学、以输出为驱动的阅读教学等等,但研究者通过观察教师的课堂教学活动、查看教师的教学设计并与教师进行访谈后发现,教师多数表示自己采用了任务型的阅读教学模式。限于时间和研究者能力等原因,研究者将研究范围缩小到任务型阅读教学上。众所周知,任务型教学是《英语课程标准》所提倡的一种教学模式,但教师们所谓的"任务型阅读教学"只是在课堂上安排几个语言练习任务而已,由此研究者确定以任务型阅读教学为观测点,以深度考察教师所信奉的理论在教学实践中的实际应用情况。为了便于观察和研究,研究者在组建的教师发展团队中选择了四名专业发展不同阶段的教师作为受试对象,与他们一起开展集体备课、课堂观察和课后反思,并在教学实践中创设不同的任务型阅读教学情境,以框定教师的问题,对之进行分析,从而设计出介入方法,开展介入实验。

  研究者在组建的教师发展团队中选择了受试对象,与他们一起开展集体备课,在教学实践中创设任务型阅读教学的问题情境,引导教师开展反思。通过课堂观察/录课分析以及追述式访谈了解教师教育教学理念。依靠集体协商、专家指导等介入手段来干预教师的教学设计和课堂教学行为。受试教师不断反思,及时将反馈信息以反思报告的形式在教师发展共同体(教师发展团队)例会上分享,以此将其教学行为背后的隐性知识显性化。按照这种方式,通过多种教育干预,包括教学介入、科研介入、行政支持介入和反思介入等手段,对比分析受试教师在课程设计、教学理念、课程理念等方面的变化,分析影响高校英语教师实践性知识形成和发展的因素,找寻促成教师实践性知识形成和发展的媒介及其途径。

5.2 高校英语教师阅读教学实践性知识现状

为进一步了解教师实践性知识的实然状况,本研究以四名教师为案例(见表3.1),通过课堂实录分析和访谈等方式,以高校英语阅读教学的教师实践性知识的现状折射出高校英语教师实践性知识的现状。研究发现,高校英语教学模式侧重知识传授,课堂教学以教师为主导,教师教学缺乏反思,且一般的教师教育培训受场地、时间、规模等限制,造成教师理论学习不深入,实践性不强,效果不明显。此外,现代教育技术在课堂的整合应用情况不佳。以下将结合数据分析详细阐释。

5.2.1 高校英语教师阅读课堂教学模式

有学者指出教学模式实际上是指在一定的教学理论指导下,围绕教学目标,遵循一定的教学程序促使学生积极进行学习的教学方式。传统教学模式源于18世纪末、19世纪初德国教育家和心理学家赫尔巴特的"五段教学"理论,即激发学习动机—复习已知内容—讲授新知识—巩固所学内容—检查评价。这种教学模式表现为教师是教学的权威,教学内容是系统的知识传授(苑永波,2001)。在传统教学模式中,教师是主动的施教者(知识的传授者、灌输者),学生是被动接受者、知识灌输的对象,教材是教师向学生灌输的主要内容,教学媒体则是教师向学生传授知识的媒介、手段(赵海涛,2007)。

研究者将案例教师介入前的英语课堂录课及说课总结撰写稿整理、归类,发现教师阅读教学的步骤一般分为三个阶段。第一阶段为热身活动,即先导入课文。阅读教学的第二阶段,教师从词、短语、句子、段落、篇章等逐步开展教学。教师对语言的处理均以单词和语块为单位,通过单词测验、短语造句、句子翻译、口头陈述、写作练习等活动进行巩固。然后,对课文进行分析。阅读教学的第三阶段,教师组织学生完成教材上的课后练习,同时加入大学英语四、六级或英语专业四、八级考试题型作为相关练习,帮助学生备考。多数教师认为这样做主要是为了拓展学生的知识面。基于课堂录像观察分析可知教师的教学模式注重知识的传授。而当今盛行的新的教学模式如:讨论式、启发式、互动式等在阅读教学课堂上应用的情况并不理想。在小组座谈(Group Interview)GIT-2014-1中,当被问及"为什么教师依旧习惯于知识灌输"时,TA教师认为:"在现行教育体制下,学生英语水平是靠知识来体现的,而知识的衡量标准就是考试。因此,教师授课要多传授知识,为学生各种考试服务。"

……本科教学一定要夯实基础,因此教学重点是词汇教学,以帮助学生理解课文。阅读教学中无论是词汇、语法、段落、篇章,课程设计和课堂活动都应该以知识为中心。具体针对某篇课文来说,也会侧重文学方面的知识(如诗歌等常识),或者阅读技巧的训练。背景知识的拓展有利于提高学生的语言综合应用能力。当然,在课时允许的情况下还要补充一些属于文化素质方面的知识,毕竟英语文化知识是英语教学的重要部分。(小组座谈 GIT-2014A1)

5.2.2 以学生为中心的教学理念的实施

早在 2000 年,高等学校外语专业教学指导委员会颁布的《高等学校英语专业英语教学大纲》(2000:13)中就明确要求:"课堂教学应以学生为主体、教师为主导,改变过去以教师为中心的教学模式。""以教师为中心"的教学理念是指教师主宰课堂,忽视学生的认知主体作用。这种教学理念在一定程度上造成了英语教学费时低效的结果(窦娟,2008)。因此,各学校纷纷开展"以学习者为中心"的教育教学改革。而"以学习者为中心"的理念源于美国教育家杜威(John Dewey)提出的"以儿童为中心"的观念。该理念强调通过协作式、个别化、小组讨论等教学形式发挥儿童学习主体的主观能动作用,注重强调学生参与英语课堂设计的整个过程,把课程设计看作教师和学习者相互协商的过程。应用语言学知名学者 Nunan(1988:2)也指出:"以学习者为中心的教学大纲的编制是教师和学生之间一种合作性的努力的结果,因为大纲从内容到讲授方式的选择,学生都全程参与。"

通过观察案例教师英语课堂录课及说课,研究者以一名案例教师的教学设计为例(详见附录 9:受试教师课堂观察记录举例),发现她的教学设计,第一步,是先导入课文,从课文标题入手,提出几个问题让学生讨论,进行热身活动。第二步,语言点学习。教师对一些单词进行解释、总结、延伸和联想,然后请学生使用 4 个新学的词汇自己编造英语小故事。第三步,课文理解。教师分析课文结构,进行段落总结、课文重点讲解、文化背景介绍。第四步,教师写作讲解。增加实用写作"求职信"。阅读课开始时,大多数学生按照教师的要求,回答问题。小组讨论环节时间只有 5 分钟,且讨论发言者寥寥,甚至有的同学利用这段时间做其他与课堂内容无关的事情。但整个课堂中大部分学生还是在参与教学,听教师讲课的。课文讲解过程中,当教师配乐朗诵 William Wordsworth 的代表作"I Wandered Lonely as a Cloud"时,所有学生被吸引,认真倾听。另外,当教师讲解"求职信"时,学生的注意力再次全部聚焦在教师讲课上面。

研究者发现,由于传统观念根深蒂固、大班授课限制、学生实际水平参差不齐、课时缩减、教学设施较差、考试文化影响等因素共同作用,"以学生为中心"的课堂教学开展十分困难,这一现象得到了小组访谈 GIT-2014-1 中 TA 的证实:

> 七八十名学生大合班不好组织活动,不能保证课堂纪律,教学管理难以控制是一方面,课文内容讲不完,不能完成教学任务。课堂教学的效果的好坏要看学生的四六级通过率,通过率高才是硬道理。(小组座谈 GIT-2014A1)

研究发现应试教育对教师影响很大,例如,在小组访谈 GIT-2014-1 中,教师 TC 便提及了这一因素。

我认为英语四、六级考试对教学有积极影响,随着全社会对这一考试的认可,甚至将之作为招聘的一个必要条件。这对学生的学习是一种动力,也是一个衡量标准,起了促进作用。(小组座谈 GIT-2014C1)

研究发现,教师虽然试图努力改变现状,但受各种因素的影响,最后只得重走费时低效的知识传授的老路,无法真正实现以学生为中心,教师为此也颇为困惑,教师对教学设计的基本理念缺乏足够的学习和真正的领会。他们甚至认为无论以学生为中心还是以教师为中心,都不能脱离老师讲解传授。因为大班教学,学生人数达到甚至超过 80 名,而且学生水平也参差不齐,为了完成授课计划,教师没有足够的精力和时间开展更多的互动活动。例如,在小组访谈 GIT-2014-2 中,教师 B 和教师 D 分别这样解释道:

让学生朗读课文、组织了一些对话练习以及小组活动,开展了互动式教学;课上组织讨论一些开放性的、培养学生创新思维的问题是不现实的,是费时低效(time-consuming),并且因为学生基础比较弱,小组活动开展不起来,学生不配合。这其中还有文化因素的影响,中国学生从小接受应试教育,性格内向,不愿主动回答问题。(小组座谈 GIT-2014B2)

要想真正实现以学生为中心就必须小班授课,或者是分层教学,这样才有精力控制管理课堂,才可以更好地因材施教。(小组座谈 GIT-2014D2)

5.2.3 高校教师教学反思情况

培养教师的教学反思能力是现代教师教育的重要任务之一,但人们对"教学反思"内涵的理解不尽相同(刘加霞、申继亮,2003)。Schon(1983)认为,反思是指专业者在工作过程中能够建构或重新建构遇到的问题,并在问题背景下进一步探究问题。其他研究者认为教学反思是教师对于教什么和如何教的问题进行理性的和具有伦理性的选择,并对其选择负责任(Goodman, 1984; Ross, 1987, 1989; Zeichner & Liston, 1987; Korthagen, 1993)。

那么教师是如何看待教学反思的呢?针对这个问题研究者组织小组座谈后,发现受试教师很少对自己的教学进行反思,即使反思也是流于形式。这反映出高校英语教师缺少反思意识,对日常的教学活动应付了事,即使出现问题也没有及时自我寻找解决方案,或向专家、同事征求建议。由于缺少反思,教师不能及时发现问题、分析问题并解决问题,造成教学水平无法提高,教师专业发展故步自封。当研究者问及"如何看待学校'教学日志'中需填写课后反思"时,以下的访谈记录 GIT-2014-3 体现了 TA 和 TD 两位教师对教学反思的典型的看法:

说实话,那是形式主义,没有用,为了教务处的教学检查(才写的)。但是自己课后有时想想教学过程,自然而然分析这节课成败的原因,毕竟谁都不想误人子弟。但是不知道为什么写反思,也不知道怎么写。(小组座谈 GIT-2014A3)

我这学期给大二英语专业学生上英语阅读,同样的内容,一班上课很活跃,二班就很安静没有主动回答问题的学生。好像经常出现这样的问题,同样的老师,同样的内容和方法,两个班效果不一样。好在学生还都是一样认可我。评估成绩依然很高就可以了。(小组座谈GIT-2014D3)

5.2.4　高校英语教师现代教育技术的整合使用

现代教育技术飞速发展,基于多媒体、网络的教育资源极大丰富,如微课、慕课、翻转课堂等教学形式不断受到追捧。微课是指按照新课程标准及教学实践要求,以视频为主要载体,记录教师在课堂内外教育教学过程中围绕某个知识点(重点难点疑点)或教学环节而开展的精彩教与学活动全过程(胡铁生,2011)。慕课(Massive open online courses, MOOCs)是大规模在线开放课程的英语简称。与传统远程教育和网上公开课不同,它集成了大量成熟的互联网工具,利用更符合互联网用户的界面和交互模式,通过与使用率极高的社交网络平台的紧密耦合,创造了一种新的学习体验(钱敏娟,2014)。翻转课堂又称"颠倒课堂",英语为flipped classroom。这种在美国兴起,随后引起全球教育界关注的新兴教学模式,通过颠倒知识传授与知识内化,改变传统师生角色,重新规划课堂时间的分配与使用,构建新型师生关系,创造良好学习文化,进而提升学生的自主学习能力。

通过小组访谈我们发现,现实教学中,这些先进理念或教学形式的自由、灵活应用还有待时日,因为主要受到学校教学设施条件、课时的限制和师生观念、学生语言水平、考试等因素的影响。比如在小组座谈GIT-2014-4中,当受试教师被问到"如何面对未来慕课、翻转课堂、微课等网络资源日益丰富?是否需要尝试在自己的课堂中应用?"时,受试教师均表示否定。

(学生)没有网络,资源也利用不了。因为免费Wifi没有实现全覆盖,学生手机流量恐怕远远不够。况且很多学校为了便于管理,大一新生不让使用电脑。(小组座谈GIT-2014A4)

……得资料丰富了,软硬件全具备了才能翻转课堂。这些现代技术在课堂上很难应用。学生是活生生、有血有肉的一个个鲜活的个体,需要情感的融合。这类教学模式还是代替不了学生和老师之间这种面对面的沟通。(小组座谈GIT-2014B4)

……而且还要取决于学生的学习自觉性。(小组座谈GIT-2014C4)

翻转课堂(B层)学生可能有意见,就感觉老师上课什么都不教了。完全占用课余时间。这把学生本来不多的课外时间挤满了。国内人才培养方案中课时数居高不下,课时太密集了。忙于这些课下内容学习后,完全没有了个人时间和空间,这其实是变相的教师为主的教学模式,不是自主学习,因为所有的内容是教师要求必须完成的,别无选择,否则课上无法参与课堂学习。(小组座谈GIT-2014D4)

因此，受多种因素特别是硬件设备的制约，教师整合技术的学科教学知识只停留在理论层面，尚待条件成熟时更多的教学实践来检验。即使硬件达标，教师也要充分考虑学生的实际情况，不断学习最新的技术和教学策略，研究如何发挥技术手段优势，提高授课效率，促进学生自主学习。

通过前期问卷调查和小组座谈，研究者对高校英语教师实践性知识的基本情况及影响因素有了初步的了解。通过课堂观察和追述式访谈进一步调查教师的实践性知识现状，与前面的调查结论相互印证。下一节将重点探讨四位案例教师在实验介入和教育干预的作用下其实践性知识形成与发展的过程。

5.3 案例教师实践性知识的形成与发展

在本节中，研究者基于课堂观察、访谈、反思报告等质化数据，分析四名案例教师实验介入前后在教学信念、教学理念、课程理念和教学行为等方面的变化情况。探讨教师所学专业、海外学习经历、参加各种培训等对其实践性知识的形成与发展是否起到了应有的作用。四名案例老师职称涵盖助教、讲师和副教授三个层次。这些案例的选择除了依据研究设计中提到的原则外，还考虑到可以反映处于不同职业发展阶段（新手阶段、成熟阶段和固化阶段）的特征，以期框定各自问题，实施教育干预，进而找到教师实践性知识形成与发展的路径及其保障机制。

5.3.1 案例教师教学信念的变化

教师信念指的是对有关教与学现象的某种理论、观点和见解的判断，这种判断影响到教师的教育实践和学生的身心发展，教师的这种信念可以影响到教师的备课、教学和反思等行为（余国良，2000）。教师信念中不同的语言观明确地或是含蓄地引导教师采用不同的教学方法，由于在语言学习观上存在着差异，教师在制订教学目标、确定教学内容、设计课堂活动的类型以及使用教材和多媒体资源等方面往往会做出不同的决策（郑新民，2004）。教师信念对课堂教学具有支配作用。相反，课堂教学效果又对教师信念具有反作用。研究者结合研究设计，按照隐喻的形式，对教师角色、师生关系和对学校的认知三个层面进行探讨，针对四位案例教师教育干预和实验介入前的教学信念进行了访谈。

师生关系方面，TA 和 TB 均认为自己和学生是朋友关系，TC 认为他是"传道、授业、解惑"的人，与牧师的角色相当。TD 认为自己不仅是一个朋友，还像一位母亲。四位老师的信念情况在访谈（Interview）IT‑2014‑1 中表现出来，且各不相同：

> 我和学生之间应该是朋友关系……年龄上我比学生也大不了多少，没有所谓的代沟，况且我非常了解学生的内心感受……他们的学习生活，我和学生间很容易就建立起了信任关系……我有时间会和学生一起聊天，我们通常互刷微博，也经常逛微信朋友圈点赞……（访谈 IT‑2014A1）

> 我和学生是朋友，甚至和有些学生关系比较铁，我们打成一片，课下有的学

生直呼我＊＊姐，我倒没觉得不舒服。我课下经常和学生以各种形式沟通交流，QQ、微信、短信……不过，在课堂上我更像是一名导演，我给学生设定各种任务，指导他们完成……（访谈IT-2014B1）

师者，传道授业解惑者也……我的学生很敬重我……虽然我不老，我教给他们知识，传递各种信息，还帮助他们解疑释惑……可能我是男老师，比较古板，我不是"都教授"那种偶像型的。（访谈IT-2014C1）

学生说我是他们的良师益友，他们都比较喜欢我，可能和我的性格有关。他们说我的课"很逗"，很有意思，融趣味性与知识性为一体……学生觉得我很容易亲近，他们都把我当朋友……在我内心，我把他们当成自己的孩子，不仅关心他们的学习生活，还会关心与他们相关的各种考试、考研，甚至会操心他们未来的求职……（访谈IT-2014D1）

访谈中的师生关系体现出教师的自我知识和对学生的知识，是教师信念的重要部分。朋友关系反映出师生平等，相互信任；母亲与孩子的关系反映出教师的包办与学生不会自主学习的现状；牧师与信徒关系反映出教师在教学中的主导地位和向学生灌输知识的理念。

情境知识层面，情境知识是教师信念的一部分，"知识的殿堂"反映了教师知识为重的观念，而"社会"则反映出学校不仅要传授书本知识，更要教学生学会为人处事，"象牙塔"则反映出对学校环境是"与世隔绝，两耳不闻窗外事"的一种认知。通过访谈IT-2014-2，四位老师的看法分别如下：

学校肯定是知识的殿堂嘛，从小学，甚至是从学前班，一直到大学、研究生，我们学习了各种各样的知识。正是因为知识，才让我从小学升到中学，再到大学，再考上研究生。在大学里面，图书馆收藏很丰富，我看了很多专业知识书籍……当然，在大学期间我也学会了如何学习，如何与人相处，如何自立。所以现在作为老师，我要在自己的课堂上尽可能多地传授给学生更多的知识。（访谈IT-2014A2）

学校是学习知识的地方，当然课本知识是远远不够的，学生还要在正式踏入社会前，了解一下社会……可以从了解身边的人开始嘛。所以在我的课上，我尽量安排各种活动，让学生能够锻炼团队精神，学会与人合作。（访谈IT-2014B2）

学校是一片净土，是学习的最佳场所。社会是大染缸，现在的社会很浮躁，学生受到很大的影响，他们大多眼高手低，真拿他们没办法，有时学生课堂表现错误百出，令我很失望，所以我必须争取时间，多讲解，多正面引导。（访谈IT-2014C2）

学校小社会，人生大舞台……学校不仅要教会学生知识，还要让他们学会本领，将来好立足社会。我很担心学生，怕他们学不好，过不了专业四、八级，将来找不到工作，无法融入社会。我还经常找学生谈心，希望他们能健康、快乐地过

好每一天。(访谈 IT-2014D2)

通过分析访谈资料可知,TA、TB认为自己与学生的关系应该是朋友关系,表明他们想走进学生的内心、学生的生活,关心帮助学生,成为学生信任的朋友。这种朋友关系也许有助于学生的学习、生活,师生相互信任,有助于教师给学生提各种建议。TC认为自身的作用如同牧师,是布道般地向学生传递和灌输知识,反映出他在教学中的主导地位。TD认为自己是母亲,这可能与她的性别、年龄有关,但也反映出她为学生安排包办的理念。而在情境知识方面,四位老师都有很强的知识传授理念,但TD认为高校不只是学生学习知识的殿堂,更是学会如何与人相处、如何做事的地方,学生与教师,学生与学生的关系也就是社会人之间的关系,学生在学习知识的同时必须发展社会适应能力。

通过分析,我们发现四位案例教师的教学信念与第四章问卷调查的结果近乎吻合。他们重知识传授,课堂教学以自身为中心。本研究对这四位案例教师进行教育干预和实验介入后,通过课堂观察可发现教师教育教学行为背后的教学信念及理念。以TC为例(详见课例TC Lesson Script,简写为TCLS,TC介入前的任务型阅读教学设计与开展,附录10),TC认为自己的努力付出得到了回报,整节课下来,学生们兴趣盎然,意犹未尽。大家也愿意持续保持这种状态。但是第二次观察TC的课堂活动,发现TC的课堂设计虽然还是任务型教学,但学生的参与情况与第一次截然不同。分析原因,TC是四个案例中唯一的男老师,他有10年的教学经验。介入前,TC在上课前一般会和学生讨论一下阅读材料。在参加本项目之前,他的课程设计和其他老师的并没有实质上的区别:在阅读前,往往设置热身活动,结合文章的主题,提出几个与学生日常学习生活关系较密切的问题。阅读中,教师讲解一下文章的重点词、词组、段落大意、语篇结构、修辞手法等。阅读后,按照教材提供的参考题目,进行课堂练习,形式可以比较灵活,词组搭配、结合语境提关键词、回答问题等。课堂上没有面面俱到,有些词汇比较简单,可以忽略掉。除了讲解语法、词汇、短语、句子、篇章、主题外,通过阅读教学还有讲一些阅读技巧和应试策略,如怎样在四、六级和四、八级考试中有效提高成绩等。阅读后还会布置一些课下任务,让学生写读书报告,课文总结等,并在下节课的课堂上分享,这种分享活动就是所谓的"任务",这些任务往往只需要10~15分钟就可以完成。通过课堂观察,研究者将TC的阅读教学信念加以整理发现,实验介入过程中TC的教学信念反复变化,研究者(Q)对他(C)进行了追述性访谈(详见TC访谈撰写稿,Interview IT2014-C,简写为IT-2014C,附录10)。他解释说由于学生水平参差不齐,部分学生很难适应以学生为中心的教学模式,加之考试迫近,学生更想获取与考试相关的知识。此外,学校课程设置不尽合理,不同教师课堂管理风格迥异,学生手握对教师教学考核评估的权利等,多种因素共同影响,使他的教学改革信心不足。

通过上述案例我们发现,外在教育干预对教师的教学信念有一定的影响。TC尝试改变课堂单纯知识传授和以教师为主导的现状,但受到学生水平、考核评估等因素影响,最后出现了信念摇摆不定的状况。其他教师和TC一样,如果缺少持续有效的外部干预,其教学信念很可能不会发生变化。教师的教学信念如此,其教学理念,尤其是任务型阅读教学理念在教育干预后是否会发生变化,研究者将在下文将重点分析。

5.3.2 案例教师任务型教学理念的形成

教学理念是认识的集中体现，也是人们对教学活动的看法和持有的基本的态度和观念，是人们从事教学活动的信念。实际上，教学理念有理论层面、操作层面和学科层面之分。明确表达的教学理念对教学活动有着极其重要的指导意义（周燕，2005）。调查过程中发现，教师阅读教学接受的新理念最多，但在实际阅读教学中依然使用三段论的教学方式。通过分析当前环境下高校英语教学最重要组成部分的阅读教学，很容易反映出英语教学的理念。因此，本研究将研究范围进一步缩小到任务型阅读教学上，探索为什么教师认可很多先进的阅读教学理念，而在实际教学中却没有应用的原因。案例教师的课堂实录显示，四位案例教师口头上全部认为自己使用的是任务型教学理论，但在实际教学中，四位的教学设计以及课堂表现却大相径庭。通过课堂观察与访谈，研究者将这种"言行不一"的主要原因归纳如下：

1. 教育传承功能

透过本次研究中传统教学方式的案例，发现教学中多数情况下只是教师讲授，有时提问学生回答问题，教师很少设计学生活动。座谈中发现，TA 毕业于非师范院校，该教师没有课程教学论、教学法、教育学、心理学等方面的专业学习，也很少参加培训，当问及"自己是如何教学的"，"为何如此设计"，"为何会选择这样处理教材、处理课堂"时，该教师表示"我没有学过什么教学法，也不懂什么教学理论。我记得我上大学时我们的精读老师就是这样教我们的。""入职后，老教师也是这么教的。"该案例实践性知识的形成过程证实了受教育传承功能的影响，第一任教师，或者其最崇拜的教师的教学实践对受教育者具有深远的影响，甚至是难以改变的影响。因此转变教师的教学理念是关键。

2. 任务型阅读教学理论认知不足

以任务型阅读教学为例，影响教师实践性知识形成与发展的原因之一是教师只是听说过某种教学理论，缺乏原型概念的深入学习和理解。四个案例（TA-TD）均表示自己认可任务型教学。但是，对其阅读教学课堂实录的分析显示，其教学并不符合任务型教学模式的基本要求，也没有体现以学生为中心的理念。课后座谈中，研究者发现四名教师认为自己熟悉任务型教学，他们的课程设计就是按照任务型教学要求而展开的。

3. 考试文化中应试的负面影响

录课分析显示，教师很少设计任务型教学，能采纳任务型教学或基于内容学习的教学模式的更少。除以上原因外，教学理念的实施与教师所处的环境有很大关系。尤其值得注意的是本研究通过课堂观察/录课及访谈发现，所有教师阅读教学以及其他科目的教学都是为了国家英语分级考试做准备。教师教学的重点任务和主要目标仍然是提升大学英语四、六级或专业四、八级考试的通过率，他们认为这些证书是考核学生英语水平的最直接的手段，也是提升就业竞争力的良好途径。在这种环境下，教师的教学从一开始就是为考试做准备，教师认为交际教学法、任务型教学法等不能解决学生"过级"的问题，即使了解这些教学理论的操作在课堂教学中也不会实施。在他们心目中考试是最重要的。

针对这种现状,本研究对四名教师进行了介入。依据问卷调查结果"培训让教师看到了任务型教学的价值","培训对教师的任务型阅读教学存在显著影响"(见本书4.3.2),研究者对案例教师开展了任务型阅读教学的相关介入,包括理论学习、专家讲座等。实验介入后,研究者再次观察案例教师的课堂活动,分析其任务型教学理念的变化情况。这次研究者选择有海外留学经历一年以上的TB作为观察对象,将其介入前后的课堂教学情况进行对比。以TB为例(详见课例TB Lesson Script,简写为TBLS,TB介入前的任务型阅读教学设计与开展,附录10)。

研究者通过分析TB教育干预前的课例反思、观察日志和任务型阅读课堂教学,我们发现虽然TB课堂组织形式更为灵活,但和很多大学英语教师一样,她也混淆了教学目标、教学活动和教学任务。这一结果和调查问卷中"海外留学在一年以上其任务型阅读教学实践与无海外留学经历教师比较接近"(见本书4.3.3)是不矛盾的。既然这样,培训对她的作用又是怎样的呢?研究者又对TB教育干预后的课例反思日志进行了分析(详见课例TB Reflection Script,简写为TBRS,附录10)。

通过呈现TB接受专家培训辅导的任务型阅读教学理论原型理论学习等介入后的任务型阅读教学的课堂观察和教学反思日志,我们发现她在实验介入后,加深了对任务型阅读教学理论原型的认识,整个教学设计思路清晰,教学重点明确,给学生设计了很多任务,通过这些任务,指导学生习得并应用所学语言。在组织课堂中做到理论联系实际。这一方面验证了第4章调查问卷中"培训对教师的任务型阅读教学存在显著影响"的结论,另一方面也说明通过实验介入和教育培训可以促进教师先进教学理念的形成和发展。TB课堂活动结合学生需求设计,教师充分发挥"促进者""指导者"的作用,很大程度上实现了以学生为中心。下文将结合质化资料对教师学习者中心理念的发展做进一步的说明。

5.3.3 案例教师学习者中心理念的发展

"以学生为中心"是美国人本主义心理学家卡尔·罗杰斯于20世纪50年代提出的一种教育理念。这不仅体现了人本主义心理学的原理,也符合辩证唯物主义的基本原则和英语教学规律。以学生为中心的教学突出学生在教学中的主体地位,教师由知识的拥有者、传授者和控制者转变为教学过程的参与者、引导者和推动者,学生由被动接受者转变为主动学习者、积极探索者和勇于创新者。教师与学生的角色发生了根本的转变。这一理念得到了多数教师的认可。教师认为自己是在实施以学习者为中心的教学理念。

但是,当研究者分析教师的课堂教学后却发现事与愿违。无论是课文的背景介绍、课文的主题、大意、段落划分、语篇逻辑分析,乃至细节都是由教师讲授完成。即使教师教学设计中安排了与学生互动的活动,甚至设计了相关的任务,但实际教学中应用甚少,理由是时间不够,担心教学计划不能完成,只好把重点知识讲完,舍弃不重要的教学内容或任务,导致教师没有时间给予学生适当的示范、诊断、评价、反馈。那些被舍弃的、被简化的教学内容或任务,如学生的讨论和回答问题、开放性问题的意见或者观点,恰恰是课堂教学最重要的。由于班容量大,教师没有精力关注学习者的差异和他们的参与。因此以学习者为中心的理念在教学中很难落实。但教师们也给出了他们这样做的理由。能否实践以学习者为中心的教学理念受多种因素的影响。第一,有很多教师认为自己是以学习者为中心的,因为他们组织了各种课堂练习活动,课堂设计也包括问答、复述、讨论等互动环节,然而教学活动实际上仍以教师为主导,甚至是误解。第二,教师担心学生水平低,听不懂。教师更倾向既可以保证学生的参与,又可以确保自身教学评估不受影响。因此教师没有或较少依据学生英语水平的个体差异来设计不同的课堂任务。

访谈资料显示,案例教师非常认可"以学生为中心"的教育理念,但在实际教学中由于学生水平、考试等因素影响,并没有在实际的教学中践行。研究者通过对 TA 介入后的任务型阅读教学设计与开展的课堂观察进行呈现(详见课例 TA Lesson Script,简写为 TALS,附录 10),分析教育干预后的课堂教学是否以学生为中心。观看录课后,研究者对其进行了追述性访谈(详见 TA 访谈撰写稿 2,Interview TA 2014,简写为 IT-2014A2,附录 10),从访谈中也可以看出,TA 对任务型阅读教学开展过程充满信心。TA 语言表述轻松自如,脸上洋溢着对课程顺利开展的兴奋和激动。反映出 TA 对任务型阅读教学理念已有较深刻的认识,她在实际教学的践行中尝到了甜头。但她也承认教学实践还存在问题,比如课堂导入环节是否有效,课堂活动是否重点突出等,这些方面需要不断改进和提高,她也乐意向别人取经,以不断促进自身专业发展。

无论是课例还是随后与之进行的访谈(详见 TA 访谈撰写稿 2,Interview IT 2014 A2,简写为 IT-2014A2,附录 10)都显示,TA 这位新入职且国内非师范院校毕业的年轻教师在任务型阅读教学的设计上取得了巨大的进步。她开始时不知道该教学理念,后来经过理论学习、专家讲座以及在共同体中的教学研讨、集体协商,加深了对任务型阅读教学理念的理解,在课程设计和实际教学中真正做到了以学生为中心。下文将重点对案例教师的课程理念变化情况进行汇报和分析。

5.3.4 案例教师课程理念的变化

现代课程理论把课程视作一种目的,认为课程结构应遵循泰勒原理(Tyler Rationale),这"是一种基于行为科学的课程理论"(钟启泉 2008:50)。这种研究范式强调规划课程时应遵循目标分析—开发研究—推广研究—评价研究的程序。后现代课程理论认为课程是在满足社会种种需求的过程中生成的,是不确定的,并认为课程规划应遵循多尔(Doll)原理,从而"实现课程的丰富性(rich)、回归性(recursive)、关联性(relational)和严密性(rigorous)"(钟启泉,2008:9)。

本研究结合研究设计,参照调查问卷结果,对四名案例教师的课程理念分别从课程教学需求、课程目标、教学内容和教学方式等方面开展深入调查。通过课堂录课获取四位教师的课堂实践情况数据以及课后与四位教师一起反复观察录像,评价授课内容,并进行追述式访谈,以深入了解受试教师教学理念和课程理念等信息。访谈内容全程录音,并均做了转录。然后将转录资料进行编码、归类,查找与课程理念有关的本土概念,并将这些本土概念提炼出来分别进行分析。

在课程教学需求层面,TA、TB、TC 三位老师开始时都认为教师教授的课程应以满足学习者需求为目标。这是一种理想状态,针对学习者的各种需求,合理设计和开发课程,以满足学生个性化发展需求,反映出他们在课程知识方面的理解的误差。TD 认为课程设置不仅要满足社会需求,还要结合学校自身情况以及学科本身的规律而制订,且需要随着时间推移,根据社会需求的变化不断进行修改。TD 的认识比较深刻,可能与她教学经验丰富有关,同时她是负责教学的副主任,对课程设置、人才培养方案理解得比较透彻,这在以下的小组座谈 GIT-2014-5 中可以体现出来:

> 课程主体是学生,只有满足学生需求,才是合格的课程,所以我课下经常与学生通过多种方式交流,了解他们的需求,调整自己的教学活动。(小组座谈 GIT-2014A5)
>
> 做到以学生为中心,必须使课程内容满足学生的需求。(小组座谈 GIT-2014B5)
>
> 课程要符合学生的需求,相关责任人在制订课程大纲时就要充分考虑到。(小组座谈 GIT-2014C5)
>
> 课程的设置结合了学科的自身规律,同时考虑到社会对人才的需求以及学生的实际情况,经过反复论证修订才最终制订出来。但是,随着经济发展,社会变化,区域市场人才需求也会不断改变。我们也会按照学校的要求,结合自身情况,及时修订,删掉不合理的、没有实际意义的内容……积极探索企事业合作授课等形式,就是为了真正了解社会的需求,与社会接轨让人才培养符合社会需求……(小组座谈 GIT-2014D5)

在课程的目标认识层面,TA 最初认为大学英语课主要是培养学生的语言知识和语言运用能力,体现了她对《大学英语课程基本要求》中。"大学英语课程不仅是一门语言基础课程,也是拓宽知识、了解世界文化的素质教育课程"这一定义的理解。但是,《基本要求》中"工具性、人文性"的描述却被 TA 忽略了。B、C、D 三位老师一致认为英语课首先是拓展学生的语言知识,然后是发挥英语人文性、工具性特点,增加学生其他领域的知识,提升学生的各种能力,促进学生多方面发展。

在教学内容层面,四位老师不约而同地认为学生认知发展比单纯的词汇、语法学习重要。教学经验较为丰富的老师还谈到了学生认知发展比教学策略甚至是文化意识更为重要等看法。比如,TB 和 TD 在小组座谈 GIT-2014-6 的教学设计分享时分别提到认知语言学中的相关信息,TC 则提到了语用学的相关知识,而 TA 还提到一点文学方面的教学设计。

> 为了促进交互式的学习,阅读教学设计中,我设计出一种认知的、发展的和社会建构的任务,不是仅对书本词汇的理解,而是从话语信息中建构意义的动态过程。具体来说,我从语篇角度激发学生辨认能力,通过模拟真实的阅读情境来使学生加深对语言的理解。(小组座谈 GIT-2014B6)
>
> 我在课堂教学中,从词汇层面有意识地用一些典型的带有英美社会时代特征的意象图式帮助学生建构相关话语的意义,做到举一反三、触类旁通。例如,当我在讲到网络现象时,我刻意地引用"INTERNET IS A HIGHWAY"这个隐

喻意象图式。通过运用交通体系中的角色——马路去建构心理空间 a,即信息高速公路。以此类推,心理空间 b,c 分别被建构为计算机和网络系统、网络用户,这样就可以引申到英语中的 information highway, cyberspace, cyber surfer 等。(小组座谈 GIT-2014D6)

英语学习的一个很大的障碍是如何理解和表达说话者的言外之意。我在教学中,为了帮助学生推理各种语境中说话人的弦外之音,会把语用学中语境(context)知识作为重点。比如在讲到阅读中的一句对话"Father: What time is it? Daughter: Isn't it the weekend today?"时分析了这对父女的多种言外之意。父亲的话有可能是"建议",也可能是"责备",还可能是"命令"。而结合语境能推导出女儿回答中"申辩"的用意。(小组座谈 GIT-2014C6)

我学过一些文学批评的理论,但以前从没在课堂上用过。通过加入教师发展团队,参与教学改革活动,也有意识地想把文学的东西运用在英语课堂上。在阅读教学中,我尝试利用文学批评的互补性理论,把社会——历史和新批评派的批评方法结合起来,帮助学生理解课文。比如:在新视野大学英语的一篇课文 The Right Son at the Right Time 中,我会在课前给学生布置任务,让他们利用文章中的地点等关键词推测故事发生的时代背景,并回答,"如果你是那个年轻人,你会怎么做?"在进入课文后,再提出问题让学生讨论"为什么部队会派来一个错误的儿子?"学生在课文中就会找 rushed, came to now and again, was sent 等词汇,不仅理解了当时紧急的情况,也学到了这些关键词汇的使用方法。这样,学生对课文有了全面的了解,也受到了人文道德教育。我的阅读教学也得到了升华。(小组座谈 GIT-2014A6)

教学方式方面,四位老师认可任务型教学,通过设计各种学习任务,让学生在"做中学",以便培养学生的自主学习能力。研究还发现,在具体的教学活动中,教师的教育理念认识模糊,甚至教师教学信念与教学实际有差距,会出现所谓"言行不一"的现象。

通过课堂观察/录课分析发现,TA 在实验介入前按照传统的教学模式保守地开展自己的课堂教学活动,而实验介入后发生了很大的变化,最后实现了以学生为中心的课堂教学模式。TB 在实验介入前的课堂已经设计了一些小组活动,通过外界干预,她的课堂活动形式越来越丰富,学生的参与程度也随之增加。TC 在实验介入中的变化尤为明显,但实验介入后又回到了原来的授课形式,且对未来的教学变革缺乏信心。TD 在实验介入前后的变化却是微乎其微。研究者通过对四位案例教师的进一步追述式访谈,探索其背后课程理念的变化,经过整理访谈记录发现,由于高校英语教师职前知识学习偏重理论,又缺乏实践中的巩固,很多先进的理论知识并没有真正掌握。入职后尽管参加了各种培训,但大多数培训受场地、时间等多种因素的限制,仍是偏重理论传授,缺少实践巩固,效果不佳,因此造成教师对某些理论的原型概念缺失。比如在小组座谈 GIT-2014-7 中 TA 和 TB 分别这样解释:

作为年轻老师,我没有师范教育背景,教学实践经验也比较少,实际教学中存在很多问题,我坚持每周听两次老教师的课,参加集体备课,参加学术沙龙活动。目前我对大学英语课堂有了新的认识……一定要认真设计课堂活动,充分调动学生的积极性,课堂内外活动做到以学生为中心,主动获取学生的反馈并及时调整。今后,我还要学习教育新技术,提高自身素养,将之整合到自己的课堂中去……我越来越热爱我的工作了。(小组座谈 GIT - 2014A7)

我在国外系统学过 TESOL 的课程,我刚开始工作时曾积极使用这些先进的理念,但后来发现学生的英语水平参差不齐,大班授课课堂管理有诸多局限,再加上学生和学校对英语考级看得很重,我只能在课堂上融入很多英语四级考试的东西。经过专家的指导,发现自己以前的认识不够深刻,对某些教学理论也存在误解……现在大学英语改革进行得如火如荼,学生分层教学和小班化授课逐渐落实,再加上学校教学设施逐渐改善,我会尝试着把自己在国外学过的应用到实际的教学中去。(小组座谈 GIT - 2014B7)

访谈整理还发现,处于成熟阶段的教师由于多年的教学实践形成惯习,面对教学改革,会流露出消极被动甚至是抵制的情绪,出于本能,他们在访谈中会流露出自我防御的痕迹,将责任推卸到其他人或事上,比如在小组座谈 GIT - 2014 - 7 中 TC 和 TD 分别这样解释:

自己教学多年,教学实践经验越来越丰富,能轻松自如地应对课堂教学。但在日常的教学中发现,现在的学生英语水平不尽人意,学习动机不足,不会自主学习……所以有时候教学改革进展不顺利,严重影响了自己的信心。在系部领导的大力帮助下,参加系里组织的培训,外出参加了学术会议,了解了前沿的教研科研动态,尤其是学习了质化研究的相关理论与方法后,发现教学活动和研究可以联系,通过课堂教学,研究某个教学问题,理论研究与实践应用可以和谐地融为一体,感觉很有收获。自己认清了未来的教学方向,要使教学和科研相辅相成,相得益彰。(小组座谈 GIT - 2014C7)

我有国外教学理论学习的经历,实际教学经验也比较丰富。个人性格活泼开朗,深受学生喜欢,教学评估成绩连续多年优秀。现在我的工作重点放在系部层面的教学管理上,自己的课堂教学可以轻松应对。关于教学方法或者模式,我认为适合自己的就是最好的。无所谓"以学生为中心"还是"以教师为中心"。(小组座谈 GIT - 2014D7)

本次研究者选择 TD 作为呈现对象(详见课例 TD Lesson Script,简写为 TDLS,附录 10)。案例 TD 是一位拥有 13 年高校教学经验的教师,她本科毕业于河北师范大学英语教育专业,毕业后即来学校任教,后赴英国纽卡斯尔大学脱产进修 TESOL 专业一年半,并获硕士学位。进修结束后又回到原工作单位任教。TD 的教学经验相对丰富,曾讲授过本、专科公共外语,英语专业本、专科多门课程。和前三位一样,研究者呈现 TD 介入后的一节泛读课,以分析其课程理念。

观看录像分析可知 TD 采用的是 PWP 三段论与任务型阅读教学相结合的教学模式。这样给学生布置的阅读任务贯穿整个教学流程,如:快速速读,找出 main idea,在规定时间内完成阅读理解题目等,并且对所布置任务进行了语言和图式准备。如在任务开始前她已将可能涉及的关键词板书到黑板上(即语言准备),并在 warm-up 阶段引导学生思考不同生活态度对生活的影响(即图式准备)。课堂进行关于 TEXTI 的详细讲解,为学生独立完成课后作业 TEXTII 的分析做了任务准备。教学通过各种任务如寻读、阅读理解等客观题练习、写短文等开展。

通过分析我们发现 TD 的教学没有什么变化,虽然她把阅读任务与任务型阅读混为一体,且认为自己的方法恰当得体。多年的教学惯习和良好的学生反馈让她觉得自己不存在问题,但实际上 TD 仍然没有实现以学生为中心的任务型阅读教学。研究者对她进行了访谈,(详见 TD 访谈撰写稿,IT-2014-3,附录 10)然而,TD 出于自我防御意识,却总是在为自己辩护:

> ……我一直这样教啊,很受学生们的欢迎。我毕竟有一定的理论基础,前面我提到二语习得的一些基本理论、输入输出假说、情感过滤假说等理论在我的课堂设计中有体现。我需要严格按照时间完成阅读任务,所以每一个阅读任务都有时间要求,目的是让学生在规定时间内提高完成阅读理解题目的准确率,从而帮助学生顺利通过英语专业四、八级考试。我觉得学生的阅读技巧的提升体现在做题准确率,所以每单元我都非常注重学生的专项训练。(访谈 IT-2014 D3)

通过呈现案例教师的资料,我们发现,处于职业发展初期的年轻教师对课程理念的了解不透彻,通过实验介入,他们对学生需求、课程目标等的认知逐渐清晰。教学模式和教学内容也更符合以学生为中心的教学理念。但是,处于职业发展成熟阶段的 TD 虽然对课程理念的认知比较深刻,但对教育干预表现出"无所谓"甚至是厌烦的情绪,说明一般的教育干预对其不起作用。

本节通过呈现并分析四位案例教师教学信念的变化、任务型教学理念的形成、学习者中心理念的发展以及教师课程理念的变化情况,清晰地描绘了案例教师实践性知识的形成与发展过程。下一节将重点对教师实践性知识形成与发展的媒介进行分析与探讨。

5.4 案例教师实践性知识形成与发展的媒介

上一节通过课堂观察/录课分析和追述式访谈,重点分析了四位案例老师的教学信念、教学行为在教育干预前后的变化情况。通过分析我们发现在实际教学中,四位案例老师存在多种困惑,如对任务型阅读教学原型概念把握的困惑,对于个人阅读教学策略如何有效调整的困惑以及对于来自学生、同行或学校对个人教学评价的困惑,等等。因此,如何帮助教师消除这些困惑,突破认知瓶颈以丰富教师实践性知识,实现教师专业发展,显得十分必要。而从教育干预和实验介入中我们发现，一些媒介有效地促进了教师实践性知识的形成与发展。通过研究者反复分析，将其归纳为问题情境、行动反思和共同体三个层面，下文将重点进行分析。

5.4.1 问题情境的作用

本研究主要以阅读教学为研究对象，通过上述个案研究分析教师在阅读教学中面对特定教学情境存在的问题与困惑。由于情境知识是教师实践性知识建构中的重要组成部分，因此真诚的困惑与真实的问题情境是教学的根本（陈向明，2011）。就知识的运用场所而言，教师实践性知识往往带有特定教育情境的印记，是境遇性的（蔡春，2006）。教师实践性知识是教师在特定的环境——教室里，以特定的教材、特定的学生为对象的在工作中所形成的知识。

由于这些特定的教育情境是丰富、鲜活、多样的，因此赋予了教师实践性知识形成的境遇性。每位教师并不是生活在抽象的真空里，而是生活在特定的"境遇"中。实践性知识也只有在特定的教育情境中才能生成、理解和维护。教师正是在与问题情境的各方包括教师、学生、学科以及同事甚至家人的碰撞中逐渐成长与成熟（陈向明，2011）。结合上一节四个案例的实际情况，研究者逐一框定了四位教师具体的问题情境。

TA 的问题情境

TA 为入职两年的新教师，学历为硕士，专业方向是商务翻译。从对该教师的课堂教学观察发现，其教学基本是以教师为中心，教学以语块知识为重点、难点，课堂活动的设计难以发挥学生的积极性和创造性，对教材缺乏合理评估，不能灵活使用、改编使用，布置课后任务的手段也显单一，且笼统模糊。分析其原因之一是教龄短、教学经验不足，对于所处情境中的各种关系的把握有欠缺，尚未形成丰富的教学实践知识。另外，由于其专业背景是非师范类专业，因而缺乏对教学原型概念及教学环境涉及因素的系统学习，导致在实际教学中缺乏科学教学理论的指导。此外，新教师的入职培训多为宏观的教育学理论，缺乏有针对性的专业培训。

针对 TA 的问题情境，对她进行了教学介入。通过系统学习任务型阅读教学理念加深其对理论原型的认识。同时，TA 定期（每周）在教师专业发展团队中与同事和专家一起观看自己的教学录像，并简单进行说课解释说明。团队成员对她的教学设计进行评价，集体协商，帮助其不断改进提高。

TB 的问题情境

案例 TB 是一位有着五年教学经验的年轻教师，研究生学历，毕业于新西兰一所高校英语教学专业，职称为讲师。在国外的学习经历让她对任务型教学模式比较熟悉。观察她的教学录像发现，虽然课堂气氛活跃，学生的参与度高，但是其教学设计不符合任务型教学要求。她认为，学生的基础不同，对英语语言的掌握程度也不相同。她最初设计任务的时候，学生不能配合，教学进度也因此受到了影响。因此，无法将任务型教学应用于自己的课堂教学。其次，在开展任务型教学课堂活动之后，有的学生反映，每节课老师不怎么讲，不在黑板上书写，而是学生自己说，几句点评也不值得记笔记，一节课下来，课本上、笔记本上什么都没有，感觉没有收获。长此以往，觉得英语课就是随便说说，没有词汇的增长或语法等知识的学习。学生们认为老师很不负责任。担心四六级考试通不过,影响毕业和就业。在听到学生的反馈之后,TB 停止了使用任务型阅读教学法。针对 TB 的问题情境,同样对她进行了教学介入,以帮助她彻底弄清任务型阅读教学理念,促使她不断改进提高。

TC 的问题情境

C 教师是在目前岗位工作了 10 余年的男教师,职称是讲师。他毕业于军事外语学院,没有国外留学的经历,虽然定期参加教师培训,但在和其他老师交流时表示,对接触的先进理论并不十分认同。上课采用教师为中心的讲授式教学,通常是从头讲到尾,很少让学生参与。在进行阅读教学时也是如此,或从参考书中摘几个与课文内容有关的 pre-reading questions,让口语较好的学生回答之后就进入课文的学习。从单词到复杂句,从文章结构到寓意,自己一气呵成。课堂上他自己总是讲得慷慨激昂,但是学生参与得不多,所以难免在听课的过程中有走神打瞌睡等情况出现。遇到这种情况,TC 还会不厌其烦,课下找学生谈心,给学生补课。学生认为老师很认真负责。但最终的结果,TC 认为他对教学失去了兴趣和信心,考虑读博士或改行从事翻译工作。

针对 TC 的问题情境,除了对他进行和 TA、TB 同样的教学介入外,研究者加大了对他的科研介入,包括派他参加国内外学术会议、参加相关学术讲座、参与教研和科研课题等活动。随着学术活动的增多,TC 对教学产生了浓厚的兴趣,促成了教学与科研相辅相成,教学相长。

TD 的问题情境

D 教师是师范类院校毕业生,有 13 年高校教龄,目前是副教授。她的教育学、心理学和课程论等方面的知识相对比较丰富,对课堂的把控游刃有余,在课堂上扮演的导演、领袖角色也比较成功。她在硕士课程学习了任务型阅读教学方法的理论,能够把理论运用到教学中。在访谈中当我们发现 TD 的教学理念较为清晰,理论基础扎实,如二语习得等基本理论、输入输出假说、情感过滤假说等理论在课堂设计中的体现等。由于对学生英语水平及特点比较了解,TD 的课堂教学深受学生的欢迎。但 TD 的教学设计并不是按照任务型阅读教学的要求,而是完全按照她自己的提前设想来完成,学生自己发挥的部分不是很多。她认为完成教学任务就是完成教学计划,兼顾各类所谓的功利性的考试,这是对学生负责。

针对 TD 的问题情境,类似 TA 与 TB 的教学介入对她不起作用,和 TC 一样的科研介入她也不感兴趣。评审教授职称对她似乎有些遥远,加之生活琐事和行政工作的繁杂,她出现了文献综述中提到的典型的"成熟固化"现象(见本书第 2 章第 2.2 节)。为了改变现状,研究者利用学校教师考核评估改革的契机,对之进行了独特的行政支持(后面小节将重点介绍),终于起到了一定的促进作用。

本小节展示并分析的四位案例教师的问题情境以及对之进行的教学、科研甚至是行政支持的介入,通过介入四位案例教师改变了自身的教学行为,转变了理念,发展了自身的实践性知识。这说明,教师必须主动积极地面对教学问题,并且在独特、不稳定,甚至是冲突的教学情境中,建立自己的教学理论与技术。从某种程度上说,教师对教学事件的自然反应(如直觉、判断)和洞悉力,比教学的科学更重要(Jackson,1990)。下一小节将从共同体出发,探讨其对教师实践性知识形成和发展的作用。

5.4.2 共同体的作用

教师实践共同体是教师以提升自己的专业知识能力和促进自身专业发展为共同愿景的学习型组织(王彦飞,2010)。而共同愿景是多样的,它可以是出于教师相同的兴趣,或是为着研究解决在教育教学中的实际问题,还可以是项目任务驱动下的课题小组活动,例如学术沙龙,创新团队、教研/科研课题组等。

本研究中对四位案例老师阅读教学的实验介入,无论是课堂观察/录课分析及追述式访谈,还是框定各自的问题情境,抑或是教育干预等都是在实践共同体中进行的。通过梳理,研究者发现四位案例教师通过参与教师发展团队,围绕阅读教学实践定期举行教学研讨、集体协商,改进了教学设计,提高了教学水平。除了教学团队,四位案例教师还以教师发展项目为驱动,开展学术沙龙等研讨活动。当然,除了这些教学科研团队外,每位案例教师还不同程度地参加了其他形式的共同体,研究者将在这里分别呈现。

TA 参加的共同体

作为新手老师,TA 入职以来,首先,经过了学校的入职培训锻炼,了解了学校的基本情况。虽然毕业于国内知名大学,取得硕士学位,但 TA 所学专业为翻译方向,没有接受过系统的教学法方面的培训。为此,在她的教学实践中,院系帮忙安排了专家导师,进行一对一直接帮扶。通过导师的引导和学校对新入职教师的教学督导,TA 积极向老教师学习教学经验。

其次,她定期参加教研室的教学研讨活动,与同事交流分享教学困惑和心得体会。在院系组织的常态化的岗位培训活动中,作为新老师,她需要经历岗位练兵、新教师试讲等环节的磨炼。校本培训中的专家讲座和学术分享也从理论层面向她传递最新的教学观念。此外,她还有机会参加国内的学术会议,也能了解前沿的教学理论。

最后,TA 非常幸运地参加了研究者组织的教师发展研究团队,针对教师阅读教学开展实验。作为受试者,她得到了专家的重点关注,教学实践得到专家、同事的评点,教学设计水平不断提高。结合研讨问题,TA 自己在课下不断反思,同时大量阅读相关文献,加深了对特定教学理论的理解和认识。目前她正逐渐转变角色,适应当前的工作,即正在顺利通过新手适应期。

TB 参加的共同体

相比而言,TB 在职场学习、参加培训、参加团队以及受考试文化影响方面与 TA 颇为相似。不同的是,TB 在大学毕业后赴新西兰留学攻读了 TESOL 硕士学位。在国外学习期间,她系统学习了教育学、教育心理学、教学法等相关理论课程。TB 尝试在自己的日常教学中应用在国外学习的先进教学理念,但受到大班授课、课时限制,以及四、六级考试等因素的影响。她不得不按照实际情况做出相应的调整。通过参加教师发展项目,她意识到自己有些理论原型掌握得并不好,在专家的指导下,她做了积极的改变,课堂教学也取得了很大的成效。教师专业发展阶段逐渐转入成熟期。

TC 参加的共同体

与其他三位老师相比,TC 是男性教师,而作为英语专业教师,学生以女生居多。TC

在多年的教学实践中获得了针对不同性别学生需要使用不同教学方法的教学智慧。他的职场学习除了日常的教学合作实践和自我理论学习外,几年前曾担任外教助理,经常听外教的课,与外教交流,得以学习其教学模式和教学理念。此外,他还参加过省级的演讲比赛和外语微课大赛。在准备阶段,TC通过教研室活动,与同事合作,在教学设计、教学理念、技术应用等方面实现了不同程度的提高。他和其他案例一样,也参加院系的各种培训活动和加入教学、学术团队。新入职期间也接受了导师的帮助。但是由于个人性格内向,不善言谈和一些文化因素的影响,课堂教学风格改变不大。目前他的专业发展开始进入成熟期。

TD 参加的共同体

TD的教学经验在四个案例中是最丰富的,不仅因为她的教龄相对最长,她还因为有在英国留学的经历。她大学毕业于师范院校,研究生阶段在国外学习了TESOL相关课程,教学理论扎实深厚。再加上她开朗的性格,开阔的视野,赢得了学生的肯定,教学评估成绩优异。与其他三位老师相比,她的独特之处在于,她担任院/系副主任一职,负责教学管理工作。这一职责使她对教学政策、教学管理等了解深刻,对于她自身的教学也有积极的促进作用。集诸多优势于一身,TD对自己的教学相当自信,处理各种教学情境游刃有余。另外,TD目前是副教授职称,随着高级职称评选越来越难,TD的心态也发生了一定的变化,再加上工作、家庭等多因素影响,她的精力没有完全扑在教学上,自己的教学处于固化阶段,外界的干预对她的影响较小,有职业倦怠倾向。

通过呈现四位案例教师参加共同体的情况,我们发现这四位教师在教学实践共同体中相互学习、共同研究,在教育教学实践中实现了自身的专业发展水平的不断提升。在教学实践介入环节,教师发展团队共同体提供了一个令人心情舒畅的、亲切的、具有激励性的专业生活场景。正是在这种专业生活场景中,共同体成员才能够首先得到彼此的尊重和信任,得到充分自主表达的机会,而且能够和其他成员共同分享各自的个人知识、相关信息,开发出新的更加丰富和广阔的学习与发展的资源。这说明,教师共同体的有效运行能够促进教师的实践性知识的发展,提高教育教学质量,实现教学相长,并推动学校的改进和变革(王天晓、李敏,2014)。

5.4.3　行动反思的作用

上面两小节分别从问题情境和实践共同体层面探讨了其在教师实践性知识形成与发展中的媒介作用。本节将从行动反思入手,结合质化数据进行分析。

行动反思是教师专业成长的主要动力,是教师针对某些实际问题改变自己原有的教育教学方式,在解决问题过程中不断进行自我监控、评价,从而修正、改进和提高自己的理论水平(Henson,1996)的手段。而高校教师的实践性知识是来源于实践并指导实践行为的,这些存在于日常教学实践中的知识是教师们最有用的知识(陈向明,2011:102)。教师通过行动反思,把已经获得的实践性知识应用到真实教育环境中,从而解决教学实践中的具体问题,同时增加个体所掌握的实践性知识。

从前面的文献综述中我们得知,知识具有显性和隐性之分。显性知识能够用语言表达和交流,多为陈述性理论知识,而隐性知识则不能用语言表达,也不易交流,多为经验性知识。研究表明,显性知识和隐性知识在一定条件下可以相互转换(孙卫国、唐淑敏,2005;Jonassen. D & P. Henning,1999;钟志贤,2006)。教师的实践性知识属于隐性知识,绝大多数教师说不清自己在教学中所采用的到底是什么理论。即使教师能够说出自己所使用的理论,也不过是教师所信奉的理论,而不是其真正使用的理论。但是既然隐性知识与显性知识相互转化,那么,教师的实践性知识在特定的条件下应该能够显性化,能够表达和交流。

众所周知,教师实践性知识是以教师的经验和性格为基础,表现于教师的日常教学行为中。实践性知识又是教师专业发展的必备基础。因此,激活教师的实践性知识并将其正确运用在教学过程中,需要教师不断系统化反思,并与理论相结合,最终找出自身教学方法的问题,对其进行分析并解决问题。本文主要针对任务型阅读教学的实践性知识进行反思,通过分析找出教师的不足,找出相应的解决办法,以帮助教师提高阅读教学水平,从而优化教学效果。通过对四位老师反思报告的反复阅读、分类、归档、整理,关注其内部差异性和关联性,最终提炼出反思报告数据的主题:个人教学经验的反思、教学设计的反思、教学过程的反思、教学效果的反思、教学反馈的反思、教学理论的反思以及对新的问题情境的反思,以下将分介入前和介入后逐一分别予以呈现。

1. 对个人教学经验的反思

教学经验既关乎教学实践者的教学观念和教学行为,关乎教学的质量和效果,关乎教学理论的形成和发展,同时更关乎教师和教学研究者自身的成长与成熟(王玉凤,2008)。在介入前,四位案例教师描写自身的教学经验,往往只是简单地描述,没有深入思考和分析自身经验的优势及不足。而介入后,案例教师的反思虽然语言精练,但反思内容更深入透彻,不仅涉及教学理论与教学实践的紧密联系,还发现了自身不足之处,表达出积极向同事或专家学习以改变现状的愿望。案例教师教学经验的反思,详见教学经验反思撰写稿(Experience Reflection Script,简写为ERS,附录10)。

教师应通过对自身教学经历进行反思,使之沉淀为真正的教学经验。教师对经验进行解释,不是简单地描述个人的教学经验,而是深刻地解读经验,只有这样,教师才能获得自身的提高。

2. 对教学设计的反思

教学设计是一种面向教学系统、解决教学问题的活动,必须结合学习教学理论,对教学目标、教学内容、教学方法、教学策略和教学评价等进行科学规划,创设有效的教学程序,从而优化教学效果(康淑敏,2012)。介入前,案例教师对教学设计的反思停留在教学内容和教学方法层面;介入后,教师们对教学目标更加明确,教学内容更加丰富,教学方法也更加灵活。部分教师还在教学设计时融入了教学策略,甚至教学评价也更加多元化,详见教学设计反思撰写稿(Design Reflection Script,简写为DRS,附录10)。

通过精心的教学设计,教师勾勒课堂教学蓝本,展现课堂教学精彩画面。对教学设计的反思,就是教师不断修订先前的教学设计,找出优化方案。在实际教学中,教学进程往往会与设计意图出现偏差,甚至是不一致现象。通过反思其中存在的问题,能够改善日后的教学设计。

3. 对教学过程的反思

教学过程的基本任务是使学生学会将个人经验与社会精神文化世界沟通并创造性地转换,完成个人对社会共有精神文化的个性化占有(叶澜,2002)。也就是说,在教学过程中,师生应该通过对话、合作、沟通,实现多向互动,动态生成,向学生传递积极健康的教育价值观。介入前,多数案例教师对教学过程的反思仅局限于课堂教学环节,往往关注单词、语法、句子、篇章等课文内容知识,以及设计课堂活动、课后布置作业、收集学生反馈等信息。而介入后,案例教师教学过程的反思还体现出对学生团队意识、合作精神、自主学习能力等方面的关注。详见教学过程反思撰写稿(Procedure Reflection Script,简写为PRS,附录10)。

教学过程主要涵盖教学难点重点处理、课堂时间分配、课堂活动组织、教学进展是否顺利、学生的参与情况、师生的角色问题、学生的行为举止等内容。我们可以发现,教学过程存在"硬伤"非常普遍,比如教师角色定位错误,小组活动流于形式,没有关注学生的情感、态度变化等。教师必须认真反思这些"内伤",梳理思路、剖析问题,对症下药。通过对教学过程的反思,既可以获得教研第一手的素材,还可以拓宽教学思路,提高教学水平。

4. 对教学效果的反思

有研究表明学生能否从课程学到有价值的知识或技能,教师授课是否富有激情、是否与学生互动、是否思路清晰方便学生做笔记,教科书质量高低等都能影响到教师课堂教学的效果(廖明、姜峰、朱蕾、郭燕锋,2012)。研究者通过整理案例教师的反思日志,发现四位老师在介入前后对教学效果的反思都比较深刻,他们很在意学生是否对课程感兴趣,是否能从自己的课堂上学到实用的知识,自己课堂的表现是否能调动学生的积极性,以促使学生乐于参与其中。详见教学效果反思撰写稿(Effect Reflection Script,简写为ERS,附录10)。

教学需要设定教学目标,通过对教学效果进行反思,可以检验审视教学的预期效果是否达到,学生行为是否产生了预期变化。教学总是有一定的目标指向,总要提出一定的知识、能力、情感等方面的要求,因而反思也需要围绕这些内容展开。

5. 对教学反馈的反思

教学反馈是教学过程的必要环节,也是实施教学活动和完成教学任务的基本方式与重要手段(彭豪祥,2009)。教学初期,教师通过反馈做好教学准备;教学过程中,教师借助教与学的各种反馈信息及时调整自身的教学行为;教学结束后,教师收集学生反馈,强化和巩固成功经验,纠正错误做法。通过整理案例教师的教学反馈并加以分析发现,有些教学反馈是积极正面的,让师生更有信心推进教学模式改革,而有些反馈可能是消极的无效的,甚至是负面的,比如考试效应,让教师信心受挫,阻碍教师正常的教学活动。进一步梳理案例教师的教学反馈日志,研究者发现准确的、有针对性的、激励性的、交互性的教学反馈能起到积极促进作用。详见教学反馈反思撰写稿(Feedback Reflection Script,简写为

FRS,附录10)。

教学反馈是教师获知教学效果的最直接、最有效的途径。通过教学反馈,教师对自身可以有更加全面、细致的认识,了解自身问题。通过对教学反馈的反思,有利于教师找到解决问题的对策,提高教学技能,促进实践性知识的发展。

6. 对教学理论的反思

对教学理论反思的实质是追求课堂教学理论与教学能力的培养和提升。教学理论体现了教师对教学理念的抽象化概括,而教学能力体现了教师对具体问题的解决程度和操作水平,是教师实践性知识的反映(蔡宝来、王会亭,2012)。教学理论与教学能力之间存在着特定且复杂的关系,对教学理论的反思能促进教师改进方法,将先进教学理念向教学能力转化。详见教学理论反思撰写稿(Theory Reflection Script,简写为 TRS,附录10)。

四名案例对教学理论的反思可以概括为三个方面。第一,是对实践的理论反思。教师基于自身经历和教学实践形成的经验体系,需要不断地从理论层面进行解释,通过教学理论与教学实践的联结,对先前理论进行审视修订,进而完成对实践理论的提升。第二,对教学理论的实践反思。教师尤其是新教师在掌握某一教学理论后,通过将其在教学实践中应用,加深对教学理论的认识,在此基础上,对原有理论进行思考、判断与选择。第三,教师对教学理论的理论反思。在理解教学理论的基础上,教师发挥自身的主观能动性,结合教学实际情况,对理论进行反省、修正,进一步丰富和发展教学理论。

7. 对新的问题情境的反思

杜威的实用主义知识观特别强调问题情境的作用,认为真诚的困惑与真实的问题情境是教学的根本。面对特定的问题情境,教师需要克服困难,解决问题。在这个过程中,教师需要运用自己独特的判断力、行动力和教学机智。而教师的实践知识是教师在实践情境中,通过对情境的认知、反馈和互动而形成的(佐藤学,2003)。研究者通过整理四位案例教师对问题情境的反思,发现他们经过认真思考,对此轮教学改革进行总结,发现了自身的问题,分析了其中的原因,并试图找到解决问题的办法。这个过程是教师发现问题,采取行动,解决问题的过程,也是教师成长成熟的过程。详见新的问题情境反思撰写稿(New Context Reflection Script,简写为 NCRS,附录10)。

在教学实践和师生互动中,一些意想不到的情况会随之发生。面对新的问题情境,教师需要从教学实际出发,对新的情况加以把握和利用,改变教学预期,重构教学过程。通过教学反思,有效处理新的问题情境,教师能够增长教学机智,积累教学智慧。

本小节通过呈现与分析四位案例教师在实践介入前后的教学反思,我们认识到反思就是对发生过的事情进行再思考,并从中获得经验的过程。教学反思是教师对自己的教育教学实践活动所进行的审视、批判以及经验总结,进而提升教学实践有效性的过程,也是促进外语教师自身发展的有效途径(孟春国,2011)。教师需要在经集体研讨并及时回顾、反思,总结自身的教学设计及课堂教学活动的基础上撰写反思报告。教学反思包括两个方面,一是教学实践中的反思,二是学习过程的反思(邵光华,2011)。前者主要指教师对某一节课或某一阶段的教学进行诊断、分析、评价,不断调节校正、改进提高,最终取得最佳教学效果。后者指通过学习相关文献理论,审视固有观念,找出差距,寻因问果,撰写反思报告;同时加强与同事的交流,向专家学习咨询,借他山之石攻己之玉。

参与本研究项目之初,四名案例老师并不知道撰写反思报告的益处或者并但没有撰写反思报告的习惯,但是在研究者的要求下,他们克服了困难,认真地对自己的教学进行反思。从四个案例在实验介入前后的反思我们可以看出其实践性知识形成与发展的过程。

本节结合四名案例教师的任务型阅读教学实践,从问题情境、实践共同体和行动反思三个层面分别阐释了各自对教师实践性知识形成与发展的媒介作用。下一节将重点分析教师实践性知识形成与发展的有效途径。

5.5 案例教师实践性知识形成与发展的有效途径

从上面四位老师的教学问题情境看出,教师的实践知识是教师在实践情境中,通过对情境的认知、反馈和互动而形成的(佐藤学,2003),也正是舍恩所提出的"与情境做出的反应性对话"(2007)。实践者处在不断发展变化的情境之中,其实践性知识的获得也是在从对连续变化的情境反应中形成的。具体来说,行动前首先要对目前所处的情境进行框定,然后将情境与自己拟定的行为方式相结合,形成新的情境,继而行动,通过情境的"反馈"和"回话",对行动评估,若得到积极的结果,可按原方式继续行动,若得到消极结果则要重新进行情境的框定,并调整原行动策略,继而改变行动结果,更新实践情境,从而形成"框定情境—行动—新情境—反馈—评估—重新框定—行动—新情境反馈"的循环。教师实践性知识的丰富也正是在这一循环中得以实现的。因此,通过主动创设问题情境可以帮助教师认知、评估自身所处情境,从而调整行动策略,实现自我发展。本研究结合四名案例的问题情境,开展了形式多样的教育干预。教育干预介入的过程中要求案例教师及时反思自身的教学活动,在实践共同体中及时与大家分享。具体包括教学介入、科研介入、行政支持介入和行动反思介入四种方式。下面对四种介入手段,分别进行简要论述。

5.5.1 教学介入

教学介入干预主要体现在针对问题情境的集体研讨、邀请校外专家专题讲座答疑、受试教师课下自主理论学习、反复修改教学设计、在实践共同体中分享交流经验以及让受试教师及时进行教学反思并撰写反思日志等。

理论学习方面,本研究通过设定任务型阅读教学的理论原型概念来评估教师的阅读教学效果,检查教师是否了解任务型语言教学的理论依据(社会构建理论、语言习得理论、课程设计理论、获知效能结论等),是否能够明确传统教学与任务型教学的区别,是否明确语言教学任务与练习的区别,是否明确任务型阅读教学的设计原则、类型及阅读的三个阶段的能力培养侧重点与三个阶段的有效衔接方式,具体操作标准如表5.1,5.2和5.3所示。

表 5.1　传统教学法与任务型语言教学的对比

	传统语言教学	任务型语言教学
教学依据	教学大纲	课程标准、真实的材料
教学模式	教师为中心	学生为中心
教学关注	注重知识、结果	注重知识、能力、过程
教学方法	教师讲授为主	灵活、学生体验为主
学习方式	个体学习	多种方式
教师角色	专家、控制者	设计者、引导者、合作者、促进者、监控者、评估者
教师作用	主宰	主导
学生角色	听众、被动接受者	参与者、实践者、探究者、合作者
学习评价形式	单一,以书面考试为主	多种形式的评价

表 5.2　任务型教学过程步骤

任务前(pre-task)	任务中(main-task)	任务后(post-task)
重构句子、思维,创建语言,减轻认知压力。	平衡、融合语言的准确度和流利度。	语言准确,鼓励语言重构,分析、综合和演练。
培养语言意识,做好准备计划。	选择任务、控制压力。	演示、分析、测试、排序、归纳。

表 5.3　语言教学中任务和练习的区别

练习	任务
以语法和形式为主要导向,包括规则运用、重复、模仿、演习等活动,与发展语言准确性相关。	以意义和语言运用为主要导向,学生学习、理解和体会语言之后在课堂内外参与的有目的、有意义的、能促进其语言学习进程的活动。
主要使学生作为一个语言学习者。	使学生成为一个语言使用者

通过邀请校外专家专题讲座,针对教师的问题进行辅导答疑后,四位受试教师通过学习任务型阅读教学的相关理论,再结合自身的课程设计进行修改,并将自己修改的思路以反思的形式记录下来。教学反思日志的撰写使教师将自己内心的想法（隐形的知识）以文字的形式表达出来（显性的知识）,再通过分享交流,不断自我修订和提高。在这个过程中,教师的实践性知识逐渐形成并发展起来。教学介入的作用在教师的反思日志中可以体现出来,比如反思(Reflection)R－2014 曾这样描述：

……以前上大学和读研究生的时候没听说过任务型阅读教学,自己缺少相关理论知识,现在听了专家的讲座和同事的建议,结合自己的教学设计,我终于明白了任务型阅读教学。（反思 R－2014A）

……虽然在国外读 TESOL 研究生时学过任务型阅读教学理论,但当时听得囫囵吞枣,一知半解,看来是缺少对该理论原型概念的深刻认识。（反思 R－

2014B)

　　自己在教学和科研中接触过任务型阅读教学理论,但自身实践浅尝辄止,对这一理论还没有透彻理解和认识。现在终于弄清楚了……(反思 R-2014C)

　　一直以为自己了解并在践行任务型阅读教学理论,通过在共同体中学习,终于认识到自己原来错了,现在纠正还来得及……(反思 R-2014D)

5.5.2　科研介入

　　除了教学介入外,受试教师所在学校通过诸如实践共同体、专家讲座、课题驱动、岗位培训、合作交流等形式不断强化教师的科研意识,打造学习实践共同体,促进教师队伍建设,促使科研与教学需求相统一,推进科研成果转化指导教学实践;加强科研交流,扩大合作领域,通过校际合作、校企合作、国际间合作等模式,不断深化和提高教师的科研能力;培育科研团队,组织青年教师深入企业锻炼,鼓励教师参与企业管理,积累第一手的科研资料和经验;聘请企业专家指导教师的科研工作,使科研项目与社会经济发展紧密结合;定期邀请校内外科研经验丰富的专家、学者为青年教师举办科研方法讲座和论文写作讲座;支持学术骨干参加各类学术活动,跟踪最新学术动态,并通过每学期常态化的教师岗位培训学术分享活动汇报学术会议内容及体会心得;通过省、市、校各级科研教研项目带动学术研究,根据教师学术专长组成不同的共同体,开展学术沙龙活动,营造学术气氛和学术环境。在这一过程中尤其注重青年教师的阶段性反思,帮助其发现问题,促进其解决问题,并最终帮助其形成实践性知识。下面仅以 2014 学年为例,研究者所在单位教师(包括四名受试教师)参与的科研学术活动列举如下(见表 5.4 和 5.5)。

表 5.4　2014 学年专家讲座信息一览

序号	日期时间	专家所在单位	学术讲座内容
1	2014-11-5 16:00～18:00	河北农业大学	中美两国高校阅读教学比较研究
2	2014-11-7 14:30～16:00	新墨西哥州立大学孔子学院	阅读教学中的英语语音问题
3	2014-11-7 8:30～11:30	邯郸学院	课程与创新团队建设
4	2014-11-8 8:30～11:30	上海外国语大学	文献综述及其学术论文框架
5	2015-1-18 8:30～11:30	河北工业大学	微课慕课与翻转课堂的应用
6	2015-1-18 14:00～15:30	北京石油化工学院	英语阅读教学中微课的研究与实践
7	2015-1-18 16:00～17:30	北京师范大学	青年学者如何进行科研、如何向国外期刊投稿

表 5.5　2014 学年教师外出参加学术会议及培训信息一览

序号	学术会议、培训名称	组织单位	时间	地点	内容
1	参加社会实践调研	外语系	2014.7.18～7.24	青岛三利集团	集团运营情况以及用人需求情况等
2	TRP 写作、听力系统软件培训	高等教育出版社	2014.5.16	北京科技大学	TRP 听力写作软件的使用
3	质性研究方法在外语教学研究中的应用高级研修班	教育部全国高等学校教师网络培训中心	2014.10.11～10.13	北京大学	质性研究方法在外语教学研究中的应用
4	学术研究中的质化研究方法	外教社	2014.8.18～8.21	上海外国语大学	质化研究
5	全国首届外语微课大赛河北省赛区启动仪式暨培训	高教社、河北省教育厅	2014.11	河北师范大学	外语微课
6	全国高校大学英语教学发展学术研讨会：形势、目标、能力、策略	外语教学与研究出版社与中国外语教育研究中心	2014.3.22～3.23	外研社国际会议中心	高校大学英语教学发展学术研讨
7	高等学校大学英语教学改革与发展学术研讨会	教育部高等学校大学外语教学指导委员会与高等教育出版社	2014.4.18～4.20	北京	大学英语教学改革与发展

除了邀请校外专家来校开展有针对性的科研学术讲座和选派教师外出参加学术会议外，部分青年骨干教师赴海外留学或访学（如中美富布赖特项目、暑期海外研究项目等），以此激励一线教师专心从事教研和科研工作。本研究中的 TC 教师对科研介入表现出了极大的兴趣，认为自己收获颇丰，这在他的反思日志 R－2014 中可以体现出来：

在院系领导的支持下，我参加了在国内举办的质化研究、翻转课堂、教师专业发展等学术会议，不仅开阔了视野，促进了自身的教学改革，课堂教学效果明显，研究信心大增。结合学校实际，我还成功申报了"新建本科院校转型时期新入职教师专业发展路径研究"的课题。在课题研究和论文撰写过程中，自身理论和实践水平大幅提高，教师职业满足感大幅攀升……（反思 R－2014C）

此外，研究者所在单位还利用二级学院改革的契机，积极探索，实施行政支持介入，改革教学科研体制，分别设立教学岗和科研岗，在教师年度考核和职称评审方面积极探索制定有利于教师教研和科研发展的政策措施。

5.5.3 行政支持介入

除了教学和科研介入外,从管理角度出发,本研究认为二级学院领导或系部领导的学术权威引领及强力推进,即行政支持,对教师学习共同体实际工作开展及教师实践性知识形成与发展具有举足轻重的作用。而这里的行政支持是在教师胜任力的基础上发展而来。

教师胜任力(competency)是在20世纪70年代由美国人麦克利兰(McCleland)首先提出的,他认为通常人们所接受的胜任力是指绩优者所具备的知识、技能、能力和特质(MeClelland,1993)。随后这一概念引起英美两国学者的广泛关注。不久,教师胜任力被两国教育部门用来管理教师绩效,以此来提高教育质量。2004年荷兰教育家戴尼克(Dineke)在前人基础上开发了具有五个维度的教师教学胜任特征模型。这五个维度分别指作为教师的人、作为内容知识专家的教师、作为教师学习推进者的教师、作为组织者的教师和作为学者的教师(韦洪涛、王倩,2012)。本研究的研究者有着30多年的教学经验,同时担任院系行政领导职务10年有余,兼有组织者教师和专家教师两重身份,她将自身的普通教师胜任力转变为行政领导胜任力,并以此开展行政支持介入,积极推动本单位教师(包括四名受试教师)的专业发展。具体表现在如下几个方面:

第一,通过优化资源配置,挖掘潜力,充分利用校内外相关力量,大力推进学术队伍建设。积极引进学科带头人,推行研究方向学术带头人目标责任制,提高科研质量与数量。同时注重管理队伍建设,提高管理队伍素质,强化管理意识和服务意识,形成一支素质高、能力强、具有创新精神的管理队伍。提高教师队伍整体素质,提升教师职业拓展能力,确保教学水平的稳步提升。建立和完善系主任、副主任、教学秘书、教研室主任工作岗位责任制,加强教学科研管理。

第二,重视学术规范建设,加强制度建设。遵循语言教学规律,改革教学评估指标体系,完善教学科研奖励机制。完善教师专业发展继续教育与岗位培训机制。

第三,加大对师资队伍建设的投入,创造条件引进和稳定人才,逐步形成引进人才、留住人才、培养人才、用好人才的良好机制。注重用好现有人才,对现有师资和学术骨干进行全面考察和分析,重点培养留得住的人才,对致力于学院发展的中青年教师给予更多的培养和发展机会。通过人才培养和引进,实现师资队伍结构调整,着力优化学历、职称结构,不断提高教师队伍综合素质。鼓励教师,尤其是青年教师攻读博士学位,更新知识结构,提高学术水平,提高博士学位获得者在全系教师中的比例。

第四,扩大交流,"请进来,走出去"。加强与省内外高校相关院系在师资培养方面的交流与合作。搭建与在外研修人员、知名学者和教授之间的联系,定期邀请校内外科研经验丰富的专家、学者为青年教师举办科研方法讲座和论文写作讲座。支持学术骨干参加各类学术活动,跟踪最新学术动态。同时扩大对外交流与合作,实现人才培养的国际化。

第五,加强师德建设,倡导团队精神。建立常态化的系内学术交流培训机制。以教师发展理论为指导,定期召开学术骨干研究心得交流会、学科发展动态研讨会。以教师发展团队为教师发展共同体,带动课程建设乃至学科建设。在自愿、平等、和谐的气氛中开展学术思想与学校文化的沙龙活动,针对教育现代化的新理念以及社会主义核心价值观开展讨论,各抒己见,互帮互学。完善青年教师导师制,尽快提高青年教师的教学科研能力。教师通过这一平台,加强科研成果的交流,相互学习,相互促进,多出成果、出好成果。科研项目尽可能与教师所学、所教相关。

以上几个方面的行政支持介入表明在教师胜任力的基础上发展而来的领导胜任力与普通教师的胜任力截然不同,领导胜任力在推动团队建设、教学改革、科学研究等方面发挥了极大的促进作用,而这种作用是不可替代的,这在与受试教师的小组座谈 GIT-2014-8 中也得到了响应:

> TC 最近的课题研究等做得不错,听说还参加了全国首届外语微课大赛并取得较好成绩,谈谈体会吧?
> 外语微课大赛是团队项目,是大家集体智慧和汗水的结晶,但是课题、论文等我一直在单打独斗,闭门造车……作为普通教师,我没有能力号召大家组建团队,自己年轻,学识经验有限,个人没有威信力,不可能像行政领导那样一呼百应。(小组座谈 GIT-2014C8)
> 我是助教,科研项目到目前还没触碰,不过教学改革也是按照领导的要求执行的,没有领导的强力支持和推进,可能我会比较谨慎,从教学实践中慢慢体会和领悟。(小组座谈 GIT-2014A8)
> 虽然我是副教授了,但之前的科研课题基本上也是孤军奋战,没有形成团队合作的氛围……我并不热衷教学改革,因为自己的教学已经很好了,但是有了行政领导的强烈干预,特别是院系出台了详细的教学改革方案,而且教学改革与教学评估和绩效考核挂钩。从政策制度和管理机制上进行约束,没办法,我只能调整自身了……(小组座谈 GIT-2014D8)

5.5.4 反思介入

反思的思想渊源可以追溯到大教育家杜威(Dewey)对反思活动的论述。杜威认为反思是一种特殊的思维方式,主体在活动情境过程中产生怀疑或困惑,从而有目的地进行探究以解决情境问题(熊川武,2000)。杜威对反思行为的理解为教学反思奠定了基础,也为教师通过教学反思促进专业发展提供了有益的思路(傅建明,2007)。舍恩(Schon)在前人的基础上明确提出了反思性实践的概念并指出反思是实践者在行动中确认问题并解决问题的思考方式(舍恩,1983)。

本项目前期研究发现,很多高校英语教师在日常教学活动中缺乏反思意识,甚至不知道如何反思,这种现象在本研究四名案例教师身上表现尤其突出。因此,研究者对所在单位教师进行了反思活动的介入。反思介入活动包括两种,一是教学反思,二是培训反思。教学反思材料已经结合四名案例的教学设计在前面的小结中单独呈现,这里主要讨论四位案例教师反思的形式及其主要特征。

四位案例老师教学反思的主要形式

教师进行行动反思,是为了找出自身实践性知识的不足,解决问题以达到发展和提高

的目的。通过上节四个案例的教学反思,我们可以发现教师为积累实践性知识而进行反思主要有以下几种方式:

1. 与学生交流

学生是课堂的主体,授课完成后与学生交流,了解其对课堂内容的接受程度,对教师布置教学任务的完成情况,能够比较直接的给予教师教学反馈,并促使教师积极反思教学质量。

2. 记录工作日志

教师在授课结束后,及时填写工作日志,总结当天的课程完成情况,真实记录课堂情况,学生反馈及作业完成情况,以便及时调整教学任务,改进教学工作。

3. 提高理论水平

结合教师的课堂教学经验,增加理论学习。无规矩不成方圆,教师的反思,除了对学生反馈的了解外,还需要理论的指导。教学是教师独立地、自觉地从事教学和管理自己的实践活动(高翔、王蕾,2003),没有科学的理论指导,教学的理念、任务的设计则偏主观,难有新的突破。理论学习能够促使教师对个人的授课活动有新的理解,并能够找到反思的新的突破口。

4. 与同事及专家交流(包括看精品课等教学录像)

教师独立管理自己的教学实践,在反思的过程中,如果视野过于狭隘,将无法全面地、详尽地对整个实践活动进行反思。与同事及专家的交流,或是观看精品课等教学录像,能够开拓教师本人的视野,扩大反思的空间,使反思更有成效。

四位案例老师教学反思的特征

通过对四位案例老师反思内容的梳理、归类,研究者发现其行动反思存在一定的共性特点,具体如下:

1. 以解决教学问题为基本出发点,指向教学实践的时效性

教学反思不仅仅是简单地回顾教学中出现的各种情况,而是教师对教学中存在的问题有针对性地进行反思,找到不足之处,不断改进,以便优化教学效果,为新的教学实践服务。

2. 教师通过理性反思,从更深层面改善自身的思维方式

教师不断对自身教学活动及其影响教学活动的各因素深入思考。这种思考是一种宏观的、理性的、哲学性的思考活动。通过教学反思,重构教学实践、教学观念、教学理论等,进而超越现实教学世界、超越教学理论、超越自身。不仅教学水平得到提高,教学理论得到完善,个人意识思维也得到磨炼。整个行动反思过程,教师不断更新自身观念、完善新的知识体系,促进了教学实践的良性循环。

3. 教师的反思具有阶段性特征

处在不同职业生涯阶段的教师反思的程度不尽相同,这与范梅南的反思能力发展阶段性理论有相似之处。范梅南认为教师的反思能力发展可以分为三个阶段。第一阶段为技术的合理性阶段。处于这个阶段的老师往往是新手教师,依据自身经验或观察进行反思,没有上升到理论层次,往往忽略课堂、学校、社区、社会等习惯背景的不确定性。第二阶段为合理行动阶段。处于这一阶段的教师一般会结合理论,超越技术,透过现象表面,看到实践存在的问题,却又表现出个人偏见,其教育选择依赖自身的价值信仰。第三个阶段为批判性反思阶段。处于这一阶段的教师,以开放的意识,将道德和伦理标准整合到自身实践活动中,把教学活动与环境、背景均看成是不确定的,不带偏见地关注对学生发展有益的知识和社会环境的价值,这是最高水平的反思(辛涛,1998;邵光华,2011)。这一论断与陈向明等学者依据哈贝马斯的认知兴趣对反思所做的分类有异曲同工之妙。依据哈贝马斯对人认知兴趣所分的三个层次,行动反思的实践也可以从三个层次进行(赵明仁、陆春萍,2007;陈向明等,2011)。这三个层次分别为:技术性反思、实践性反思和解放性反思。

分析完案例教师的教学反思,我们再来看一下培训反思。依托每学期的岗位培训平台,要求全体参会教师在培训后进行反思,并撰写反思报告。同时,将反思报告作为教师年度考核评价的指标之一。研究者通过反复阅读全部反思报告,将其中反复出现的本土概念提炼、归纳整理后细化为9个维度(内容形式、作用意义、榜样经历、科研态度、访学留学、培训体会、自我内省、文化氛围、反馈意见)。具体如表5.6所示。

表5.6 教师岗位培训反思一览

培训反思维度		具体内容概括
1	内容形式	内容丰富、形式多样(包括青年教师教学展示与点评、科技局科研课题申报座谈交流、院领导宏观政策讲座解读、教师出国培训分享、质化研究会议分享、微课培训分享、文化沙龙、专家微课、慕课、翻转课堂在教学中的应用讲座,青年学者课题申报及国外期刊投稿途径讲座等)。
2	作用意义	收获颇丰、受益匪浅(开阔了视野、增长了知识、增进了友谊、激发了自我反思、弥补了理论不足、促进了教学相长、树立了合作分享意识、明确了前进方向、增长了学习动力等)。
3	榜样经历	领导(主任)放下架子,冲在前线,自己读博、写论文、参加上外学术沙龙等工作坊,以身作则,挑战自我,克服多种困难,努力拼搏,不断进取,为大家树立了榜样,成为师生偶像,提升人生境界。
4	科研态度	做研究需要认真、科学、严谨、扎实,做到精细化、数据化、系统化,重方法、重资料、重逻辑,从教学实践出发,从小处入手开展。
5	访学留学	接触崭新教学、科研理念,带回全新感受,走出去很必要。
6	培训体会	领导和专家的引领作用很重要,更新学习理念,教学科研密不可分,团队合作、协同发展,创建学习型组织很必要,新技术不断涌现,外语教学方式变革和教师角色转型已成定局。

(续表)

	培训反思维度	具体内容概括
7	自我内省	由于自我放松、懈怠导致教学、科研压力很大,困难重重,要不断学习,自我弥补,提高自身信息技术素养,合作交流分享,重新设计教学活动,改变传统教学模式,了解学生和社会需求,化压力为动力,自我发展,享受工作生活。
8	文化氛围	紧张愉快、宽松愉悦、和谐轻松、温馨愉快、其乐融融、满是正能量。
9	反馈意见	请进来,走出去,创造更多分享交流机会,创造更多学术争鸣的良好氛围,针对教师普遍缺乏的某项技能开展有针对性的培训;培训前征询教学需求,安排时间尽量宽松,个别项目详细讲解。

以上四位案例教师的教学和培训反思也反映出一些问题。尽管大部分英语教师在遇到问题时都能及时反思,但行动上往往跟不上。部分教师的反思停留在任务层面上,这和教师自身理论水平有关,也和学校教师间缺少反思氛围有关,还和自身缺少反思意识有关。

针对这些问题,研究者认为学校层面,特别是院系层面要营造有利于教师自觉反思的氛围。通过常态化的校本培训,定期开展反思经验交流分享大会,塑造教师学习文化,让教师群体成为学习型组织,相互交流讨论,自我思考。

本次教育干预实验,四位案例老师是在要求之下撰写的反思报告。从长远看,以人为本的教育理念要求我们尊重教师的意愿,让反思成为一种自觉意识,而不能作为制度。因为,反思只有在自愿的情况下才能真正发挥其作用。因此,行政领导在制定对教师教学反思要求时要充分考虑教师的真实感受。对反思的要求要远离形式化,在尊重个性的前提下,教师可以灵活地自我反思,自我检讨,以达到自我反省的境界(俞国良,1999)。

此外,针对教师自身专业理论水平不高的现实,院系要发挥内引外联的作用。积极落实"走出去、请进来"措施。一方面,派遣教研室主任或青年骨干教师参加国内外学术会议,积极支持他们赴国内外知名院校访学。另一方面邀请国内或省内专家来校进行有针对性的专题讲座或研讨活动。

教师自身层面,首先要转变思想观念,将反思自觉作为日常教学工作的一部分。明确反思对教学以及自身专业发展的重要作用,提高自觉反思意识,化被动为主动。积极融入实践共同体中,通过与同事的交流和合作,不断提高自身反思的能力和水平。此外,还要突破教学反思局限,扩展反思的内容,加深反思程度。

本节是介入手段、应用的探讨。对研究者所在单位教师开展的教学、科研、行政支持和反思四方面教育干预活动的结果表明。这些介入活动对高校英语教师,尤其是对四名受试教师实践性知识形成和发展产生了一定的机制保障作用。

5.6 本章小结

本章结合问卷调查的结果分析,开展了质化研究,旨在进一步了解高校英语教师实践性知识的实然状态。按照调查问卷的设计思路,分别从教学模式、教学理念、教学反思、教学培训以及现代教育技术在英语课堂的整合使用等方面分析了高校英语教师实践性知识的实然现状。本章结合四名受试教师的教学实际,以任务型阅读教学为例,先后呈现了四名案例的课堂录课、追述式访谈以及反思日志等材料,并从教师信念的变化、任务型阅读教学理念的形成、学习者中心理念的发展、教师课程理念的变化等方面展示和分析了教师的教学行为以及教学信念的变化情况,逐一框定四位老师的问题情境。然后从问题情境、行动反思和实践共同体三个层面探讨和分析了教师实践性知识形成与发展的媒介作用。同时通过对案例教师开展的实验介入,也就是教学介入、科研介入、行政支持介入和反思介入,从四个维度分析教师实践性知识形成与发展的教育干预机制作用。本章数据的梳理与分析为下一章质化研究结果的讨论做好了铺垫。

第 6 章

结果与讨论

6.1 引　言

以往研究显示,构成教师实践性知识的四大要素包括:主体、问题情境、行动反思和信念(陈向明,2011)。基于前面两章的数据分析,本研究对于高校英语教师实践性知识的现状有了进一步的了解。结合数据分析发现,教师信奉的理念和教学实践中实际采用的教学理念存在一定差异。同时还发现,处于不同职业发展阶段的教师对其接受的教育干预反应不同。本章在总结前面数据的基础上,将着重对高校英语教师信念对实践性知识的影响作用和实践性知识的影响因素进行深入讨论和分析,以期整理归纳出高校英语教师实践性知识形成和发展的媒介、机制以及发展路径。

6.2 高校英语教师信念的影响作用

本节在前面质化和量化研究的基础上,对高校英语教师信念的作用进行归纳和概括,从教师信念影响教师的学科教学知识、教师的教学理念以及教师的教学行为三个维度分别进行讨论。

6.2.1 教师信念影响教师的学科教学知识

本研究的问卷调查结果及访谈分析显示,教师的实践性知识与现实教学需求存在差距,主要表现在教师信奉的理念未必应用于教学实践。究其原因,虽然教师的学历越来越高,专业研究越来越深入,教师的学科专业知识包括语言学知识、文学知识、翻译理论知识等虽然可以用于高校英语课程教学,甚至可以成为教学内容的知识,但是很难转化为教师的实践性知识。也就是说,这些理论知识对教师来说只是处于陈述性知识的层次,很多教师对新的教学理论一知半解,因此只有一部分知识应用于实际的教学设计和教学实践,也有教师甚至不愿意将这些知识应用于教学实践。虽然这些教师都会有各种理由解释这一现象,但现实是这些教师从来没有认真考虑过产生这一现象的原因。本研究除了4位受试教师外,还有4位教师参与教师发展团队建设,其中有2位教师的专业方向为文学,然而在课堂教学中他们不会从文学角度分析教材中的文学类文章;还有2位教师的专业方向为翻译,在教学中也只是让学生做英译汉或汉译英的练习;还有获得哲学博士学位的教师没有将其哲学的思想和思辨应用到课堂上。尽管有教师能够将一些语言学理论应用于教学,但是大部分教师的本体性知识仍然停留在陈述性知识层面,无法变成其实践性知识。因此,相对本体性知识而言,教师更缺乏的是条件性知识,而之所以造成这种现象归根结底是由于教师的信念没有发生改变。

6.2.2 教师信念影响教师的教学理念

除了对教师从自我意象、学生意象、学校意象以及课程的认识等方面探究教师的信念之外,本研究还从实践层面以阅读教学为例开展调查和实验介入,重点关注了教师阅读教学中的语言处理、教学理念、教学组织模式、图示形成与发展以及信息处理等方面内容。研究发现,越来越多的高校英语教师开始接受情境课程理念,比如"以输出为驱动,以输入为基础"的教学理念,而任务型教学、项目学习更是为广大教师所认可和接受,反映出在职培训、继续学习等活动对教师教学设计相关知识的形成与发展起到了一定的作用。但是实际课堂中,这些新的教学理念却很难应用于实践。换句话说,教师信奉的知识与教学中使用的知识一致性较差,出现了"言行不一"现象。以任务型阅读教学为例,尽管教师课堂教学设计和组织教学的行为表现是传统的,教学模式是陈旧的,教师仍然表示自己采纳的是任务型教学。尽管教师课上滔滔不绝地讲解阅读技巧、文章结构的逻辑、主旨大意和具体信息,却不能组织学生自己阅读;这实际上是教师在讲解图式,而没有帮助学生形成与发展图式,教师依然宣称自己是以学习者为中心开展教学。教师认可这些新的教学理论,而教师在自身的实际教学中却没有应用这些理论。还有部分教师仍然固守着过时低效的教学方式,显示出其实践性知识与教学需求之间的脱节。也有部分年轻教师试图将最新的信息技术以及前沿的教育技术理念(微课、慕课、翻转课堂等)整合应用到教学中去,但受制于学校硬件条件和自身水平,现代教育技术在实际教学中使用情况欠佳。

6.2.3 教师信念影响教师的教学行为

本研究通过量化问卷调查以及质化访谈、课堂实录分析、教师的反思报告数据等分析了教师信念与教师课程理念以及教学理念的关系。研究表明,教师的信念可以影响到教师对自我的认识、对学生的认识、对教育情境的认识以及对课程目标、教学内容、教学方式等的认识。转变教师对课程理念和教学理念的认识可以影响到教师的教学设计、教学行为和反思行为。本研究通过实验介入对四位受试教师进行教育干预。研究发现,只有转变教师的信念,才能使教师转变教学实践行为,进而提高教师教学水平,推进课程改革,促进教师专业发展。

具体而言,本研究通过隐喻的方式,了解教师对自我、学生和情境的认知情况。本研究显示,只有30%左右的高校英语教师对师生关系的定位比较合理。他们主张自己与学生之间是朋友关系,师生应相互尊重,相互信任,教师为学生成长提供引导和帮助。就像导演一样,让学生有机会真正参与到课程学习中来发挥主导作用。其余调查对象对自身和学生的认识出现偏差,"孩子"幼稚、"母亲"包办溺爱,会使学生失去自主;"管理员"突出行为规范,但往往忽略教育;"牧师""白纸"等都反映了教师的主导地位和"填鸭式"的知识灌输模式。

情境认知层面,本调查显示,虽然情境课程开始为广大教师所接受,很多教师认为高校英语课程不能只是拓展学生的语言知识,更要培养学生的语言语用能力,同时还必须发展学生的智能,培养学生的生存能力、做人做事的能力。但是仍有相当比例的教师将注意力集中于语言知识的教学,将语言知识的拓展作为高校英语课程的目标之一,视大学为知识的殿堂,把学生视为五颜六色的没有生命的纸。在他们眼中,知识仍然是最为重要的内容,教师仍然扮演传道、授业之角色。虽然这只是部分教师的教学理念,但是体现出一个十分严峻的问题,揭示了高等教育落后于时代的一个重要因素。那么造成这种现象的原因是什么,到底是什么因素在影响教师实践性知识的形成与发展呢?下一节将重点进行讨论。

6.3 高校英语教师实践性知识的影响因素讨论

尽管影响教师实践性知识形成与发展的因素很多,本研究通过质化数据发现以下对教师实践性知识的发展能够起到关键性作用的影响因素。

6.3.1 理论原型概念的缺失

本研究前期问卷调查以及后期质化资料分析显示,由于高校英语教师职前知识学习偏重理论,又缺乏实践巩固,很多先进的理论知识并没有真正掌握。而入职后参加的各种培训,大多数限于时间、规模、场地等因素的影响,蜻蜓点水般地普及推广,效果不佳。这造成教师虽然学习并看似接受了某种理论,但实际上没有真正认识、理解、消化并应用该理论。换句话说,教师只是认可和接受了该理论,但并没有使之变成其信奉的理论,真正信奉的理论需要在教学实践中加以检验才能证明是否真正信奉。比如,本研究中的受试教师表示自己信奉某一个理论,如任务型教学理论,但是这些教师缺乏有关理论的基本特征、课堂操作、与其他理论的差别等基本知识。有的教师把句子翻译和句法释义(paraphrase)界定为任务,在课堂教学中完成释义和句子翻译就称之为任务型教学。这说明,教师没有掌握任务型教学的理论原型,没有掌握该理论的核心特征。这一现象也说明,促进理论知识向实践性知识的转变有必要在培训时有针对性地关注理论的原型概念。

6.3.2 教师自我防御意识的阻碍

本研究发现,教师在反思教学中出现的问题时,常常寻找自身以外的诱因。这是人的一种本能反应。在访谈过程中,当教师意识到自己其实对某个理论的理解存在误差,认识到自己的教学并没有像自己推崇的"以学习者为中心"时,当采访者的引导让其突然感觉到自己整堂课都在"一言堂"时,当发现自己整节课甚至从未从讲台上下来走到学生中间时,我们看到教师自身隐约间的尴尬、无奈与挫败感。这时教师极力寻找更多理由为自己解释或辩护,例如教师认为新的理论不适用于中国的国情,也不符合我校学生的实际需求,而拒绝接受新的理论,这是一种自我防御的表现。另外,教师将学校的教学任务安排、学校对于考试的规定、学生培养方案和英语教学授课时数的限制、学生水平参差不齐等外界因素作为推脱的理由,进行自我防御。正是这些自我防御阻碍了教师清楚地认识自己存在的问题,也阻碍了教师的实践性知识的形成和发展。只有改变这种局面才能帮助教师形成与发展应有的实践性知识,这也正是本研究力图探究的内容和力图要解决的问题。

6.3.3　现行培训模式实践含量不高,不符合教师实际需求

由于教师缺乏对某个理论的原型认识,而现行的培训模式侧重理论讲解,缺少相应的实践巩固环节,不符合教师的实际需求,不能就某个理论原型进行深入的强化指导,造成教师对新的理论原型不能加以理解、认识和应用,也就没有起到培训的真正作用。因此,对教师实践性知识形成与发展没有起到显著的促进作用。这很大程度上与培训目的和模式有关。国内的出版社或教育机构的培训只是增加语块、认知、图式激活方面的知识,而对教师实践性知识形成和发展的作用不显著,难以转变教师的理念。这些培训多是以商业宣传为目的,请资深专家讲解为主,缺乏实践性操作。同时培训重点往往是针对新理论的介绍和应用,缺少对教师价值观的引导。在学习新的理论时,教师不能评估已有的价值观,难以分辨新的理念与其已有图式的不协调,不能理解为什么自己不能消化新的理论,从而无法完成从顺应到平衡的过程,因此没有形成与发展新的图式。

6.3.4　文化影响

有研究显示文化从某种程度上对教师实践性知识具有管控能力(石心,2013)。在文化的影响下,教师只能同化符合其文化标准的东西。当新的理念与其原有文化发生冲突时,教师倾向于放弃新的东西,而服从于原来的文化。教师经历海外学习,接受了新的理念,而回国后却往往不能将新的理念应用于国内的高校英语课堂教学,这正是文化因素使然。十几年来,中国课程改革开展得如火如荼,而收效甚微,大学教育仍然沿袭原来的教学理念,新的理念仍然难以推行,很大程度上与我们的文化尤其是考试文化不无关系。要帮助教师形成与发展新的理论知识,有必要对教师进行文化教育,帮助教师冲破文化的羁绊,形成与发展符合社会发展需求、符合课程发展需求的实践性知识。

以往研究习惯于将文化因素与其他因素,如社会、家庭、学校教育等对立起来。其实,文化与其他因素呈现的却是一个包容的关系。所谓文化是指一个社会、组织或群体特征性共同的习俗、态度、价值观、思想和社会行为(Kroeber & Kluckhohn, 1952; Soanes & Stevenson, 2004),是言语社团的一部分,体现了一个社团的核心信仰、价值观以及行为模式、艺术和交际(Corbet, 2003),是人类群体不断演进的生活方式,包括一套共有的生

活实践体系。这一体系与一系列共有的文化产品相关,以一套共有的世界观为基础,并置于特定的社会情境之中(Moran,2004:11)。由此来看,文化体现出人们的意识形态、价值观、行为方式、社会实践,渗透于人们的日常行为、生活起居、学校教育、人际交往之中。不同民族、不同社团之所以有着不同的价值观、意识形态、思想、态度是因为他们有着不同的文化。换句话说,文化决定了一个人的价值观、世界观、情感态度,决定了其接受的学校教育、社会行为和家庭生活。因而教学活动也是一种文化活动。课堂文化是主导教学的核心,而教师文化又主导着学生的文化。学校文化对课程改革产生了重要的影响,并且这种影响具有一定的复杂性、隐秘性和长期性(唐丽芳,2005)。文化因素也因此成为教师实践性知识建构的决定性因素,成为实践性知识建构中的主导变量。因此,教师教育教学理念的差异也是文化差异的表现。

　　社会、民族文化影响实践性知识,作为文化子系统的学校文化也不例外(杨全印、孙稼麟,2005)。由于不同文化中价值观的差异,其学校教育的体制、课程理念、教学模式也各不相同。研究表明,中国英语教师与本族人英语教师在其教学行为(葛瑞红,2004;侯新民、刘佩佩,2010)、教学风格(谭文芬、胡胜高,2010)、课堂互动(张奕,2006;李素枝,2007;李鑫,2011)、评价模式(靳岩,2004)以及教育教学观念上(王若梅,2010)存在很大差异。中国英语教师无论如何都很难像西方人一样管理课堂、组织活动、讲授知识、评价学生,更很难像西方人一样与学生互动。在中国也很难存在像西方一样的师生平等关系。时至今日,中国学校教育一直崇尚"师者,传道授业解惑也"的理念,仍旧是考试至上,应试教育的局面仍无法改变,报纸、电视广告中仍充斥着提倡死记硬背的广告,造成这种局面的自然因素是中国的文化、中国的教育文化。中国的教育是知识本位、成绩本位,中国文化是一种仰视文化,在这种教育下成长起来的教师很难放弃其权威。

　　此外,以往研究发现,共同体是实践性知识形成的场所与主要媒介,能为知识同化、表出、情境化和内化环节提供持续且显著的支持,知识情境化的过程也必须以实践共同体为前提和必要条件(陈向明,2011:228)。但是,共同体成员所追求的目标、运行的方式、成员之间的交互对话等不可能独立于外部环境而存在,一定会受到历史、社会、文化和具体情境的限制。中国文化下的实践共同体所追求的目标难以摆脱社会所赋予的历史使命,难以摆脱其传统价值观的束缚。虽然国家的课程标准、教学大纲提出了新的教育目标,提出了新的历史使命。但是,对于绝大多数老师来说,考试、升学仍然是其难以摆脱的直接任务。中国人对优秀教师的评价标准也不可能排除中、高考升学率和国家四、六级考试通过率等因素的影响。根据科瑟根(Korthagen,2004)教师实践性知识建构的"洋葱圈模式",教师的"使命"是影响其知识建构的最重要的因素,而使命的赋予带有很强的文化特色,也无法摆脱其文化中的意识形态和价值观的束缚。

　　共同体无法摆脱文化意识形态和价值观的束缚,形成实践性知识另一重要媒介的反思能否起到应有的作用也与其主要文化有关。教师不可能随心所欲地选择自己的行为,也不可能系统地将其所信奉的理论应用到自己的实践中。课程改革带来了新的理念,教师们也认可新的教育理念,但是,很少有教师能在其教学中真正将这些理念付诸实施。"应试"是中国的教育文化。1300多年以后,中国的教育仍然具有很浓的"科举"色彩,难以摆脱应试的束缚。为了促进外语教师的专业发展,不仅各教育机构都在开展各种各样的在职教师培训,国家也从2007年开展组织全员参与的国家级远程研修项目,旨在促进基础教育课程改革。但是调查显示,很多教师还是很难适应新课程改革提出的教育教学理念(杨莉娟、项纯、李铁安,2012)。基础教育课程改革已10年有余,新的课程理念仍旧很难实施(孙毓,2012),中国教师很难接受新的课程理念(杨莉娟、项纯、李铁安,2012)。这与中国文化崇尚实践理性有关。对于中国教师而言,重要的不是理论,而是行动本身。这种文化特征使得人们倾向于对新的思想、新的思潮、新的理论持怀疑或保留态度,他们宁可遵循已有的操作也不愿意冒险尝试那些与主流价值观不一致的理论。中国的文化从某种程度上阻碍了教师接受新的教育教学理念,影响了其实践性知识的形成与发展。究其原因,行动者维持着现存的支配性变量,即使行为世界中显示出冲突,行动者也只寻求行动策略的改变来维持价值域的恒定性(阿吉里斯等,2000)。面对教学困境时,只是简单地改变行动策略以解决表面问题,而不会从自身出发反思其教学理念,不能研究主导价值观的问题所在,这不仅阻碍了教师接受新的教育教学理念,也影响了教师实践性知识的形成与发展。由于文化是在历史的长河中慢慢积淀下来的,不可能一朝一夕就发生改变,因此这是一项长期而艰巨的任务。随着跨文化交际需求的日益增加,高校英语教学大纲也对跨文化交际能力培养做出了明确规定。我们相信文化的影响因素会随着社会的改变而逐渐改变。

最后,受当前教育体制和学校教学机制的约束,从某种程度上讲,教师无法在教学实践中应用新的教学思想,教师反思流于形式,教师发展倦怠期提前,对新理论的学习采取防御性态度,等等,这些因素都影响到实践性知识的形成和发展。

6.4 高校英语教师实践性知识形成与发展的媒介

教师实践性知识的形成与发展存在多种影响因素,那么如何控制这些因素,如何帮助教师掌握理论的原型概念,如何使教师面对问题时不去逃避,勇于接受问题,突破各种羁绊,自愿暴露问题,主动寻求解决途径,乐意分享,积极学习最终促成自身实践性知识的发展呢?

上一章介绍了四位教师的阅读教学案例研究,在探究问题情境、行动反思、实践共同体等在教师实践性知识形成与发展中的作用的基础上,分析促成教师实践性知识形成和发展的媒介以及保障机制。

6.4.1 问题情境对教师实践性知识形成与发展的媒介作用

本研究对四位受试教师的任务型阅读教学所进行的干预研究显示,教师日常的教学情境具有确定性与不确定性两面。确定性主要表现在教师和学生关系相对稳定,教学内容、教学原则、教学方法、教学材料等主体相对固定。而不确定性则表现在教师个人能动主体之间的关系复杂多变。情境是动态、变化和发展的,导致其解决方法亦无统一标准答案可循。因此,教师需要与"相对确定性情境"与"不确定情境"进行对话,不断实践、评价、反馈、再实践,通过信念、判断和决策来实现教师自身实践性知识的发展。

即使在相对确定性的情境中,教师的实践活动也具有程序化特点,比如教师清楚带着何种表情走进教室,如何问候学生,如何开始教学、导入、讲解、布置作业等,也知道如何控制课堂和教学进度,面对教学环境中的不确定因素也表现得有条不紊。教师在面对他们所熟悉的教学内容,学生和教学环境的时候,他们对情境的反应相对确定,形成"教学惯习",体现了教师的经验式实践知识的应用,教师形成了在特定的教学情境下的特定教学常态,使得课堂情境在其掌握之中。一方面,这种"惯习"可以使教学相对顺畅平稳地进行,但另一方面,教师会表现出"以不变应万变"的教学态度,因此容易忽视新信息的出现,对于不断发展变化的情境察觉不敏锐,无法及时调整应对策略。比如,在教学实践中对于学界热点的教学理论缺乏关注,或者关注却缺乏理解与应用,不自觉地产生"防御",或只是在某个教学环节上应用"新"的方法,但不能改变已遵循的教学常态和教学理念。这种情况在上一章的案例研究中也有所体现,尤其是教学经验比较丰富,处于职业发展成熟稳定期的教师。受外部和自身多种因素的影响,这些教师的实践性知识倾向于固化,即使通过外界干预也很难改变。

因此,教师的实践性知识可以通过问题情境这一媒介首先被激活,使隐性的知识显性化,然后通过外界干预,形成新的实践性知识,通过在教学实践中检验,不同教师的实践性知识也可能进一步呈现出不同的表现形式。无论如何,问题情境对教师实践性知识的形成与发展能够起到一定的媒介作用。

杜威的实用主义知识观特别强调问题情境的作用,认为真诚的困惑与真实的问题情境是教学的根本。同理,教师的学习或教师的实践性知识的形成与发展也离不开教育教学情境,而且情境就在教师的实践性知识之中(陈向明,2011)。面对特定的问题情境,教师需要克服困难,解决问题。在这个过程中,教师需要运用自己独特的判断力、行动力和教学机智。而教师的实践知识是教师在实践情境中,通过对情境的认知、反馈和互动而形成的(佐藤学,2003),这与舍恩所提出的"与情境做出反应性对话"不谋而合。舍恩(2007)认为实践者处在不断发展变化的情境之中,其实践性知识的获得也是从对连续变化的情境反应中形成的。具体来说,行动前首先要对目前所处的情境进行框定,然后将情境与自己拟定的行为方式相结合,形成新的情境,继而行动,通过情境的"反馈"和"会话",对行动评估,若得到积极的结果,可按原方式继续行动;若得到消极结果则要重新进行情境的框定,并调整原行动策略,继而改变行动结果,更新实践情境,从而形成"框定情境—行动—新情境—反馈—评估—重新框定—行动—新情境反馈"的循环。教师实践性知识的丰富也正是在这一循环中得以实现,因而,通过主动创设问题情境可以帮助教师认知、评估自身所处的情境,进而调整行动策略,实现自我发展。结合本研究实际情况,研究者将问题情境对教师实践性知识形成与发展的媒介作用绘制成模型,具体如下页图 6.1 所示。

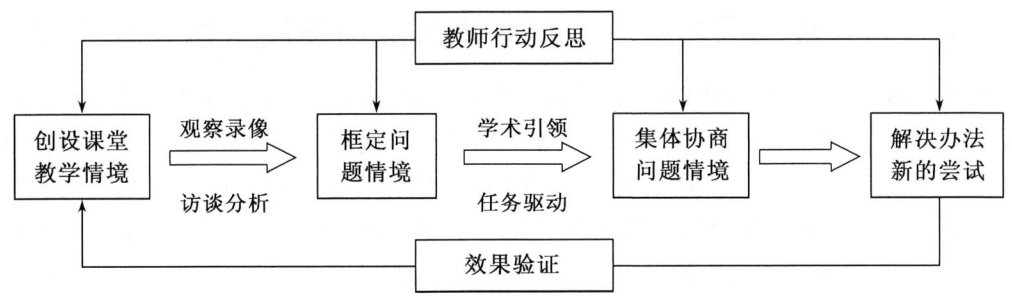

图 6.1　问题情境对教师实践性知识形成与发展的媒介作用

6.4.2　行动反思在实践性知识形成与发展中的媒介作用

以往研究（陈向明，2009）告诉我们，实践性知识通常是隐性的知识，是以教师的经验和性格为基础，表现在教师的日常教学行为中。由于隐性知识难以意识和更正，且这些隐性知识依附于教学行为和日常的教学经验之中，需要通过教师的教学反思，思考自身内隐于日常教学行为中的经验、情感和价值观等隐性知识，将它们由隐性状态变为显性状态，进而对其中的问题和不足进行思考、澄清和修正，并通过教学实践行动，将发生变化后的知识自动地重新内化为隐性知识。在这个循环中，教师的实践性知识得以形成和发展，如图 6.2 所示。

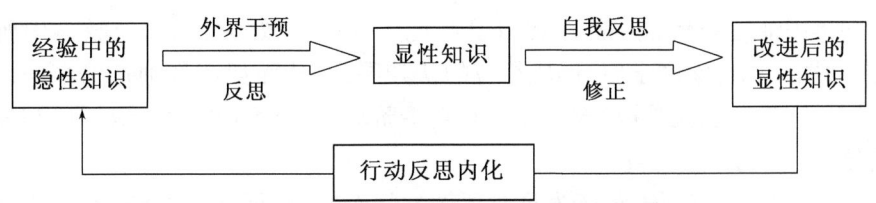

图 6.2　行动反思对教师实践性知识形成与发展的媒介作用

此外，实践性知识是教师专业发展的必备基础，激活教师的实践性知识并将其正确运用在教学过程中，需要教师不断进行系统化反思，并与理论相结合，最终找出自己在课堂教学中存在的问题，对其进行分析并加以解决。本研究中 4 名案例的质化数据还说明，处于不同职业发展阶段的教师都需要不断地反思自己的教学。对于新入职教师而言，他们可以通过"教学尝试—反思"的方式在教学实践行动中获得有效反馈，不断调整，实现自我发展。从这个意义上讲，教学反思是他们实践性知识形成与发展的催化剂（张登山，2010）。而对于成熟稳固阶段的教师而言，尽管他们经验丰富，教学反思会使其教学实践避免经验的简单重复。因此，从这个角度而言，行动反思是一个非常重要的媒介，能够使教师提高自身的教学监控能力，进而促成高校英语教师实践性知识的形成与发展。而教学监控能力指教师为达到教学目标，保证教学成功，在教学全过程中，将教学活动本身作为意识的对象，不断积极主动对其进行计划、检查、评价、反馈、控制和调节的能力（申继亮、辛涛，1995）。以"反思""监控"等为特征的教师监控能力不仅是教师反思性实践的重要维度，也是构成教师实践性知识的核心要素，是影响教师教学效果的关键。

6.4.3　实践共同体在实践性知识形成和发展中的媒介作用

本研究通过以教师发展团队项目建设为驱动,以阅读教学为例,以四位受试教师课堂教学为重点观察对象,研究教师实践性知识的形成和发展。在这个实践共同体中,参与者为完成任务型阅读教学的任务,定期召开(每周一次)小组座谈会。在座谈中,四位案例老师分享自己任务型阅读教学的设计理念及教学思路。小组成员除了研究者和四名案例外,还包括校外专家和本校教师发展团队成员。小组成员在小组座谈例会中针对四位案例的任务型阅读教学说课进行讨论,提出修改意见,进行反思。依赖群体的力量,四名受试教师通过专家指导、与同行研讨交流来反思自己的教学行为,使自己清楚地意识到隐藏在教学行为背后的教学理念,进而提高自身的教学监控能力。该教师实践共同体以教师发展为共同愿景,通过平等协商对话、相互学习、整合并共享资源,对特定理论进行学习—反思—实践—反馈—再学习—再实践。在此过程中,参与者的身份得以认同,教师的实践性知识得以发展。

这个过程与莱芙(Lave)和温格(Wenger)提倡的共同体理念是有一致性的。两位学者(Lave & Wenger,1991)认为新手成员在实践共同体中通过"合法的边缘参与"(legitimate peripheral participation)能够逐渐获得共同体身份,参与活动,并丰富和发展共同体。托马斯(Thomas,1998)也认为教师通过在共同体中参与合作性实践可增长教学知识和实践智慧。本研究创建了教师发展团队,通过实验介入,发现教师尤其是新手教师在实践共同体中通过观察、审视、对比自己与他人的教育教学行为以及教学中所用的理论,进行批判性反思与深度学习,形成相应的认知图式,从而促使教师把信奉的理论转化为实际使用的理论。也就是说,教学介入对新手阶段的教师实践性知识形成与发展的作用最为明显。

对于入职时间相对较长、处于发展阶段的教师而言,科研介入能有效促进其转变教师信念和教学理念,以研究为驱动,促进自身教学相长。而对于教学经验相对丰富、处于职业发展成熟阶段的教师而言,其实践性知识倾向于固化,一般的外界干预很难改变他们的教学理念和教学行为。本研究发现,利用行政支持手段可以有效解决该问题。通过改革教师的评价体系,倡导形成性评价与终结性评价并重的评价方法,基于课程目标与人才培养方案,制定量化评价标准,不搞一刀切。将评价与教师的绩效挂钩,保证实践应用和行动反思有效开展,进而促进教师实践性知识的形成和发展。

对于研究者而言,其在共同体中的作用体现在以下方面:以研究项目为驱动,组建了教师发展团队共同体,拟定研究计划,组织实施。并通过内引外联,充分发挥校内外专家的指导作用,形成了灵活多样的协同学习氛围。针对特定问题情境,组织受试教师集体研讨,集体协商,引导他们行动反思,清晰地展示其思维过程,使隐性的实践性知识显性化,不断修正。通过教学实践,受试教师将显性的教学理念内化为实践性知识,从而促进了教师实践性知识的形成和发展。

由此可见,实践共同体不仅可以促成高校英语教师实践性知识的形成和发展,更可以作为制度保障机制,以此来约束或激励教师不断向前,不断发展。实践共同体对教师实践性知识形成与发展的媒介作用可以概括为图 6.3 所示模型。

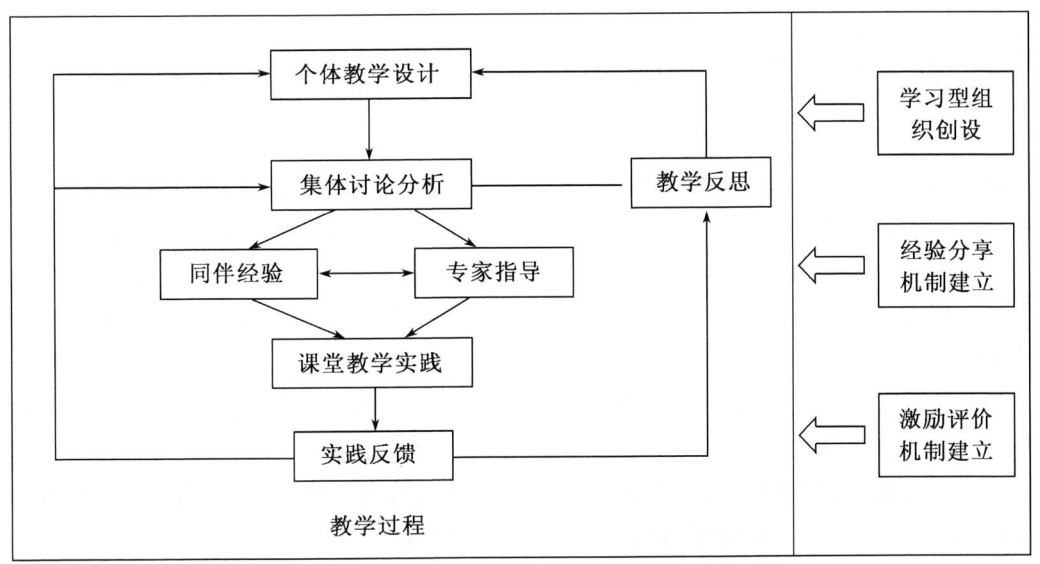

图 6.3 实践共同体对教师实践性知识形成与发展的媒介作用

6.4.4 基于胜任力的绩效管理的媒介作用

通过管理教师绩效来提高教学质量的做法并非本文首创。教师胜任力的概念最早由麦克利兰(McClelland)于 20 世纪 70 年代初提出。随后,英美两国就有将胜任力作为指标体系,用于考核教师知识、技能、态度等对工作绩效、教学质量的影响的研究和探索(韦洪涛、王倩,2012)。霍普金斯(Hopkins,1993)提出了由六个维度组成的教师绩效评价框架。这六个维度分别是职业承诺、对学生的爱、多元化的教学模式、学科特有的教学技法、反思和反省、与同事合作。本研究充分利用学院教师考核改革的契机,改变原先对教师评价仅仅依赖学生打分的做法,引入教师胜任力的一些标准。在原有学生打分的基础上,加入教学模式改革、新技术在外语课堂的使用、反思报告(教学、培训等)、教学和科研团队建设等考核标准。这些标准不仅要体现在量化的数据上,还要以质化的辅佐材料作为支撑。对教师的考核,由院系党委、行政领导、教研室主任、学术委员会成员、教学委员会成员、院系工会代表以及教师代表共同参与,集体协商,结合学校的考核标准最终确定年度教师考核评估成绩。对考核优秀的教师进行物质和精神双重激励,以此激发全体教师强化专业发展意识,合理规划自身职业发展,不断反思,自我更新,树立终身学习的理念,提升创新意识和团队合作精神。

据此,本研究认为基于胜任力的教师绩效管理可以作为一种媒介,有效激励教师改革教学模式,积极行动反思,与他人合作交流,进而提高教学水平,促进教师实践性知识的形成和发展。

6.5 高校英语教师实践性知识形成与发展的机制

高校英语教师是整个高校师资队伍中数量庞大的一个特殊群体,其实践性知识对于教师个体而言,是个人教学成功与否的关键,而对于高校和组织而言,教师的实践性知识则是重要的智识资本和无形资产(姜美玲,2007)。因此高校英语教师实践性知识的形成与发展的机制显得尤为重要。依据哲学辩证唯物主义关于事物运动、变化和发展中矛盾的作用的观点,矛盾的内因(internal causes)与外因(external causes)是相互作用的。内因是指事物发展变化的内在原因,即内部根据;外因是指事物发展变化的外部原因,即外部条件。内因和外因是辩证统一、互相联系、互相转化的。本研究中,教师既有专业自主发展也有基于教师共同体的教师合作学习还有外界的教育干预,这三个方面相互作用、相互影响,共同促成了英语教师实践性知识的形成与发展。

6.5.1 高校英语教师实践性知识形成与发展的机制类型

知识管理(knowledge management)这一概念是美国学者达文波特(H. Davenport)于1997年最先提出的。该理论强调组织对自身知识资源的管理,包括知识的获取、存储、分享、应用和创新等过程(Davernport, 1997)。将这一概念移植到教师实践性知识的管理中去,应该指教师实践性知识的获取、存储、分享、应用与创新的过程。这一过程涉及个人和组织两个层面。组织层面,通过创设学习型组织、建立经验分享机制和激励评价机制,可以提升和整合教师个体和群体的知识与经验,发展出有特色的组织知识和文化,进而促进教师实践性知识的聚合创生,推动教师专业化的持续发展(吴长江,2011)。个人层面,通过对教师在教育教学中形成和发展的实践性知识进行有效管理,可以积累和创新教师的个体知识,扩展教师的知识结构,从而促进教师的自主专业发展。教师的自主专业发展是高校英语教师实践性知识形成与发展的根本途径。

教师的自主发展(autonomy)是指教师基于个体的主动意识和能力而自觉地提高自己,完善自己,达到作为教师的人生意义与价值的自我超越(傅建明,2007)。要提高教师专业自主发展的能力,需要采取必要的管理策略,激发教师自主发展的动机成为教师实践性知识产生与发展的关键。本研究通过教学介入、科研介入、反思介入和行政手段介入四种手段有效地提升了教师专业态度和动机,增强了自我发展意识和自我控制能力。教师有意识、自觉主动、有计划有目标地学习研究先进的教学理念,自觉应用于教学实践,认真及时进行反思,提高专业素养和教学水平。部分教师在教学经验和学术成果不断积累的前提下,还考虑进一步进修学位,争取机会在国内外高校访学,系统学习相关理论,全面提高自身教学和科研水平,实现专业自主发展。

而哲学辩证唯物主义认为外因是事物变化的条件,内因是其变化的根据,外因通过内因而起作用(毛泽东,1951)。事物的运动、变化和发展主要是由事物的内部矛盾引起的,同时,外部矛盾也是不可缺少的条件。内因是指事物发展变化的内在原因,外因是指事物发展变化的外部原因。内因和外因是辩证统一、互相联系、互相转化的。既然一切事物的发展是内因与外因相互作用的结果,那么教师实践性知识的形成和发展也不例外。教师的自主专业发展是教师实践性知识产生和发展的内因,基于教师实践共同体的合作学习、教育干预是教师实践性知识产生和发展的外因,二者必须相辅相成、相互作用。

由于教师受认识水平和价值观念的局限,教学科研单打独斗抑或闭门造车都不可能取得成功。教师需要在群体中通过与其他教师研讨交流来反思自己的教学行为,使自己清楚地了解教学现象背后的教学理念,进而提高自身的教学监控能力。因此,组织层面需要有所作为,通过创建教师实践共同体,搭建教学学术分享交流平台,开展合作学习,通过平等对话、合作切磋,推动个人实现专业发展。本研究通过组建教师发展团队,以任务型阅读教学为例,对四名受试进行了教育干预活动,通过框定问题、行动反思继而促进教师教学信念的转变,促进了教师实践性知识的发展。

研究表明,在归纳整理分析四名受试教师实践性知识形成与发展的影响因素的基础上,强调教师的自主发展的同时,高校英语教师在日常的教学实践中需要开展基于教师实践共同体的合作学习(向同行学习、向导师学习、向专家学习等),本着"三人行必有我师"的态度,见贤思齐,自我反思。同时主动参加常态化、有针对性的校本培训,融入日常教研室的教学研讨活动。利用职称评定以及各种教学大赛的驱动,踏实搞好教学和科研工作。因此,组织层面需通过创建教师实践共同体,搭建教学学术分享交流平台,通过平等对话、合作切磋,实现个人专业发展。本研究通过组建教师发展团队,以任务型阅读教学为例,对四名受试进行了教育干预活动,促进了教师教学信念的转变,实现了教师实践性知识的发展,说明该举措是英语教师实践性知识形成与发展的重要途径。

此外,从知识管理角度出发,本研究发现二级学院领导或系部领导的学术权威引领及强力推进,即行政支持,对于教师实践共同体实际工作开展及教师个体实践性知识形成与发展具有举足轻重的作用。而这里的行政支持是在教师胜任力的基础上发展而来的。借鉴戴尼克(Dineke)五个维度的教师教学胜任力特征模型(作为教师的人、作为内容知识专家的教师、作为学习推进者的教师、作为组织者的教师和作为学者的教师)理论,本文研究者作为一名高校英语教师的同时还担任处级行政领导职务,作为行政领导,充分发挥自身领导胜任力,内引外联,组建实践共同体,创造学习合作的环境,积极推动本单位教师的专业发展。促进内因与外因的相互作用,从而促进教师实践性知识的产生与发展,成为英语教师实践性知识的形成与发展的有效途径。

基于以上个体、组织和行政支持三个方面知识管理的论述,研究者构建了教师实践性知识形成中的机制类型模型,如下页图6.4所示。

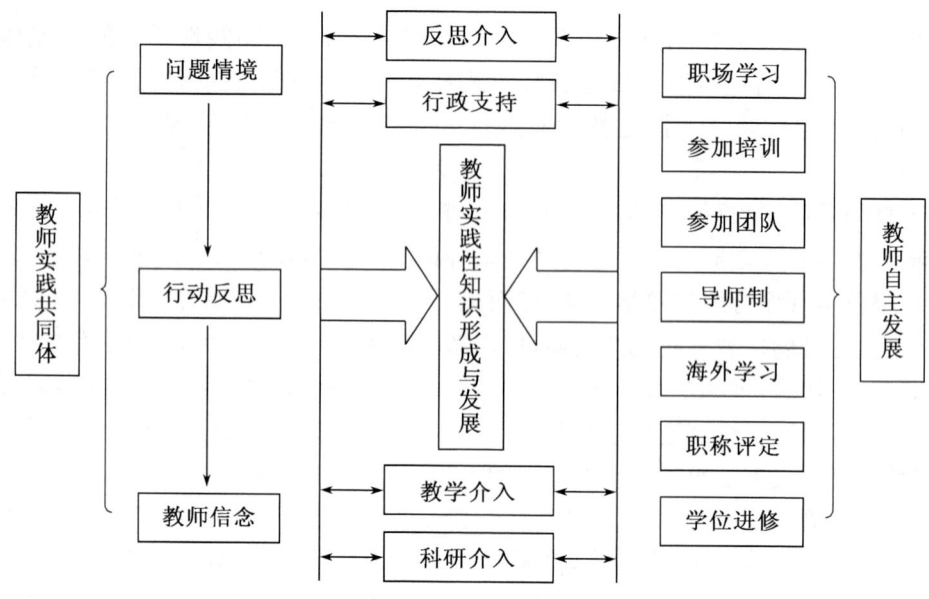

图 6.4　教师实践性知识形成中的机制类型模型

6.5.2　高校英语教师实践性知识形成和发展的机制

本研究的机制是指以促进高校英语教师实践性知识形成和发展为目标，围绕教师信念、教学理念、教学行为等方面，对受试教师进行教学介入、科研介入、反思介入和行政介入。通过创设问题情境，在实践共同体中集体协商，合作交流，为教师转变信念，积极开展教学改革实践进而促进主体发展提供系统有效的行动保障。

研究发现，教师是实践性知识的主体，教师只有通过不断地更新自身原有的知识和观念，提高自身综合能力，转变自身角色，才能实现专业自主发展（陈振华，2005）。本研究中教师主体的发展和教师的专业自主发展是一致的。教师要转变观念，充分发挥主观能动性，开展教历研究。教历研究指的是教师通过对个人资料的收集、对自己思想轨迹的记录来认识自己、认识自己的教学实践，并对自身实践进行有意识的、系统的、持续不断的探究反思，并在反思的基础上提高自己的实践能力以改进教学实践的过程（傅建明，2007）。本研究中的四位受试在阅读教学中运用任务型教学理论，在专家的指导和同事的互助下，不断认识自己的教学行为并对不妥之处进行调整，改变以往教师形式化地填写教师工作日志，被动地完成教学检查任务的状况。教师经过认真反思自己的课程理念与课堂教学过程，再将其有意识的、系统的反思加以升华，形成新的教学理念，应用于教学实践，如此循环往复，形成了新的教师信念，实现了教师的自我超越，进而促进了教师实践性知识的形成与发展。

虽然教师自身发展起决定性作用，但如果没有外在环境的刺激，大多数教师不会自动发生改变。本研究通过前期问卷、探索性小组座谈以及教育干预前的课堂观察框定出高校英语教师的问题情境：高校英语课堂依旧以教师为中心，教师依然扮演着知识传授者的角色，而学生是被动的知识接受者，知识灌输的对象。为了改变现状，研究者发挥行政支持的作用，推动教学模式改革，以任务型阅读教学为例，组建教师团队，邀请校外专家开展教学模式改革的讲座。每周教学实践共同体就教学模式改革进行教学研讨活动，以四位案例为重点观察对象,开展任务型教学模式的改革介入活动。

具体而言,本研究中院系组织开展教学介入,委托本单位教学业务精湛、人格品行优良的资深教师担任新入职教师的教学导师,开展一对一帮扶工作,协助他们尽快站稳讲台,丰富和发展他们的实践性知识。除了教学导师,本研究还涉及同伴指导。这一概念指的是两个或两个以上教师为其专业发展的需要而工作在一起,并通过彼此课堂教学的观察、课后的回馈及讨论,彼此激励、经验传承、改进教学(傅建明,2007)。本单位的英语教师在日常的教学中,除了有限的例行的集体会议外,课下在一起活动的时间并不多。通过教学介入,教师发展团队成员在探讨教学活动的过程中,不仅密切了伙伴关系,还加深了团队合作的情谊。

通过教学介入,研究发现新手阶段的教师,对学生地位、教师作用、师生关系、课程目标、情境知识等方面的认识深入,改变了以往以知识传授为主、以教师为主导的教学模式,转变了教师的教学理念和课程理念,从而有效地促进了自身信念的转变。

教学介入对发展阶段的教师起到了一定的作用,但研究发现科研介入对发展阶段的教师作用更为明显。研究者所在单位,通过行政领导的大力支持和全体教师的共同参与,建立了常态化的内部学术交流培训机制。即以教师发展理论为指导,以教学研讨活动为内容,定期召开学术骨干研究心得交流会、学科发展动态研讨会。以完善青年教师导师制为依托,大力提高青年教师的教学科研能力。同时,实施"请进来,走出去"的科研提升战略。国内知名学者、教授被邀请来校就先进教学理念以及慕课、微课、翻转课堂等最新整合技术的教学模式或教学资源从理论到实践进行全面展示。同时,大批骨干教师赴国内外高校参加任务型教学、基于内容的教学、基于项目的教学或以输出为驱动的教学等学术会议或访学研讨活动。通过这些平台,教师得以加强与国内外同行交流教学和科研成果,相互学习,相互促进。

值得提出的是,本研究在实施教学介入和科研介入过程中,发现高校英语教师缺乏反思意识,部分教师的反思仅仅停留在任务层面上,这与教师自身理论水平有关,当然也和学校教师间缺乏反思氛围有关。教师的反思是教师在教育教学实践中,对自我行为表现及行为之依据的"异味"解析和修正,进而不断提高自身教学效能和素养的过程(王鉴、徐立波,2008)。"行动中反思"是专业人员的一种核心能力,是教师在错综复杂的困境中所表现出的一种行动艺术(舍恩,1983)。因此,营造反思的氛围十分必要。本研究通过改革教师考核评估办法,制定院系政策,将教师的教学反思与校本培训反思和行动反思作为重要的考核指标,以此提高教师的反思意识,创设出人人参与反思的文化氛围。同时,为了避免形式主义和官僚作风,组织多种教研活动,让教师相互说课、评课,鼓励教师间的合作。通过教学沙龙、集体备课、教研室活动、新开课和开新课教师课前试讲、青年教师教学基本功大赛等活动,营造宽松和谐、积极向上、民主自由、开放包容、团结协作的环境,让更多的教师乐于展示自己的反思成果。

本研究还发现,教学介入、科研介入和反思介入对成熟阶段的教师作用有限。为此,研究者发挥领导胜任力作用,以绩效管理改革为契机,引入教师胜任力的一些标准,出台了新的教师考核管理措施,要求教师要与时俱进,强化自身专业发展意识,合理规划自身职业发展方案,积极学习并应用先进的教学理念,在教学中不断反思,在团队中分享经验或寻求帮助。教师的绩效考核成绩除了学生对教师的教学评估外,还由本单位党、政、工、团等依据量化考核综合标准共同决定。

此外,教学模式改革以及绩效管理改革都需要一定的保障机制,首先确保思想观念的转变,为此不仅要求学校上下行政机制制度激励,还需要财务、后勤等行政体制的物质保障,使各项改革措施能够落到实处。

总之,本研究针对不同专业发展阶段教师表现出的问题情境,分别实施了教学介入、科研介入、反思介入和绩效管理介入四种方式,基于知识管理和领导胜任力的教育干预活动对于教师实践性知识的形成和发展起到了极大的推进作用。行政领导充分发挥自身胜任力,以校本培训为抓手,制定知识管理的相关制度和政策,提供专业引领保障。在教育干预的作用下,通过搭建实践共同体平台,以教学改革为突破口,创造轻松的学习环境和交流分享氛围。教师不断反思并调整自身的教学行为,改变以知识传授为主、以教师为中心的教学模式,积极采用先进教学理念和现代教育技术,并将其应用到教学实践中去,从而不断提高教学水平,实现自我超越和专业发展。研究者将高校英语教师实践性知识的形成和发展的机制绘制成模型,恰似"鱼"形。在此,以"鱼"来隐喻,在教育干预介入的作用下教师如鱼得水,加快了教师主体实践性知识更新的步伐,成功转变了教师的信念,促进了教师自身的专业发展。"鱼形"模型具体如图6.5所示。

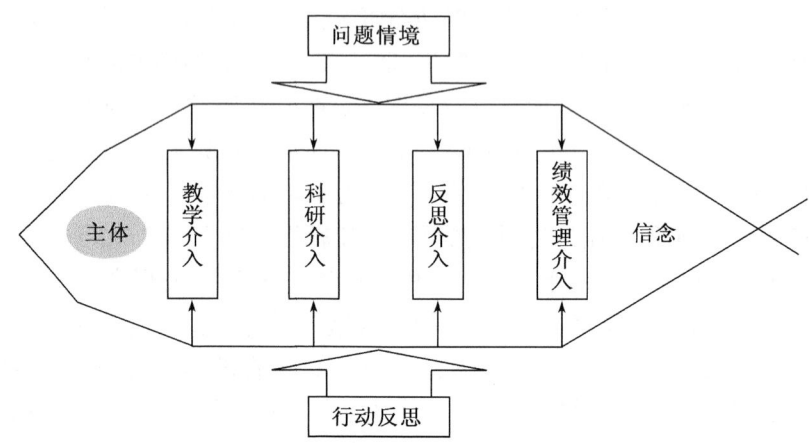

图6.5 "鱼形"模型——高校英语教师实践性知识形成与发展的机制

本"鱼形"模型是在 Argyris(1985)行动探究与介入和陈向明(2011)主体、问题情境、行动反思和信念四个机制类型促进教师实践性知识形成与发展等研究的基础上,结合自身实际情况发展而来的。和前人研究比较,本模型侧重行动研究,以四种更具操作性的实验介入方式,从实践中验证了教师实践性知识形成与发展的干预措施,其内容更丰富,更适合高校英语教师将其作为保障机制从而促进实践性知识的形成与发展。

6.6 高校英语教师实践性知识形成和发展的路径

上一小节在探讨高校英语教师实践性知识形成和发展的机制时绘制出"鱼形"模型,该模型还清晰地反映出高校英语教师实践性知识的形成与发展的完整路径。具体而言,本研究首先组建了教师发展团队,以阅读教学以例,通过课堂观察分析与访谈,发现教师对任务型阅读教学原型概念充满困惑,研究者进一步创设了任务型阅读教学情境,使受试教师原有实践性知识(PK)被激活,对以往缄默的经验产生认识,通过反思成为显性知识。在此基础上,通过外界干预(教学研讨、理论学习、专家答疑、同事交流分享等)教师意识到自己原有的 PK 可能存在问题,需要调整和改进,进而再反思形成新的知识形态(PK′)。通过课堂教学实践进行效果检验,如果一切进展顺利,新的实践性知识(PK′)会被确认为"真"的信念,反之还需要进一步的教育干预。而 PK′随着情境的变化而不断发展和变化。不同教师在类似的教育情境中有可能借鉴 PK′,但由于具有不同的个人特质、生活经历、教育背景等,在使用 PK′时仍会有自己个性化的创新和发展,生成 PK″。

除此之外,我们还可以用 SECI 螺旋图模型来解释高校英语教师实践性知识形成和发展的路径。SECI 知识创生理论是由日本学者野中郁次郎(Ikujiro Nonaka)和竹内弘高(Hirotaka Takeuchi)(1996)在研究知识创造的过程中提出来的。他们认为,知识可以有缄默知识(隐性知识)和显性知识两种形式。显性知识是可以用文字、数字来表达的、客观的、形式化、系统化的知识,而隐性知识是无法用文字或句子表示的、主观的、实质的知识(邵光华,2011),在教育教学领域中隐性知识往往被认为是指教师的实践性知识。既然知识具有传播性,可以被分享、被使用,因此教师的实践性知识也不例外。人类知识通过二者的相互作用来进行创造和传播。野中将知识转化描绘成四个过程,分别是从隐性知识到隐性知识的社会化(Socialization)过程、从隐性知识到显性知识的外在化(Externalization)过程、从显性知识到显性知识的组合化(Combination)过程和从显性知识到隐性知识的内在化(Internalization)过程(阎德明,2005)。本研究在此基础上,通过进一步验证和分析,将高校英语教学实践性知识形成和发展的路径描述如下。

首先,社会化过程是个体之间分享隐性知识进而创造新知识的过程。"社会化"强调在社会中或团体中通过分享交流来进行,本研究中校本培训的重要环节包括邀请校外专家进行专题指导以实现专家引领。校本培训还包括组织本校教学经验丰富的专家型教师作为新入职教师的"导师",组成"师徒制"帮扶队伍。导师对新入职教师的教学活动进行督导,而新手教师也在"教师发展项目"这一校本培训活动中,就阅读教学与同事不断分享、交流经验、通过自我反思,体会模仿等方式获得专家型教师的教学经验,实现了教学真知和智慧从"专家"向"新手"的传递过程。此外,研究者所在单位校本培训活动还经常聘请相关行业或企业中的资深人士为企业导师,定期来校与校内教师一起开展合作授课。这一过程也完成了企业导师的"隐性知识"向校内教师"隐性知识"的自然转换过程,实现了校外专家的专业引领。

其次,外在化过程指的是在共同体中,教师借由描述、类比、隐喻等反思方式将隐性知识表达为显性知识的过程。本研究中,量化的问卷和质化的访谈均涉及隐喻。也就是将教师、学生、学校等比喻成特定意象,如母亲、牧师、白纸、孩子、象牙塔等,通过收集教师的意象数据,探索其背后的教学信念和教学理念,以便发现问题,进行教育干预。另外,在教学准备阶段的教学设计分享与行动反思也是本研究的重点。这个过程与社会化过程是一致的。四位受试教师在实践共同体中分享教学设计与课堂授课的感受,教师发展团队中的其他老师分享教学经验、教学资料、教学方法和教学策略,共同就任务型阅读教学的教学模式、教学理念、教学设计、教材使用、教学评价等方面与专家探讨协商。这个过程中,教师将自身的内隐理念与知识转化为具体的教学方案,这本身就是教师教学知识外化的一种重要表现形式。

再次,组合化是指将零碎的显性知识进一步系统化和复杂化,也就是将零碎的、个体的显性知识和观念经过分享、分析、归类、整合,提升为新的知识体系的过程。本研究以任务型阅读教学模式改革为平台,四名受试教师通过分享自己的教学设计和反思,教师发展共同体成员群策群力,同事间相互合作,大家对这一教学理论与实践都有了新的认识。四位受试教师通过进一步梳理、提炼和整合,使之形成一定的知识体系,并不断在实践中更新完善,最终将教师个人贡献的零散知识整合成系统知识,并在单位例行的校本培训过程中分享。

最后,内在化是指通过在职培训、团队工作以及做中学等方式将新创造的显性知识转化为组员的隐性知识的过程。结合本研究,四名受试教师通过专家指导、同事互助、边做边学,按照团队组合化后的系统知识开展教历研究并将其用于指导自身的教学实践,从而改善其价值观念、态度与行为,促进自主发展。受试教师的成功经验再经由教师岗位培训、教研室集体备课等途径传递给其他教师,激发他们将共享到的显性化知识转化为自身的隐性知识,进而持续创造并创新教师的实践性知识。

在野中知识转化四种模式以及陈向明教授实践性知识生成过程的基础上,本研究结合本单位的实际情况以及本研究实践性知识形成与发展机制的"鱼形"模型,积极探索并实践了高校英语教师实践性知识形成和发展的动态路径模型,如图6.6所示。

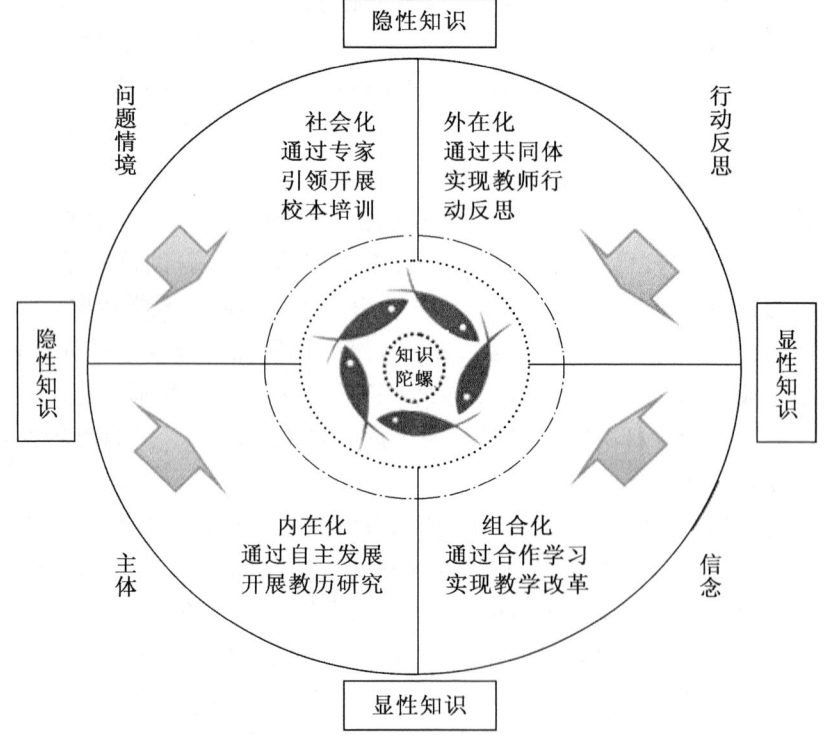

图6.6 高校英语教师实践性知识形成和发展的路径模型

6.7 本章小结

本章在前面量化研究和质化研究数据分析的基础上首先概述了高校英语教师实践性知识的现状,进一步讨论了其影响因素。随后从问题情境、行动反思和实践共同体三个层面分别论述了实践性知识的生成媒介及其作用。接着本章从知识管理角度入手,从个体、组织和行政支持三个方面探讨了教师实践性知识形成与发展的途径。基于领导胜任力和知识管理,重点论述了教育干预及其对实践性知识形成的作用。文章从教学介入、科研介入、行动反思介入和基于胜任力的绩效管理介入四个维度出发,分析了高校英语教师主体在框定问题情境和行动反思后,在外界干预的作用下,其教师信念最终发生改变,从而实现了自身实践性知识的形成和发展的过程,研究者将其整理,归纳出教师实践性知识的形成与发展机制,以"鱼形"模型呈现。最后在日本学者野中郁次郎等人的知识生成转化模型的基础上,探讨教师实践性知识的隐形与显性的转变过程,结合本研究的实际,从社会化、外在化、组合化和内在化四个方面总结出了高校英语教师实践性知识形成和转化的路径模型。

第 7 章 结 论

7.1 研究发现

当前高校英语教师的教学理念陈旧,教师信念与教学实践存在差距,信奉的知识与教学中使用的知识一致性较差,出现"言行不一"的现象;教师的学科教学知识仅停留在陈述性专业知识层面,先进的教育教学理念难以应用于教学实践。教师对新的教学理论一知半解,虽然接受交际教学、任务型教学、输出驱动教学、内容依托教学等先进的教学理念,但其实际课堂教学仍采用知识本位和以教师中心的教学模式。此外,教师所学的专业理论,如原型理论、隐喻、语用学等很少应用于教学。相比本体性知识而言,教师更缺乏的是条件性知识。此外,受当前教育体制和学校教学机制的约束,年轻教师无法在教学实践中应用新的教学思想,教师反思流于形式,教师发展倦怠期提前,对新理论的学习采取防御性态度,影响实践性知识的形成和发展。

虽然近年来高校外语教师的学历不断提高,且一些教师拥有海外留学经历,各级领导重视教师培训,使教师队伍整体素质有所提高。但本研究通过量化与质化的混合研究发现,目前高校英语教学状况并没有发生本质变化。以往研究表明,教师职前所受的教育、入职后的教学经历、教师所接受的培训等都会影响教师实践性知识的形成与发展(陈向明,2003)。然而教师实践的趋同使得我们不得不思考如何才能帮助教师形成与发展符合外语学习规律、符合教育和社会发展的教育观念。本研究源于英语教学的既存现状,探讨了如何帮助教师形成与发展应有的实践性知识这一问题,研究发现:

(1) 不同教育背景、不同学习经历、不同职称的教师,即使受到不同社团文化的影响,其实践性知识仍然不会有显著差异。

(2) 教师的实践性知识复杂多样,教学低效与其教学理念有关,先进的教学理念可促进教学效果的提高。

(3) 教师的理论知识可以转化为实践性知识,从而指导其教学。

(4) 基于问题情境下的教育干预有助于改变教师的教学信念和教学理念,从而促使其理论知识向实践性知识的转化。

（5）问题情境、行动反思、实践共同体和学校教学绩效管理都是促进高校英语教师实践性知识形成和发展的有效媒介。从知识管理角度出发，由教师胜任力发展而来的二级学院领导或系部领导的领导胜任力，对教师实践共同体实际工作（教历研究、教学模式改革、实践共同体建设、同伴合作互助、行动反思环境创设、常态化校本培训实施、教师自主发展激励以及提供专业引领保障等）的开展及个体教师实践性知识的形成与发展具有举足轻重的作用。

（6）基于教师个体、组织单位两个层面建立起来的知识管理体系，在行政领导的推动下，通过创设学习型组织，建立经验分享机制和激励评价机制，可以提升和整合教师个体和群体的知识与经验，发展出有特色的组织知识和文化，进而促进教师实践性知识的聚合创生，有效推动教师专业化的持续发展。

（7）处于新入职适应阶段的年轻教师在接受外界教学干预后，能积极地做出调整，不断学习，不断反思，不断提高；处于成长阶段发展期的教师，面对外界干预，能够虚心学习，积极实践，认真调整改进。但是随着教龄的增长，多年的教学经验已形成教学惯习，加之来自社会、家庭等压力，一些教师感到前途渺茫，进取心不强，甚至对职业发展不抱有希望。这类教师更倾向于深入探究自身的教学活动。所以不同的问题情境、不同的教师专业发展阶段也要采取不同的介入干预手段。对处于发展阶段的教师而言，科研介入更能激发其从事教学和科研的兴趣。而处于成熟阶段的教师，当遇到外界的干预或质疑时，他们会奋起进行自我防御。加之目前多数高校评估体制重科研轻教学，外语教师教学任务繁重，从事科研工作存在诸多困难，其科研往往是为职称提升做准备而不是为教学实践服务。对于成熟阶段的教师而言，他们大多是副教授，多在 35 岁左右评上副教授，除了承担繁重的教学科研任务之外，还有诸多家庭事务和责任，在现行体制下教授职称还遥不可及。来自社会和个人的期望值与现实的矛盾、长期的工作压力以及事业的失败感，使得他们已经表现出了职业倦怠特征，工作热情降低或者工作方法陈旧保守，不能积极学习新的知识，甚至抵御新的教学理念，对教学工作和教学对象——学生失去了耐心和爱心，甚至对教学工作产生厌倦。对这一阶段的教师而言，行政支持手段是十分必要的。而职业倦怠期提前这一现象，应该引起领导者的重视和研究者的进一步关注。

7.2 研究结论

本研究界定了英语教师实践性知识的概念，英语教师在英语教育教学情境中，遵循英语学科教学规律，通过多种途径将认同并接受符合社会需求和学生需求的先进的英语教育教学理念，通过英语教师主体的课堂教学实践和不断反思而形成教师信念。通过问卷调查、探索性访谈、课堂观察与追述式访谈、行动反思等混合研究方法，分析了高校英语教师实践性知识的现状和影响因素。以任务型阅读教学为例，开展教育干预与介入，最终发现了有助于高校英语教师阅读教学实践性知识发展的介入手段，教师实践性知识形成和发展的媒介，并进一步探究了实践性知识形成和发展的途径，对高校英语教师实践性知识的形成和发展做了的实证探究。

　　基于研究问题,从教师实践性知识的分类与构成入手,设立观测点,本文着重关注了高校英语教师的自我知识、对于学生的知识、情境的知识、课程的知识以及阅读教学实践知识等。构建了基于研究问题、相关理论和前人研究成果的概念框架,在研究概念框架的指导下,参考了姜美玲(2006)、张立新(2008)、陈静静(2009)等人的研究设计了调查问卷。结合探索性小组座谈作为先导研究,对本单位大学英语精品课相关老师4名、本单位教师发展项目8名成员、2名专业教研室主任以及同城一所师范高校的教师发展团队2名成员的英语教学现状以及实践性知识形成和发展的影响因素进行了初步分析,资料分析结果为问卷调查的修改以及后期的教育干预提供了参考依据。

　　通过前期的问卷调查和小组座谈,研究者对高校英语教师实践性知识的基本情况及影响因素有了一定的了解。之后本研究基于合作原则、差异原则和便利原则选定本单位的4名受试教师,对其进行介入前课堂观察/录像及追述性访谈,进一步调查教师的实践性知识现状,分析其教学理念和课程理念,探讨教师专业所学、海外学习经历、参加各种培训等对其实践性知识的形成与发展是否起到了应有的作用。4名受试老师职称包括助教、讲师和副教授三个层次。这些案例的选择除了研究设计中提到的原则外,还可以反映出处于不同职业发展阶段(新手阶段、发展阶段和成熟阶段)教师的特征,以框定各自问题,实施教育干预。通过教学介入、科研介入、行政支持介入和反思介入四种方式,对4名受试老师进行教育干预。在教育介入的过程中,研究者、受试教师以及本单位教师发展团队成员定期集中,就受试教师任务型阅读教学的课程设计、课堂授课说课进行评价总结,并提出修改意见。受试教师在分享授课过程和随之展开的追述式访谈中,通过反思,呈现了自己的教学行为。而研究者针对受试教师的教学行为变化情况,收集整理其访谈及反思内容,并进行归纳总结,以探讨其背后的教学信念和教学理念的变化情况。

　　研究者将这些质化数据资料与量化数据进行对比与印证,结合文献综述对研究结果进行提炼和升华,对所研究的问题做以下解答:

　　1. 高校英语教师阅读教学实践性知识现状如何是什么?

　　通过观察教师的课堂教学、分析教师的教学设计以及各级参赛作品,结合先导问卷对高校英语教师的教学理念和课程理念的调查,研究发现:

　　(1)当前高校英语教师的教学理念比较陈旧,教师信念与教学实践存在差距,信奉的知识与教学中使用的知识一致性较差,出现"言行不一"现象。

　　(2)教师的学科教学知识仅停留在陈述性专业知识层面,先进的教育教学理念难以应用于教学实践。教师对新的教学理论一知半解,虽然接受交际教学、任务型教学、输出驱动教学、内容依托教学等先进教学理念,但是在课堂教学中仍然采用知识本位和以教师中心的教学模式。

　　(3)教师所学的专业理论,如原型理论、隐喻、语用学等很少应用于教学。相比本体性知识而言,教师更缺乏的是条件性知识。

　　(4)受当前教育体制和学校教学机制的约束,教师无法在教学实践中应用新的教学思想,教师反思流于形式,教师专业发展倦怠期提前,对新理论的学习采取防御性态度,这些严重影响了实践性知识的形成和发展。

3. 影响高校英语教师阅读教学实践性知识形成与发展的因素有哪些？

（1）影响教师实践性知识形成和发展的因素包括学习经历、毕业专业、学位状况、职称情况、教师培训、教育体制、教学管理机制、文化因素等。

（2）国内的出版社或教育机构的培训对教师实践性知识形成和发展的作用同样不显著，难以转变教师的理念，增加的只是语块、认知、图式激活方面的知识。教师缺乏对新理论的原型认识，现行培训模式侧重理论传授，教师实践环节偏少，不符合教师实际需求，没有起到促进教师实践性知识形成发展的应有作用。

（3）现行的教育体制和教学管理机制极大地影响着教师实践性知识的生成和发展。

（4）文化因素是教师实践性知识形成与发展的重要影响因素之一，教师的实践性知识指导教师的教学行为，又反过来依赖于其所处的社会、历史和文化等背景。不同的社会意识形态、不同的价值观、不同的行为规范，包括教育体制和教育教学行为，都体现出不同的文化特征。在特定的情境与实践共同体中，通过行动反思所形成的实践性知识也因此具有很强的文化相似性。社会在发展，教育在变革，教师的实践性知识同样需要发展，而要保证教师新的实践性知识的形成和发展就必须考虑文化因素的影响。

3. 促进高校英语教师阅读教学实践性知识发展的介入手段是什么？

研究发现，通过主动创设问题情境可以帮助教师认知、评估自身所处情境，从而调整行动策略，实现自我发展。本研究结合4名受试老师的阅读教学现状，框定了各自的问题情境，并开展了形式多样的教育干预，具体包括教学介入、科研介入、行政手段介入和行动反思介入四种方式。

（1）教学介入主要体现在针对问题情境的集体研讨、邀请校外专家专题讲座答疑。受此驱动，教师课下能够自主学习理论、反复修改教学设计并在实践共同体中分享交流经验，及时进行教学反思并撰写反思日志等。教学介入能促使教师改进教学方式，提高教学水平。

（2）科研介入主要包括邀请校外专家来校开展有针对性的科研学术讲座，选派教师外出参加学术会议或赴海外留学或访学，以此引导和激励一线教师专心从事教研与科研工作。以科研项目为牵引，开展团队建设，教学与科研理论联系实际，相辅相成。

（3）行政手段介入主要指二级学院领导或系部领导的学术权威引领及强力推进，这对教师实践共同体创建、教学模式改革、教师评价机制引导、师资队伍建设、校本培训机制建立等方面具体工作的开展起到了巨大的推动作用，间接促进教师实践性知识形成与发展。

（4）反思介入主要涉及教学反思和培训反思两个方面。通过引导教师行动反思并撰写反思报告，实现教师隐性知识的显性化，促进知识生成与转化，提高教师自身监控能力，进而推动教师实践性知识的发展。

7.3 研究创新

本研究从实践性知识的本质出发,结合教师教育教学行为的特点,依据行动研究的理念,调查教师实践性知识的实然现况,探索高校英语教师实践性知识形成与发展的影响因素,分析教师信念和教师在教学中践行的理念之间的差距及其产生的原因。

行动研究多指教育工作者实际所采用的研究方法和科研理念。行动研究要求研究者从实际工作需要中寻找课题并在实际工作过程中开展研究。在研究过程中,实际工作者与研究者共同参与,使研究成果为实际工作者理解、掌握并应用于实际工作中(刘良华,2002)。

本研究通过框定问题情境,确定行动目标,设计介入活动,实施反思,开展有效教育干预,帮助教师形成和发展实践性知识,并把隐性知识转变为显性知识。本研究在研究范畴、研究内容和研究方法层面有所创新,具体如下:

研究范畴创新。国内外学者对实践性知识的研究绝大多数停留在理论范畴,主要描述教师实践性知识形成与发展的历史过程并分析其成因。本研究属于实践范畴,从行动研究出发,通过教育干预和实验介入,帮助教师把理论知识转变为实践性知识,促进了教师实践性知识的形成与发展,对职前教育和在职培训具有重要的意义。

研究内容创新。以往教师实践性知识的研究停留在普遍性和通识性层面,针对英语学科的探究相对薄弱。本研究基于对高校英语教师实践性知识的探讨,界定了英语教师实践性知识的概念,从校本研究出发,对四名受试老师进行教学、科研、行政支持、反思等实验介入,以发现其实践性知识形成与发展的路径以及保障机制。创造性的、基于知识管理和领导胜任力的教育干预活动对于教师实践性知识的形成和发展起到了极大的推进作用。研究者将教育干预对实践性知识的形成作用绘制成鱼形模型,丰富了教师实践性知识研究的内容。

研究方法创新。当前对教师实践性知识的研究多采用叙事研究、调查研究和案例研究方法,而本研究在先导问卷调查的基础上,通过质化加量化的混合研究,采取实验介入的方式,探讨高校英语教师实践性知识的形成与发展。将受试教师实验介入前的课堂观察、访谈、教师日志等质化资料收集整理并与探索性访谈数据和问卷数据对比分析,进行三角验证,以框定受试教师的问题情境,进而采取实验介入措施,帮助教师评估反思,改进提高。

7.4 理论贡献

本文文献部分通过对教师专业发展、教师学科教学知识、教师实践性知识、高校英语教师实践性知识的回顾与梳理,发现前人研究对教师实践性知识没有侧重,具体学科专业的探讨很少,而针对高校英语教师实践性知识的探究也为数不多。因此,本研究对英语教师的学科教学知识、英语教师整合技术的学科教学知识进行了概念的界定,并对慕课与英语教学、翻转课堂与英语教学进行了分析。在概述教师实践性知识的概念、实践性知识的影响因素和形成媒介后,本文对英语学科实践性知识的概念、英语教师实践性知识的形成媒介和发展机制进行了界定和论述,丰富和发展了已有理论研究。

另外值得指出的是,本研究在知识管理和胜任力理论的支撑下,阐述了高校英语教师实践性知识形成的机制,其中行政领导的教育干预对教师实践共同体的创建、教学研讨工作的实际开展以及个体教师实践性知识的形成与发展都起到了举足轻重的作用。本文从教育行政支持对教历研究、教学模式改革、实践共同体建设、同伴合作互助、行动反思环境创设、常态化校本培训实施、教师自主发展激励以及提供专业引领保障等方面分别进行了阐释与分析,创造性地将教育干预对实践性知识的形成作用以"鱼形"模型呈现,生动形象地说明基于知识管理和领导胜任力的教育干预活动对于教师实践性知识的形成和发展能起到极大的推进作用。这是本研究的创新之处,也是对理论研究的贡献之一。

最后,本研究在前人研究成果的基础上(特别是日本学者野中郁次郎对知识形成与转化的研究以及陈向明教授实践性知识生成过程的研究),结合本单位的实际情况以及本研究实践性知识形成与发展的机制"鱼形"模型,丰富和发展了教师实践性知识"社会化—外在化—组合化—内在化"的知识陀螺模型,积极探索并实践了高校英语教师实践性知识"隐性—显性—显性—隐性"的形成和转化的动态过程,进一步丰富和发展了相关理论研究,如图 7.1 所示。

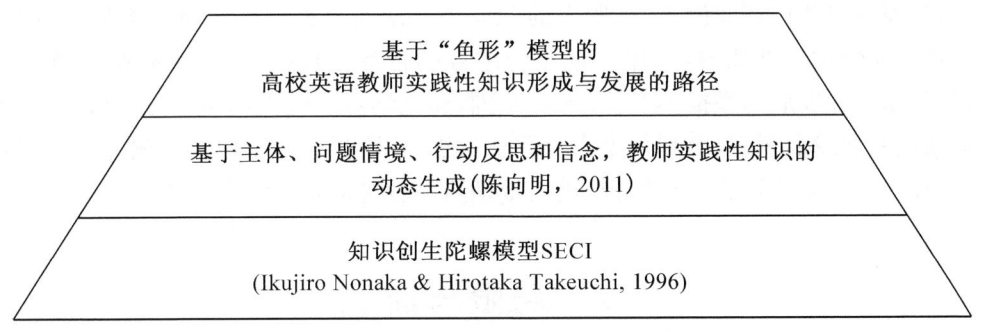

图 7.1　教师实践性知识形成与发展的理论贡献

7.5　教学实践贡献

本研究通过以教师发展团队项目建设为驱动,以阅读教学为例,重点以四名受试老师课堂教学为观察对象,形成了实践共同体。在这个实践共同体中,参与者为完成任务型阅读教学的任务,定期召开(每周一次)小组座谈会。在座谈中,四名受试老师分享了自己任务型阅读教学的设计理念及教学思路。小组成员除了研究者和案例外,还包括校外专家,本校教师发展团队成员。大家在小组座谈例会中针对受试教师的任务型阅读教学说课,进行讨论,提出修改意见,进行反思。依赖群体的力量,四名受试老师通过与其他老师研讨交流来反思自己的教学行为,使自己清楚地意识到隐藏在教学行为背后的教学理念,进而提高自己的教学监控能力。因此,这个教师实践共同体以教师发展为共同愿景,通过平等的协商对话、相互学习、整合并共享资源,对特定理论进行学习—反思—实践—反馈—再学习—再实践。在此活动过程中,参与者的身份得以认同,教师的实践性知识得以发展。

7.6 研究启示

本研究通过创建教师发展团队,对受试教师进行教育介入,发现教师尤其是新入职教师在实践共同体中,会积极观察、审视、对比自己与他人教育教学行为以及教学中所用的理论,进行批判性反思与深度学习,形成相应的认知图式,进而促进自身实践性知识的形成和发展。而处于职业发展成熟阶段的老师,多年的教学经验已形成教学惯习,一般的教学介入作用不会明显,而科研介入或许可以激发其教学和科研兴趣,做到理论研究与教学实践相互促进。而处于职业发展稳定和固化阶段的老师,其教学经验相对丰富,在教学实践中的教学惯习难以纠正,对其进行教学、科研、反思介入,不起什么作用。此外,有部分资历较深的教授虽然年纪不大,但对新技术的发展与应用往往采取回避的态度。面对教学改革,他们倾向于抵制;面对批评质疑,他们奋起防御。由于缺少有效的外在干预,这些老师内在动力不强,加之繁琐的家庭事务、平淡无奇的日常生活以及喧哗与浮躁的社会影响,他们会表现出些许职业倦怠,有些人的职业倦怠期明显提前。针对这类教师的情况,行政领导要充分发挥胜任力,引用管理教师绩效的行政支持机制,改革教师考核评估办法,出台激励教师发展的举措,创造和谐的氛围,建立学习型组织和经验分享机制,激发全体教师强化专业发展意识,合理规划自身职业发展,不断反思,自我更新,树立终身学习的理念,提升创新意识和团队合作精神,进而推动所有教师的自主专业发展。

7.7 局限与建议

本文是针对高校英语教师实践性知识的探究,通过问卷、课堂观察/实录、追述式访谈以及行动反思等静态与动态相结合的方式采集资料数据,用以了解高校英语教师实践性知识的实然状态,探讨其教学背后的教学信念和教学理念,分析其影响因素,进而探究实践性知识的形成媒介、保障机制以及发展路径。受个人研究能力和研究视野的限制,本研究尚存在很多不足之处。主要表现在以下方面。

本研究对高校英语教师的实践性知识进行探究,研究方法采用量化和质化相结合的混合方法。量化研究主要通过问卷调查并进行数据分析。遗憾的是,研究者受计算机操作水平所限,没有使用 SPSS 对问卷进行深度的效度检验。为弥补这一缺憾,本研究借鉴了前人的相关研究成果,并结合质化研究中的探索性小组座谈数据对问卷进行了修订,以最大程度上确保问卷的表面效度。

正式问卷发放在河北五所高校(包括一所工科为主的本科院校、一所重点师范院校、一所军事院校、两所市属师范院校）和北京一所普通工科高校进行,但问卷只发放了200份,回收152份,有效问卷只有150份。调查样本的抽样虽考虑到不同类别、不同地区的高校,但是只按照目的性抽样进行,抽样不尽合理,样本数量明显不足。在调查问卷的数据呈现和分析方面,研究者虽然尽了最大努力,但远未达到理想预期。

本研究将数据收集的重点放在质化研究上,通过探索性访谈、课堂观察/实录分析、追述性访谈、教师行动反思收集数据。通过对受试教师的教育干预,对比其教学行为、教师信念以及教学理念的变化情况。本研究在介入前对受试教师做了详细的课堂观察,并进行追述式访谈以了解其教学理念。实施介入后,由于研究者时间所限,每周组织四位受试教师集体研讨,要求受试者对自己的课堂授课及学生反馈情况进行说课,再结合其教学课件,在共同体中集体协商,提出修改意见。由于本研究的质化部分涉及先导性的小组座谈、课堂观察、追述式访谈和教师反思等多个层面,数据十分庞杂,对数据的转写、整理、分类、编码和归纳造成了巨大的困难。目前,虽然学术界质化研究分析的工具如澳大利亚 QSR International 公司开发的 NVivo 软件业已成熟,且功能强大,但研究者对于其技术接受较慢,短时间内无法掌握,因此,本研究仍然采用传统的人工手动方法。未来的研究者可以在应用相关软件辅助质化数据的收集和分析上进一步探索。

基于合作原则、差异原则和方便原则,质化研究中的受试对象全部从研究者所在单位选择。这四名教师非常乐意合作,也给本研究的顺利开展提供了保证。在教育介入过程中,研究者发现处于职业发展稳定和固化阶段的老师,尽管其教学经验相对丰富,但是多年教学实践中的教学惯习却难以纠正,对其进行的各种介入都不起作用。此外,有部分资历较深的教授或副教授,虽然年龄不大,但对新技术的发展与应用往往采取回避的态度。面对教学改革,他们倾向于抵制,面对批评质疑,他们奋起防御。由于缺少有效的外在干预,这些老师内在动力不强,加之繁琐的家庭事务、平淡无奇的日常生活以及喧哗与浮躁的社会环境影响,他们会表现出些许职业倦怠,甚至有些人的职业倦怠期明显提前,针对这些教师的有效介入干预有待未来研究者进一步探索。

从整个研究来看,高校英语教师实践性知识的形成与发展不应仅仅局限在阅读教学的探究上,未来研究者可以进一步将研究范围扩大到听力、写作、口语或翻译教学上。研究方法应以实证研究为主,问卷调查应扩大样本数量,使抽样更趋合理,从而进一步提高量化研究的可信度和效度。而质化研究则可以在应用相关软件辅助质化数据的收集和分析上做进一步的探索。

参考文献

英文参考文献

[1] Argyris C., Putnam R., Smith D. *Action science: Concepts, methods, and skills for research and intervention*. San Francisco: Jossey-Bass. 1985.

[2] Argyris C., Schon D. *Theory in practice: Increasing professional effectiveness*. San Francisco: Jossey-Bass. 1974.

[3] An S., Kulm G., Wu Z. The pedagogical content knowledge of middle school mathematics teachers in China and the U. S. *Journal of Mathematics Teacher Education*, 2004, (7): 145-172.

[4] Beijaard D., Verloop N., Vermunt J. Teachers' perceptions of professional identity: An exploratory study from a personal knowledge perspective. *Teaching and Teacher Education*, 2000, (7): 749-764.

[5] Black L., Halliwell G. Accessing practical knowledge: How? Why?. *Teaching and Teacher Education*, 2000, (16): 103-115.

[6] Borko H., Putnam R. T. *Learning to teach*. In D. C. Berliner, R. C. Calfee (Eds.). *Handbook of educational psychology*. New York: Macmillan. 1996, 673-708.

[7] Brickhouse N. W. Teachers' beliefs about the nature of science and their relationship to classroom practice. *Journal of Teacher Education*, 1990, 41(3): 53-62.

[8] Brent G. Wilson. Metaphors for instruction: Why we talk about learning environments. *Educational Technology*, Sept-Oct. 1995.

[9] Calza R. E., Meade J. T. Gen technique: Learning molecular biology within a networked environment. Proceeding of CAL 97, 1997: 165-168.

[10] Carr W. Philosophy and education. *Journal of Philosophy of Education*, 2004,

38(1): 55-73.

[11] Chris Dede. The evolution of constructivist learning environments: Immersion in distributed virtual worlds. *Educational Technology*, Sept-Oct. 1995.

[12] Clandinin D. J., Huber M. Shifting stories to live by: interweaving the personal and professional in teachers' lives. In D. Beijaard, P. Meijer, G. Morine-Dershimer, H. Tillema (Eds.). *Teacher professional development in changing condition*. The Netherlands: Springer. 2005, 43-59.

[13] Clandinin D. J., Connelly F. M. *Narrative inquiry, experience and story in qualitative research*. San Francisco: Jossey-Bass Publishers. 2000.

[14] Clemente M., Ramirez E. How teachers express their knowledge through narrative. *Teacher and Teaching Education*, 2007, (25): 1-15.

[15] Cochran K. F., DeRuiter J. A., King R. A. Pedagogical content knowing: An integrative model for teacher preparation. *Journal of Teacher Education*, 1993, (44): 263-272.

[16] Cochran K. F., DeRuiter J. A., King R. A. 1993. Pedagogical content knowing: An integrative model for teacher preparation. *Journal of Teacher Education*, 44, 263-272.

[17] Connelly F. Michael, Clandinin D. Jean. *Practical knowledge at Bay Street School*. 1982.

[18] Corbett J. *An intercultural approach to English language teaching*. Clevedon: Multilingual Matters. 2003.

[19] Creswell J. W. *Research design: Qualitative, quantitative, and mixed methods approaches* (3rd Ed.). Thousand Oaks: Sage Publications, Inc. 2009.

[20] David Griffiths. Environmental challenges: Making a difference in the classroom. Proceedings of CAL 97, 1997, 95-99.

[21] David Jonassen et al., Constructivism and computer-mediated communication in distance education. *the American Journal of Distance Education*. 1995, Vol. 9 No. 2.

[22] Delanty G. *Social science: Beyond constructivism and realism*. University of Minnesota Press. 1997.

[23] Duffee L, Aikenhead G. S. *Curriculum change, student evaluation and tea-cher practical knowledge education*, 1992, (76): 493-506.

[24] Elbaz F. The teacher's "practical knowledge": Report of a case study. *Curriculum Inquiry*, 1981, (1): 18-39.

[25] Elbaz F. The teacher's "practical knowledge": Report of a case study. *Curriculum Inquiry*, 1981, (1): 43-71.

[26] Elbaz F. *Teacher thinking: Study of practical knowledge*. London: Croom Helm. 1983.

[27] Feng Dan. *The development of novice english teachers' practical knowledge: A case study of two novices in Nanchong NO. 1 Middle School*. Chongqing: Xinan University Thesis. 2011.

[28] Fernández-Balboa J.-M., Stiehl J. The generic nature of pedagogical content knowledge among college professors. *Teaching & Teacher Education*, 1995, (11): 293–306.

[29] Gerhard Tulodziecki. Contribution of media use and meida literacy education to school innovation. *Educational Media International*, 1996, (33) No. 1.

[30] Glaser B. G., Strauss A. *The discovery of grounded theory: Strategies for qualitative research*. Chicago: Aldine. 1967

[31] Golombek P. R. A study of language teacher's personal practical knowledge. *TESOL Quarterly*, 1998, 32(3): 447–464.

[32] Goodman J. Reflection and teacher education: A case study and theoretical analysis. *Interchange*, 1984, 15(3): 9–26.

[33] Grice H. P. *Logic and conversation*. In Cole P., Morgan J. (eds.) *Syntax and Semantics*. New York: Academic Press, 1975, (3): 41–58.

[34] Grossman P. L. *The making of a teacher: Teacher knowledge and teacher education*. New York: Teachers College Press. 1990.

[35] Grossman Pamela, Alan Schoenfeld, Carol Lee. *Teaching subject matter*. 2005, 201–231.

[36] Henson K. Teachers as researchers. In Sikula J., Buttery T., Guyton E. (eds.), *Handbook of research on teacher education*. (2^{ed}Ed.), 2000.

[37] Henson K. T., Eller B. F. *Educational psychology for effective teaching*. Beijing: Foreign Language Teaching and Research Press, 2005.

[38] Hill H. C., Ball D. L., Schilling S. G. Unpacking pedagogical content knowledge: Conceptualizing and measuring teachers' topic-specific knowledge. *Journal for Research in Mathematics Education*, 2008, (39): 372–400.

[39] Hopkins Burt. Intentionality in husserl and heidegger: *The problem of the original method and phenomenon of phenomenology*. Kluwer Academic Publishers. 1993.

[40] Jan H. van Driel, Nico Verloop, Wobbe de Vos. Developing science teachers' pedagogical content knowledge. *Journal of Research in Science Teaching*. 1998, 35(6): 673–695.

[41] John R. Savery, Thomas M. Duffy. Problem based learning: An instruction model and its constructivist framework. *Educational Technology*, Sept–Oct. 1995.

[42] John Steiner. Vera, Mahn Holbrook. Sociocultural approaches to learning and development: A Vygotskian framework. *Educational Psychologist*, 1996, 31 (3/

4): 191-206.

[43] Jonassen D., Henning P. Mental models: Knowledge in the head and knowledge in the world. *Educational Technology*, 1999, 39 (5~6): 37-41.

[44] Kemmis S., McTaggart R. *The action research planner*. Geelong, Victoria: Deakin University Press, 1982.

[45] Korthagen F. In search of the essence of a good teacher: Towards a more holis-tic approach in teacher education. *Teaching and Teacher Education*, 2004, (20): 77-97.

[46] Korthagen F., Vasalos A. Levels in reflection: core reflection as a means to enhance professional growth. *Teachers and teaching: theory and practice*. 2005, (11): 47-71.

[47] Lakoff George. The contemporary theory of metaphor. *Metaphor and thought*. 1993, (2): 202-251.

[48] Lakoff, George, Mark Johnson. The metaphorical structure of the human conceptual system. *Cognitive science*. 1980, (4.2): 195-208.

[49] Lave J., Wenger E. *Situated learning: Legitimate peripheral participation*. Cambridge: Cambridge University Press. 1991.

[50] Lewin K. *Action research and minority problems*. Jsoc. Issues, 1946, 2(4): 34-46.

[51] Li Li. Development of pre-service teachers' practical knowledge. Suzhou: Suzhou University Dissertation. 2012.

[52] Liu Qinghua. Research on model construction of teacher knowledge. Chongqing: Xinan Normal University Dissertation. 2004.

[53] Maalej Z. Doing critical discourse analysis with the contemporary theory of metaphor: Towards a discourse model of metaphor. *Cognitive linguistics in critical discourse analysis: Application and theory*, 2007, 132-158.

[54] Marks R. Pedagogical content knowledge. From a mathematical case to a modified conception. *Journal of Teacher Education*, 1990, 41(3): 3-11.

[55] McEwan H., Bull B. The pedagogic nature of subject matter knowledge. *American Educational Research Journal*, 1991, 28(2): 316-334.

[56] Merriam S. B. *Qualitative research and case study application in education: Revised and expanded from case study research in education* (2nd Ed.). Thousand Oaks: Sage Publications, Inc. 1998.

[57] Meijer P. C., Verloop N., Beijaard D. Exploring language teachers' practical knowledge about teaching reading comprehension. *Teaching and Teacher Education*, 1999, (15): 59-84.

[58] Meijer P. C., Verloop N., Beijaard D. Similarities and differences in teachers' practical knowledge about teaching reading comprehension. *The Journal of*

Education Research, 2001, 94 (3): 171 - 184.

[59] Meijer P. C., Verloop N., Beijaard D. How can student teachers elicit experienced teachers' practical knowledge? Tools, suggestions and significance. *Journal of Teacher Education*, 2002, 53 (5): 406 - 419.

[60] Miles M. B., Huberman M. *Qualitative data analysis* (2nd Ed.). Sage Publications, Inc., 1994.

[61] Moran P. R. *Teaching culture*. Beijing: Foreign Language Teaching and Research Press. 2004.

[62] Murray Frank B. *The teacher educator's handbook: Building a knowledge base for the preparation of teachers*. San Francisco: Jossey Bass. 1996.

[63] Nunan D. *Learner-centered curriculum—A study in second language teaching*. SFLER, 2001, 98 - 105.

[64] Park S. H., Oliver J. S. Reconceptualization of pedagogical content knowledge (PCK): PCK as a conceptual tool to understand teachers as professionals. *Research in Science Education*, 2008, (38): 261 - 284.

[65] P. W. Jackson. *The practice of teaching*. Teachers College Press. 1986.

[66] Ramos J. M. Dimensions in the confluence of futures studies and action research. *Futures*, 2006, (6): 38.

[67] Reynolds Maynard C., Sharon M. Strom (Eds). *Knowledge base for the beginning teacher*. New York: Pergamon Press. 1989.

[68] Browhill R. J. *Education and the nature of knowledge*. London & Canberra: Croom Helin, 1983, 11 - 13.

[69] Rodgers T. S. *Material's development: In prospect. ELT*. London: The Britain Council, 1980.

[70] Rogoff B. *Apprenticeship in thinking*. New York: Oxford University Press, 1990.

[71] Ron Toomey, Kim Ketterer. Using multi-media as a cognitive tool. *Journal of Research on Computing in Education*, 1995, (27), No. 4.

[72] Ross D. First steps in developing a reflective approach. *Journal of Teacher Education*, 1989, 40(2): 22 - 30.

[73] Ross D. Programmatic structures for the preparation of reflective teachers. In Clift R. T., Houston W. R., Pugach, M. C (Eds). *Encouraging reflective practice in education: An analysis of issues and programs*. New York: Teachers College Press, 1990: 97 - 118.

[74] Rossman, G. B., Wilson B. L. Numbers and words revisited: Being "shamelessly eclectic". *Quality and Quantity*, 1994, 28(3): 315 - 327.

[75] Schon D. A. *The reflective practitioner: How professional think in action*. New York, N. Y.: Basic Books. 1983.

[76] Senge M. Peter. *The fifth discipline: The art & practice of the learning organization*. Random House Books; 2nd revised edition, 2006.

[77] Seidman I. *Interviewing as qualitative research: A guide for research in education and social science* (3rd Ed.). Sage Publications, 2006.

[78] Shulman Lee S. Knowledge and teaching: Foundations of the new reform. *Harvard educational review* 57. 1987, (1): 1 - 23.

[79] Skehan Peter. *A cognitive approach to language learning*, Oxford University Press, 1998.

[80] Soanes C., Stevenson A. (Ed.). *Concise oxford english dictionary*. New York: Oxford University Press Inc. 2004, 349.

[81] Spior R. J., et al. Cognitive flexibility, constructivism, and hypertext: Random access instruction for advanced knowledge acquisition for Ill-structureddomain. In Duffy T. M., Jonassen D. H. (Eds.). Constructivism and the technology of instruction: A conversation. Lawrence Erlbaum Associates, Inc. 1991, 57 - 75.

[82] Sternberg R. J., Caruso D. R. *Practical modes of knowing*. In Eisner E. (Ed.). *Learning and teaching the ways of knowing: Eighty-fourth yearbook of the national society for the study of education*. Chicago: The National Society for the Study of Education. 1989, 116 - 132.

[83] Tarsisius Sarkim. Investigating secondary school physics teachers' pedagogical content knowledge: A case study. *Post-script*, 2004, 5(1): 82 - 96.

[84] Thomas G., Wineburg S., Grossman P., Hyhre O, Woolworth S. In the company of colleagues: An interim report of the development of a community teacher learners. *Teaching and Teacher Education*, 1998, (1):16 - 21.

[85] Tian Fang. Strategies on the development of primary english teacher's practical knowledge—taking primary school in Guang Zhou as an example. Guangzhou University Thesis, 2010.

[86] Verloop N., etc. Teacher knowledge and the knowledge base of teaching. *International Journal of Educational Research*, 2001, (5): 33 - 52.

[87] Vygotsky L. S. *Problems of general psychology*. New York: Plenum. 1987.

[88] Vygotsky L. S., Luria. A. R. *Studies on the history of behavior*. Hillsdale, NJ: Lawrance Erlbaum Associates, Inc. 1993.

[89] William D. Graziadei, et. al. The 21st century classroom-scholarship environment: What will it be like? *Educational Technology System*, 1995—1996, Vol. 24, No. 2.

[90] Wenger E. *Community of practice: Learning, meaning, and identity*. Cambridge University Press, 1998.

[91] Xiaodong Lin, Bransford J. Instructional design and development of learning communities: An invitation to a dialogue. *Educational Technology*, 1995, 35(11

~12): 54.

[92] Xie Fang. *Research on how to lead teachers' practical knowledge to fostering*. Changshai: Hunan Normal University Thesis. 2008.

[93] Yan Lingxia. Study on high school english teachers' practical knowledge in the classroom landscape. Ganzhou: Ganzhou Normal University Thesis, 2012.

[94] Yinger R., Hendricks-Lee M. Working knowledge in teaching. InCalderhead C. Day. J., Pam D. (Eds.), *Research on teacher thinking*. London/Washington, D. C.: The Falmer Press, 1993, 100-123.

[95] Ye Qing. Study of optimization of teachers' personal practical knowledge. Xi'an: Shanxi Normal University Thesis, 2012.

[96] Zanting A., Verloop N., Vermunt J. D. Student teachers eliciting mentors' practical knowledge and comparing it to their own beliefs. *Teaching and Education*, 2001, (17): 725-740.

[97] Zeichner K., Liston D. Teaching student teachers to reflect. *Harvard Educational Review*, 1987, (57): 23-48.

[98] Zhang Lixing. Research on the construction mechanism of teachers' practical knowledge——Views on teachers' life history. Shanghai: Shanghai Normal University Dissertation. 2011.

[99] Zhang Lizhong. Research on the teachers' practical knowledge in the classroom teaching horizon. Changchun: Dongbei Normal University Dissertation. 2011.

[100] Zheng, XM., Davison C. *Changing pedogagy: Analyzing ELT teachers in China*. London/New York: Continuum Press, 2008.

[101] Zheng XM., Borg S. Task-based learning and teaching in China: Secondary school teachers' beliefs and practices. *Language Teaching Research*, 2014, 18(2) 205-221.

中文参考文献

[1] 阿格里斯,等.行动科学[M].夏林清,译.台北:远流出版公司,2000.
[2] 安维复.社会建构主义:后现代知识论的终结[J].哲学研究,2005,(9):60-67.
[3] 白志波.中小学教师的实践性知识发展策略研究[D].东北师范大学,2011.
[4] 鲍嵘.论教师教学实践知识及其养成:兼谈教师专业发展的基础[J].高等师范教育研究,2002,(03):7-10+6.
[5] 蔡宝来,王会亭.教学理论与教学能力:关系、转化条件与途径[J].上海师范大学学报(哲学社会科学版),2012,(01):49-58.
[6] 蔡春.在权力与权利之间[D].华南师范大学,2004.
[7] 曹正善.论教师的实践知识[J].江西教育科研,2004,(9):3-6.

[8] 曹丽娟.教学日志与教师专业发展研究[D].上海师范大学,2007.
[9] 柴改英.MOOC之于外语教育场域的思考:惯习冲击、协作创新、价值共建[J].外语电化教学,2014,(2):32-37.
[10] 柴生秦.什么是知识[J].西北大学学报(哲学社会科学版),1995,25(4):26-30.
[11] 陈冰冰,陈坚林.大学英语教学改革环境下教师信念研究(之一):大学英语教师信念与实际课堂教学情况分析[J].外语电化教学,2008,(2):14-20.
[12] 陈冰冰,陈坚林.大学英语教学改革环境下教师信念研究(之二):"基于计算机和课堂的英语多媒体教学模式"的认知与实际课堂教学情况分析[J].外语电化教学,2008,(4):11-15.
[13] 陈冰冰.国外需求分析研究述评[J].外语教学与研究,2009.
[14] 陈冰冰.MOOCs课程模式:贡献和困境[J].外语电化教学,2014,(2):38-43.
[15] 陈柏华.教师实践性知识研究:回溯与反思[J].教育发展研究,2012,(08):59-64.
[16] 陈坚林.大数据时代的慕课与外语教学研究:挑战与机遇[J].外语电化教学,2015,(1):1-7.
[17] 陈静静.教师实践性知识及其生成机制研究:中日比较的视角[D].华东师范大学,2009.
[18] 陈铭心.从高校教师培训到高校教师发展[D].厦门大学,2009.
[19] 陈铭心.从高校教师培训到高校教师发展:政策与学术的视角[D].厦门大学,2009.
[20] 陈琦,张建伟.建构主义学习观要义评析[J].华东师范大学学报(教育科学版),1998,(1):46-47.
[21] 陈向明.质的研究方法与社会科学研究[M].北京:教育科学出版社,2000.
[22] 陈向明.教师如何作质的研究[M].北京:教育科学出版社,2001.
[23] 陈向明.实践性知识:教师专业发展的知识基础[J].北京大学教育评论,2003,(1):104-111.
[24] 陈向明.对教师实践性知识构成要素的探讨[J].教育研究,2009,(10):66-73.
[25] 陈向明.搭建实践与理论之桥:教师实践性知识研究[M].北京:教育科学出版社,2011.
[26] 陈向明.教育改革中"课例研究"的方法论探讨[J].基础教育,2011,(2):71-77.
[27] 陈向明,张玉荣.一种理解话语实践与认同政治的文化理论:评《实践创造实践:学习教学的批判研究》[J].教育学术月刊,2013,(01):104-107+111.
[28] 陈向明,曲霞,张玉荣.教育质性研究概念框架的本土探索:以一项实习生与指导教师互动的研究为例[J].教育学术月刊,2014,(04):3-10+28.
[29] 陈振华.论教师的经验性学习[J].华东师范大学学报(教育科学版),2003,(03):17-24+35.
[30] 程凤农.教师实践性知识管理研究[D].山东师范大学,2014.
[31] 程晓堂,鲁子问,钟淑梅.任务型语言教学在英语教学中的应用[J].山东师范大学外国语学院学报(基础英语教育),2007,(06):3-8.
[32] 程云艳.直面挑战 翻转自我:新教育范式下大学外语教师的挑战与机遇[J].外语电

化教学,2014,(2):44-47.
- [33] 崔允漷.学校本位教师专业发展:框架及其意义[J].教育发展研究,2011,18.
- [34] 崔允漷.关于我国当前中小学教师专业发展活动的调查研究[J].全球教育展望,2011,09.
- [35] 戴明忠.克拉申"输入假说"及其在外语教学中的应用[J].佳木斯教育学院学报,当代教育论坛(教学版),2010.
- [36] 戴炜栋.立足国情,科学规划,推动我国外语教育的可持续发展[J].外语界,2005,(05):2-9+17.
- [37] 董玉琦,刘益春,高夯,包正委.协调发展 共同成长:2011高校教师发展国际研讨会会议综述[J].中国大学教学,2012,(5):92-96.
- [38] 邓晶晶.教师实践性知识生成路径的叙事研究:来自H老师的教育故事[D].西南大学,2014.
- [39] 杜威.我们怎样思维[M].北京:人民教育出版社,2005.
- [40] 方明.缄默知识论[M].合肥:安徽教育出版社,2004.
- [41] 傅建明.我国小学语文教科书价值取向研究[D].华东师范大学,2002.
- [42] 傅建明.香港语文教科书编排研究[J].全球教育展望,2007,(4):30-35.
- [43] 葛瑞红.对本族语英语口语教师和非本族语英语口语教师教学行为的对比研究[D].华中师范大学,2004.
- [44] 高等学校外语专业教学指导委员会英语组.高等学校英语专业英语教学大纲[M].北京:外语教学与研究出版社,2000.
- [45] 高等学校英语专业基础阶段英语教学大纲制订组.高等学校英语专业基础阶段英语教学大纲[M].上海:上海外语教育出版社,1989.
- [46] 高永晨.中国大学生跨文化交际能力测评体系的理论框架构建[J].外语界,2014,(4):80-88.
- [47] 高翔,王蔷.反思性教学:促进外语教师自身发展的有效途径[J].外语教学,2003,(02):87-90.
- [48] 高原.基于隐喻视角的教师学生观的实证研究[J].上海教育科研,2013.
- [49] 郭元祥.感悟"教师人生"[N].中国教育报,2006-02-20004.
- [50] 郭炯.教师实践性知识的组织结构及生成途径研究[J].中国电化教育,2012,(11):71-75.
- [51] 龚亚夫.创建我国中小学英语教师知识与能力体系:中小学英语教师专业等级标准的制订[J].中国教育学刊,2011,07.
- [52] 韩洪文.我国大学教学模式同质化的表征、原因与对策[J].教育研究,2012,(9):67-72.
- [53] 韩延明.试谈大学教育在"全面建设小康社会"进程中的社会功能[J].当代教育科学,2003.
- [54] 何克抗.建构主义学习理论与建构主义学习环境[J].教育传播与技术,1996,3.
- [55] 郝建君.西部地区高校英语教师科研水平现状及提升策略研究[J].中国成人教育,

2012,(30):105-108.

[56] 郝建君.大学英语教师教学现状调查分析与对策研究:基于内蒙古财经学院大学英语教学团队的实证研究[J].内蒙古财经学院学报(综合版),2012,(01):20-23.

[57] 郝翔,陈翠荣.大众化进程中我国高校教师队伍发展与政策效果分析[J].中国高教研究,2012,(05):63-67.

[58] 侯新民,刘佩佩.中外教师英语课堂教学行为对比研究[J].西安外国语大学学报,2010,18(1):99-103.

[59] 胡军.关于知识定义的分析[J].华中科技大学学报,2008,(4):13-23.

[60] 胡重庆,赵赟洁,周健华.实践共同体影响教师专业发展的有效机制探究[J].教育学术月刊,2012,5.

[61] 胡萨.反思:作为一种意识:关于教师反思的现象学理解[J].教育研究,2010,(1):95-99.

[62] 霍俊芳,吴安利,郝贠洪,侯永利.工程管理专业结构力学课程教学改革[J].内蒙古工业大学学报(社会科学版),2010.

[63] 黄东花.高校英语教师合作文化探析:以江西省四所高校为例[J].黑龙江高教研究,2011,09.

[64] 黄源深.多读多写:英语学习谈[J].外国语(上海外国语大学学报),2002,(06):13-17.

[65] 靳岩.中外教师对学习评价模式差异的比较与思考[D].东北师范大学,2004.

[66] 姜美玲.教师实践性知识研究[D].华东师范大学,2006.

[67] 姜玉珍.巧用迁移规律 培养学习能力[J].新课程研究(基础教育),2008,(01):78-80.

[68] 教师教育课程标准专家组,钟启泉,张文军,王艳玲.教师教育课程标准的国际比较研究[J].全球教育展望,2008,(09):25-36.

[69] 鞠玉翠.教师教育与教师个人实践理论的更新[J].教育探索,2003,(03):92-94.

[70] 康淑敏.教育生态视域下的外语教学设计[J].外语界,2012,(05):59-67+78.

[71] 康晓伟.论舍恩反思行动的教师实践性知识思想[J].外国教育研究,2014,(4):14-20.

[72] 克里斯·阿吉里斯.行动科学:探究与介入的概念、方法与技能[M].夏林清,译.北京:教育科学出版社,2012.

[73] 郎平.中学英语教师专业发展中的实践性知识及其生成机制探究[D].西安外国语学院,2011.

[74] 李斑斑,徐锦芬.中国高校英语教师反思量表构建[J].现代外语,2011,(04).

[75] 李丹.论实践性知识发展取向的教师职前教育课程改革[J].课程·教材·教法,2011,(04):11-15.

[76] 李贵希,刘花雨.建构主义知识观及其对我国学前教育评价的启示[J].教育理论与实践,2009,29(10):57-59.

[77] 李华,杨学良.甘肃省地方高校教师发展现状及对策[J].高教研究,2012,30(9):

7-8.

[78] 李俐. 英国高校教师发展研究[D]. 西南大学,2013.

[79] 李玲. 美国大学教师发展的历史进程及其启示[J]. 大学教育科学,2006,(06): 66-70.

[80] 李金昌. 我国统计调查体系改革刻不容缓[J]. 统计研究,2007.

[81] 李素枝. 中外教师英语课堂互动模式对比研究[J]. 解放军外国语学院学报,2007,30 (2):34-39.

[82] 李鑫. 中外教师反馈话语对课堂互动影响的对比研究[D]. 山东师范大学,2011.

[83] 李新叶. 一位中学教师的实践性知识研究[D]. 首都师范大学,2008.

[84] 雷宏友,李玲. 地方师范院校外语教师专业发展现状及对策研究[J]. 教育与职业, 2012,(30):67-69.

[85] 陆小英. 大学英语教师信息素养调查:上海地区普通高校典型案例与一般案例的对比调查与分析[J]. 大学英语,2012,9(2):122-126.

[86] 陆敏. 中学英语教师校本合作模式研究[D]. 西南大学,2009.

[87] 林崇德,申继亮,等. 教师素质的构成及其培养途径[J]. 中国教育学刊,1996,6.

[88] 刘芳,杨婕. 大学英语教师职业发展现状调查[J]. 高等教育,2012,(10):117-118.

[89] 刘良华. 校本行动研究[M]. 成都:四川教育出版社,2002.

[90] 刘润清. 外语教学中的科研方法[M]. 北京:外语教学与研究出版社,1998.

[91] 刘玉杰,宋银秋. 大学外语教师发展现状及互动发展新范式探究[J]. 现代教育科学, 2012,(11):73-75.

[92] 刘熠. 隐喻中的大学公共英语教师职业认同[J]. 外语与外语教学,2010.

[93] 廖明,姜峰,朱蕾,郭燕锋. 提高教师课堂教学效果的策略研究:基于学生教学质量观视角[J]. 教师教育研究,2012,(06):61-65.

[94] 马武林,胡加圣. MOOCs对我国大学英语课程的冲击与重构[J]. 外语电化教学, 2014,(2):48-54.

[95] 马克斯·范梅南. 教育敏感性和教师行动中的实践性知识[J]. 北京大学教育评论, 2008,(1):2-20.

[96] 毛泽东. 毛泽东选集(第一卷)[M]. 北京:人民出版社,1951.

[97] 梅德明. 大中小学英语教学现状调查[M]. 上海:上海外语教育出版社,2004.

[98] 孟春国. 高校外语教师反思教学观念与行为研究[J]. 外语界,2011,(04):44-54.

[99] 牛慧娟. 佩里的大学生认知发展理论对教学改革的启示[J]. 现代教育科学,2008.

[100] 潘国文. 实习生教师实践性知识发展的个案研究[J]. 教育学术月刊,2011,(11): 58-61.

[101] 潘海燕. 从中英教师隐喻看中西教师角色的异同[J]. 中国科技信息,2008.

[102] 潘慧春. 教师教育观念特点探析[J]. 统计研究,2003.

[103] 潘丽芳. 教师实践性知识研究[D]. 华东师范大学,2013.

[104] 彭聃龄. 认知心理学[M]. 哈尔滨:黑龙江教育出版社,1990.

[105] 彭豪祥. 有效教学反馈的主要特征[J]. 中国教育学刊,2009,(04):54-57.

[106] 齐格蒙特·鲍曼.共同体[M].欧阳景根,译.南京:江苏人民出版社,2003.

[107] 石中英.缄默知识与教学改革[J].北京师范大学学报(人文社会科学版),2001,(03):101-108.

[108] 秦晓晴.外语教学研究中的定量数据分析[M].北京:外语教学与研究出版社,2009.

[109] 仇慧.从图示理论视角看阅读策略培养[J].佳木斯教育学院学报,2010.

[110] 邱春安,吴磊.外语教师实践性知识的叙事研究[J].成人教育,2010.

[111] 舍恩.反映的实践者[M].夏林清译.北京:教育科学出版社,2007.

[112] 邵光华.基于教师个体差异的专业发展研究[J].教师教育研究,2011,(05):32-36.

[113] 申继亮,辛涛.论教师教学的监控能力[J].北京师范大学学报(社会科学版),1995,1.

[114] 施良方.中学教育学[M].福州:福建出版社,1996.

[115] 石心.多元文化视域下内地新疆高中预科班语文教师实践性知识研究:以北京市潞河中学为例[D].中央民族大学,2013.

[116] 束定芳.从一项调查看教材在外语教学过程中的地位与作用[J].外语界,2004.

[117] 孙美静.高校教师发展:对教学促进机构的调查报告[J].北京城市学院学报,2012,(2):63-66.

[118] 孙卫国,唐淑敏.建构主义的知识观!学习观和教学观[J].新疆师范大学学报(哲学社会科学版),2005,26(4):248-251.

[119] 孙瑜.浅谈英语教师在听说课堂中的角色[J].宿州教育学院学报,2012,(05):129-130+144.

[120] 谭顶良,王华容.建构主义学习理论的困惑[J].南京师大学报(社会科学版),2005,(6):103-107.

[121] 谭文芬,胡胜高.地方高校中外教师教学风格的对比研究[J].黑龙江高教研究,2010,(2):82-84.

[122] 汤佳宁.中学信息技术教师实践:知识的现状分析及叙事研究[D].徐州师范大学,2011.

[123] 唐丽芳.课程改革中的学校文化[J].东北师范大学学报,2005.

[124] 滕尼斯.共同体与社会[M].林荣远,译.北京:商务印书馆,1999.

[125] 王蓓颖.高校教师继续教育的问题与对策研究[J].教师教育研究,2011,23(5):22-26.

[126] 王笃勤.论英语教学设计中的过程设计[J].课程·教材·教法,2010,(10):57-61.

[127] 王笃勤,贺伟华.中职英语评价模式述评[J].英语教师,2012.

[128] 王笃勤,张巍然.从中澳英语教师教学差异看英语教师职业教育[J].廊坊师范学院学报(社会科学版),2013,6.

[129] 王华容.现代建构主义学习理论的热点冷观[J].当代教育科学,2005,22:22-25.

[130] 王鉴,徐立波.教师专业发展的内涵与途径:以实践性知识为核心[J].华中师范大学学报(人文社会科学版),2008,(3):125-129.

[131] 王涛.维果茨基的社会建构主义及文化观[J].广西社会科学,2006,(12):159-162.

[132] 王英宁.职前英语教师实践性知识建构的个案研究[D].曲阜师范大学,2011.

[133] 王栋.基于行动学习的大学英语教师专业发展探析[J].集美大学学报,2011,42-45.

[134] 王栋.教师行动学习的内涵、特征及其意义:以英语学科教师为例[J].当代教师教育,2011,21-24.

[135] 王栋.行动学习:英语教师校本培训的途径[J].现代教育论丛,2011,53-56.

[136] 王海啸.大学英语教师与教学情况调查分析[J].外语界,2009,(04):6-13.

[137] 王蔷.英语教师行动研究[M].北京:外语教学与研究出版社,2002.

[138] 王蔷.行动研究课程与具有创新精神的研究型外语教师的培养[J].国外外语教学,2001,(1):1-6.

[139] 王若梅.中外英语教师的教学信念对比研究[J].中国成人教育,2010,(5):80-81.

[140] 王天晓,李敏.教师共同体的特点及意义探析[J].教育理论与实践,2014,(08):25-27.

[141] 王燕.教师实践共同体构建的阈限与建议[J].教育与教学研究,2012,26:1.

[142] 王彦飞.教师共同体的构建策略探析:基于知识管理理论视角[J].华中师范大学研究生学报,2010,(03):105-108.

[143] 王艳艳,王勇.循环模式视角下的大学英语听力教学行动研究探析[J].外语教学理论与实践,2013,(01):49-54.

[144] 王玉凤.论教学经验[D].天津师范大学,2008.

[145] 韦洪涛,王倩.基于胜任力模型的初中理科教师专业发展探究[J].苏州科技学院学报(社会科学版),2012,(04):53-59.

[146] 吴长江.促进学校内涵式发展的思考与实践[J].思想·理论·教育,2011,(3):70-71.

[147] 吴宗杰.外语课程与教师发展[M].合肥:安徽教育出版社,2005.

[148] 文秋芳,任庆梅.大学外语教师互动发展新模式下一线教师的专业成长[J].中国外语教育,英国高校教师发展研究,2011.

[149] 文秋芳,韩少杰.英语教学研究方法与案例分析[M].上海:上海外语教育出版社,2011.

[150] 文秋芳.输出驱动假设在大学英语教学中的应用:思考与建议[J].外语界 2013,(06):14-22.

[151] 文秋芳."输出驱动—输入促成假设":构建大学外语课堂教学理论的尝试[J].中国外语教育,2014,(02):3-12+98.

[152] 辛涛.教师反思研究述评[J].清华大学教育研究,1998,(03):103-106.

[153] 熊川武.试析反思性教学[J].教育研究,2000,(02):59-63+76.

[154] 徐小洲. 韩中大学学生择校影响因素的比较分析[J]. 比较教育研究,2003.

[155] 徐忆. 高校英语教师职场学习研究:以云南省为例[D]. 上海外国语大学,2015.

[156] 夏惠贤,曹丽娟,袁玲玲. 教学日志与教师专业发展研究[J]. 外国中小学教育,2007,(12):5-11.

[157] 谢芳. 教师实践性知识生成引导研究[D]. 湖南师范大学,2008.

[158] 阎德明. 知识转换过程与教师专业发展[J]. 课程.教材.教法,2005,(7):79-82.

[159] 闫朝霞,胡小力. 高中英语阅读教学的设计与实践[J]. 山东师范大学外国语学院学报(基础英语教育),2005.

[160] 杨莉娟,项纯,李铁安. 我国教师适应新一轮课程改革现状的调查研究[J]. 课程·教材·教法,2012,(02):32-40.

[161] 杨鲁新,王素娥,常海潮,盛静. 应用语言学中的质性研究与分析[M]. 北京:外语教学与研究出版社,2012.

[162] 杨全印,孙稼麟. 学校文化研究:对一所中学的学校文化透视[M]. 北京:教育科学出版社,2005.

[163] 杨天平,刘爱生. 大学隐喻之分析[J]. 大学教育科学,2009.

[164] 杨雅琼,张军成. 从陈述性知识到程序性知识的转化:教师专业成长必由之路[J]. 黑龙江教育(高教研究与评估版),2005,(12):21-22.

[165] 俞国良,辛自强,林崇德. 反思训练是提高教师素质的有效途径[J]. 高等师范教育研究,1999,(04):69-73.

[166] 尹静,王笃勤. 教育设计研究与教师实践性知识的构建[J]. 河北大学学报(哲学社会科学版),2013,12.

[167] 尹静. 大学英语教师发展问题与对策[J]. 廊坊师范学院学报(社会科学版),2013,5.

[168] 袁燕华. 多元互动英语教师校本教育模式:理论与实践[D]. 上海外国语大学.2013.

[169] 叶澜. 重建课堂教学过程观:"新基础教育"课堂教学改革的理论与实践探究之二[J]. 教育研究,2002,(10):24-30+50.

[170] 曾庆玉,陶谦. 新建本科院校大学英语教师现状与发展策略[J]. 牡丹江教育学院学报,2012,(3):60-91.

[171] 曾勇. 外语教师的自我发展路径:行动反思研究[J]. 淮北职业技术学院学报,2008,(4):79-80.

[172] 詹颖. 对新大学英语四级考试后效的质性研究[J]. 中国考试,2010,(06):28-33.

[173] 赵明仁,陆春萍. 从教学反思的水平看教师专业成长:基于新课程实施中四位教师的个案研究[J]. 课程.教材.教法,2007,(02):83-88.

[174] 甄玲. 高校资深英语教师学科教学知识之个案研究:关于学生的知识[J]. 科教文汇,2013.

[175] 张登山. 师范生实践性知识的价值与生成途径探讨[J]. 教育探索,2010,(8):101-102.

[176] 张立新. 教师实践性知识形成机制研究:基于教师生活史的视角[D]. 上海师范大

学,2008.
[177] 张立忠.课堂教学视域下的教师实践性知识研究[D].东北师范大学,2011.
[178] 张蕾.隐喻表征的对话性研究[J].外语教学,2013.
[179] 张兰.教师反馈在大学英语写作教学中的运用[J].校园英语,2010,(8):12-14.
[180] 张建伟,陈琦.从认知主义到建构主义[J].北京师范大学学报,1996,4.
[181] 张平,朱鹏.教师实践共同体:教师专业发展的新视角[J].教师教育研究,2009,(21):2.
[182] 张松涛.建构主义的知识观和学习观[J].山东外语教学,2002,(4):54-55.
[183] 张肇丰.叙事研究与案例研究的性质和应用[J].课程教材教法,2010,30(2):14-18.
[184] 张雁玲.行动研究中高校外语教师研究能力的发展[D].上海外国语大学,2011.
[185] 张奕.中国语境下中外教师课堂互动的对比研究[D].西北工业大学,2006.
[186] 衷克定.从后现代主义知识观视域再认识教学结构的变革[J].中国电化教育,2011,(12):8-15.
[187] 钟志贤.建构主义学习理论与教学设计[J].电化教育研究,2006,(5):10-16.
[188] 郑金洲.重构课堂[J].华东师范大学学报(教育科学版),2001,(3):53-63.
[189] 郑新民,蒋群英.大学英语教学改革中"教师信念"问题的研究[J].外语界,2005,(6):16-22.

附 录

附录 1：高校英语教师实践性知识调查研究

各位老师，
　　您好！
　　感谢您在百忙之中协助完成此调查问卷。本调查问卷旨在了解当下教师实践性知识的现状，调查结果只是用于研究，不作他用。请您如实填写。

谢谢您的合作！

一、基本情况

1. 性别：A. 男　　　　　　B. 女
2. 专业：A. 语言学　　　　B. 文学　　　　C. 翻译　　　　D. 学科教学
3. 职称：A. 教授　　　　　B. 副教授　　　C. 讲师　　　　D. 助教
4. 学位：A. 博士　　　　　B. 硕士　　　　C. 学士　　　　D. 其他
5. 教龄：A. 1~5 年　　　　B. 6~10 年　　　C. 11~15 年　　D. 16 年及 16 年以上
6. 国外访学经历：A. 无　　B. 1~6 个月　　C. 6~12 月　　　D. 一年以上
7. 参加培训情况：A. 无　　　　　　　　　B. 偶尔参加培训
　　　　　　　　C. 经常参加培训　　　　D. 每年都参加培训

二、知识

本部分为多选题，您可以在认为适合自己的选项前打钩。

1. 您感觉作为老师自己像什么？
   A. 导演　　B. 牧师　　C. 母亲　　D. 管理员　　E. 朋友　　F. 警察
   G. _____
2. 您如何比喻自己的学生？
   A. 小树苗　B. 一张白纸　C. 五颜六色的纸　D. 自己的孩子　E. 朋友

F. 考试机器　　　　　G. _____

3. 在您眼中学校是什么？
    A. 工厂　　B. 社会　　C. 象牙塔　　D. 知识的殿堂　　E. 考试培训机构
    F. _____

4. 您认为高校英语课程的目标应该是什么？
    A. 拓展学生的语言知识
    B. 培养学生的语言运用能力
    C. 促进学生的智能发展
    D. 培养学生的生存技能
    E. 使学生学会做事
    F. 使学生学会做人

5. 你提倡什么教学方式？
    A. 学生自学（包括听力、阅读训练），教师引导
    B. 教师教授知识，设计活动训练学生能力
    C. 教师设计项目、任务，学生合作完成，通过评价反馈和后续性训练培养学生的能力

6. 您认为就英语学习而言什么最为重要？
    A. 词汇　　B. 语法　　C. 策略　　D. 文化　　E. 认知发展
    F. _____

7. 您认为就英语学习而言什么最重要？
    A. 教师的讲解　　　　B. 学生的参与
    C. 师生互动　　　　　D. 学校的管理
    E. _____

8. 您如何看待大学英语课程？
    A. 大学英语课程应该以满足社会需求为目标
    B. 大学英语课程应该以英语学科核心内容为依据
    C. 大学英语课程应该以满足学习者需求为主要目标
    D. 大学英语课程应该基于每个学校自己的情况设计

三、实践

请您根据下面描述符合自己情况的程度在相应的空格内打钩。

1. 完全不符合　2. 基本不符合　3. 基本符合　4. 比较符合　5. 完全符合

	1	2	3	4	5
1. 教一个单元之前我会分析教材中的语言现象（词汇、句法）。					
2. 教一个单元之前我会分析课文文本的逻辑、结构等。					
3. 教一个单元之前我会分析教材中的非语言现象，如文化、态度、价值观等。					
4. 教一个单元之前我会分析教材中活动的适应性。					
5. 教一个单元之前我会分析学生的已有基础。					

(续表)

6. 教一个单元之前我会分析学生的兴趣爱好。					
7. 我会讲授基本的词汇用法。					
8. 我会以语块的方式处理单词。					
9. 我会根据每个单词的认知特征讲授单词。					
10. 我能将隐喻、原型、拟像等应用于语言教学之中。					
11. 我根据每个语言现象的认知特点选择信息技术呈现单词。					
12. 我设计任务以便学生在使用中掌握单词。					
13. 我组织学生阅读获取信息。					
14. 我自己讲解课文的结构、逻辑。					
15. 我组织学生阅读分析文章的结构、逻辑。					
16. 有时时间紧学生没有阅读的时间,我会自己讲(包括课文信息、结构、逻辑等)。					
17. 无论如何我都会保证学生活动时间。					
18. 我会做图式激活方面的阅读准备工作。					
19. 教学中我会更加关注非语言信息,如文体、文化等。					
20. 我会根据现实生活中类似文章的相关的阅读要求设计阅读任务。					
21. 我会关注阅读中的图式生成与发展,帮助学生形成新的阅读图式。					
22. 我一般是采用讲解文章中图式的方式。					
23. 我会先试着让学生阅读提取图式,然后再讲解图式。					
22. 我会采纳常规的阅读后选择填空方式。					
23. 我会在阅读中为学生参加四级考试做准备。					
24. 如果阅读材料比较难,超出了学生的语言能力,我会想办法把语言变得可理解。					
25. 我会设计输出活动,学生为了输出关注课文的输入。					
26. 最常用的活动是阅读回答问题。					
27. 我会让学生根据阅读开展角色扮演、访谈等。					
28. 我会让学生根据阅读材料做一个项目。					
29. 我会给学生提供相关的课外阅读,并设计相关任务。					

再次谢谢您的合作!

2014 年 5 月 5 日星期一

附录2：国外访学经历对教师实践性知识的影响

<table>
<tr><td colspan="3">ANOVA</td><td>平方和</td><td>df</td><td>均方</td><td>F</td><td>显著性</td></tr>
<tr><td rowspan="7">导演</td><td colspan="2">（组合）</td><td>1.304</td><td>3</td><td>0.435</td><td>2.042</td><td>0.111</td></tr>
<tr><td rowspan="5">组间</td><td></td><td></td><td></td><td></td><td></td><td></td></tr>
<tr><td>未加权的</td><td>0.027</td><td>1</td><td>0.027</td><td>0.126</td><td>0.724</td></tr>
<tr><td>线性项 加权的</td><td>0.171</td><td>1</td><td>0.171</td><td>0.803</td><td>0.372</td></tr>
<tr><td>偏差</td><td>1.133</td><td>2</td><td>0.566</td><td>2.661</td><td>0.073</td></tr>
<tr><td colspan="2"></td><td></td><td></td><td></td><td></td><td></td></tr>
<tr><td colspan="2">组内</td><td>30.871</td><td>145</td><td>0.213</td><td></td><td></td></tr>
<tr><td colspan="2">总数</td><td>32.174</td><td>148</td><td></td><td></td><td></td></tr>
<tr><td rowspan="6">牧师</td><td colspan="2">（组合）</td><td>0.750</td><td>3</td><td>0.250</td><td>3.283</td><td>0.023</td></tr>
<tr><td rowspan="3">组间</td><td>未加权的</td><td>0.256</td><td>1</td><td>0.256</td><td>3.364</td><td>0.069</td></tr>
<tr><td>线性项 加权的</td><td>0.161</td><td>1</td><td>0.161</td><td>2.118</td><td>0.148</td></tr>
<tr><td>偏差</td><td>0.589</td><td>2</td><td>0.294</td><td>3.865</td><td>0.023</td></tr>
<tr><td colspan="2">组内</td><td>11.123</td><td>146</td><td>0.076</td><td></td><td></td></tr>
<tr><td colspan="2">总数</td><td>11.873</td><td>149</td><td></td><td></td><td></td></tr>
<tr><td rowspan="6">母亲</td><td colspan="2">（组合）</td><td>1.048</td><td>3</td><td>0.349</td><td>1.901</td><td>0.132</td></tr>
<tr><td rowspan="3">组间</td><td>未加权的</td><td>0.753</td><td>1</td><td>0.753</td><td>4.101</td><td>0.045</td></tr>
<tr><td>线性项 加权的</td><td>0.225</td><td>1</td><td>0.225</td><td>1.226</td><td>0.270</td></tr>
<tr><td>偏差</td><td>0.823</td><td>2</td><td>0.411</td><td>2.239</td><td>0.110</td></tr>
<tr><td colspan="2">组内</td><td>26.825</td><td>146</td><td>0.184</td><td></td><td></td></tr>
<tr><td colspan="2">总数</td><td>27.873</td><td>149</td><td></td><td></td><td></td></tr>
<tr><td rowspan="6">管理员</td><td colspan="2">（组合）</td><td>0.369</td><td>3</td><td>0.123</td><td>0.551</td><td>0.648</td></tr>
<tr><td rowspan="3">组间</td><td>未加权的</td><td>0.022</td><td>1</td><td>0.022</td><td>0.099</td><td>0.753</td></tr>
<tr><td>线性项 加权的</td><td>0.161</td><td>1</td><td>0.161</td><td>0.722</td><td>0.397</td></tr>
<tr><td>偏差</td><td>0.208</td><td>2</td><td>0.104</td><td>0.465</td><td>0.629</td></tr>
<tr><td colspan="2">组内</td><td>32.624</td><td>146</td><td>0.223</td><td></td><td></td></tr>
<tr><td colspan="2">总数</td><td>32.993</td><td>149</td><td></td><td></td><td></td></tr>
</table>

(续表)

			平方和	df	均方	F	显著性
朋友	组间	（组合）	3.263	3	1.088	4.646	0.004
		线性项 未加权的	0.114	1	0.114	0.486	0.487
		线性项 加权的	1.452	1	1.452	6.203	0.014
		线性项 偏差	1.811	2	0.906	3.868	0.023
	组内		34.177	146	0.234		
	总数		37.440	149			

ANOVA

朋友

			平方和	df	均方	F	显著性
组间		（组合）	3.263	3	1.088	4.646	0.004
	线性项	未加权的	0.114	1	0.114	0.486	0.487
		加权的	1.452	1	1.452	6.203	0.014
		偏差	1.811	2	0.906	3.868	0.023
组内			34.177	146	0.234		
总数			37.440	149			

ANOVA

			平方和	df	均方	F	显著性
小树苗	组间	（组合）	0.114	3	0.038	0.231	0.874
		线性项 未加权的	0.058	1	0.058	0.353	0.553
		线性项 加权的	0.108	1	0.108	0.660	0.418
		线性项 偏差	0.006	2	0.003	0.017	0.983
	组内		23.886	146	0.164		
	总数		24.000	149			
五颜六色的纸	组间	（组合）	1.169	3	0.390	1.643	0.182
		线性项 未加权的	0.010	1	0.010	0.043	0.836
		线性项 加权的	0.385	1	0.385	1.625	0.204
		线性项 偏差	0.784	2	0.392	1.652	0.195
	组内		34.624	146	0.237		
	总数		35.793	149			

(续表)

			平方和	df	均方	F	显著性
自己的孩子	组间	（组合）	0.846	3	0.282	1.446	0.232
		线性项 未加权的	0.509	1	0.509	2.609	0.108
		线性项 加权的	0.705	1	0.705	3.615	0.059
		线性项 偏差	0.141	2	0.071	0.362	0.697
	组内		28.487	146	0.195		
	总数		29.333	149			
朋友	组间	（组合）	1.859	3	0.620	2.431	0.068
		线性项 未加权的	0.520	1	0.520	2.038	0.156
		线性项 加权的	1.281	1	1.281	5.027	0.026
		线性项 偏差	0.578	2	0.289	1.133	0.325
	组内		37.214	146	0.255		
	总数		39.073	149			

ANOVA							
			平方和	df	均方	F	显著性
社会	组间	（组合）	0.304	3	0.101	0.410	0.746
		线性项 未加权的	0.069	1	0.069	0.278	0.599
		线性项 加权的	0.021	1	0.021	0.086	0.769
		线性项 偏差	0.283	2	0.141	0.572	0.565
	组内		36.069	146	0.247		
	总数		36.373	149			
象牙塔	组间	（组合）	0.309	3	0.103	0.634	0.594
		线性项 未加权的	0.200	1	0.200	1.232	0.269
		线性项 加权的	0.192	1	0.192	1.183	0.278
		线性项 偏差	0.117	2	0.058	0.359	0.699
	组内		23.691	146	0.162		
	总数		24.000	149			
知识的殿堂	组间	（组合）	0.485	3	0.162	0.640	0.591
		线性项 未加权的	0.007	1	0.007	0.028	0.867
		线性项 加权的	0.033	1	0.033	0.132	0.717
		线性项 偏差	0.452	2	0.226	0.894	0.411
	组内		36.908	146	0.253		
	总数		37.393	149			

ANOVA				平方和	df	均方	F	显著性
拓展学生的语言知识	组间	（组合）		1.034	3	0.345	1.406	0.243
		线性项	未加权的	0.646	1	0.646	2.633	0.107
			加权的	0.133	1	0.133	0.544	0.462
			偏差	0.901	2	0.450	1.837	0.163
	组内			35.799	146	0.245		
	总数			36.833	149			
培养学生的语言运用能力	组间	（组合）		0.644	3	0.215	1.249	0.294
		线性项	未加权的	0.343	1	0.343	1.993	0.160
			加权的	0.048	1	0.048	0.279	0.598
			偏差	0.596	2	0.298	1.734	0.180
	组内			25.096	146	0.172		
	总数			25.740	149			
促进学生的智能发展	组间	（组合）		0.770	3	0.257	1.176	0.321
		线性项	未加权的	0.000	1	0.000	0.001	0.978
			加权的	0.192	1	0.192	0.880	0.350
			偏差	0.578	2	0.289	1.324	0.269
	组内			31.870	146	0.218		
	总数			32.640	149			
培养学生的生存技能	组间	（组合）		0.166	3	0.055	0.237	0.871
		线性项	未加权的	0.091	1	0.091	0.388	0.534
			加权的	0.133	1	0.133	0.571	0.451
			偏差	0.033	2	0.016	0.070	0.933
	组内			34.107	146	0.234		
	总数			34.273	149			
使学生学会做事	组间	（组合）		2.842	3	0.947	4.018	0.009
		线性项	未加权的	0.415	1	0.415	1.761	0.187
			加权的	0.588	1	0.588	2.494	0.116
			偏差	2.254	2	1.127	4.780	0.101
	组内			34.418	146	0.236		
	总数			37.260	149			

(续表)

			平方和	df	均方	F	显著性
使学生学会做人	组间	（组合）	1.592	3	0.531	2.370	0.073
		线性项 未加权的	0.315	1	0.315	1.406	0.238
		线性项 加权的	0.481	1	0.481	2.150	0.145
		线性项 偏差	1.110	2	0.555	2.480	0.087
	组内		32.682	146	0.224		
	总数		34.273	149			

ANOVA

			平方和	df	均方	F	显著性
学生自学（包括知识学生和听力、阅读训练），教师引导	组间	（组合）	0.623	3	0.208	0.909	0.439
		线性项 未加权的	0.082	1	0.082	0.359	0.550
		线性项 加权的	0.385	1	0.385	1.687	0.196
		线性项 偏差	0.237	2	0.119	0.519	0.596
	组内		33.351	146	0.228		
	总数		33.973	149			
教师教授知识，设计活动训练学生能力	组间	（组合）	0.946	3	0.315	1.549	0.204
		线性项 未加权的	0.226	1	0.226	1.108	0.294
		线性项 加权的	0.085	1	0.085	0.419	0.518
		线性项 偏差	0.861	2	0.430	2.114	0.124
	组内		29.727	146	0.204		
	总数		30.673	149			
教师设计项目、任务，学生合作完成，通过评价反馈和后续性训练培养学生的能力	组间	（组合）	0.520	3	0.173	0.702	0.552
		线性项 未加权的	0.164	1	0.164	0.663	0.417
		线性项 加权的	0.432	1	0.432	1.751	0.188
		线性项 偏差	0.088	2	0.044	0.178	0.837
	组内		36.020	146	0.247		
	总数		36.540	149			

ANOVA				平方和	df	均方	F	显著性
词汇	组间	(组合)		1.874	3	0.625	3.266	0.023
		线性项	未加权的	0.225	1	0.225	1.175	0.280
			加权的	1.121	1	1.121	5.864	0.017
			偏差	0.752	2	0.376	1.967	0.144
	组内			27.920	146	0.191		
	总数			29.793	149			
语法	组间	(组合)		0.091	3	0.030	0.236	0.871
		线性项	未加权的	0.018	1	0.018	0.139	0.710
			加权的	0.021	1	0.021	0.167	0.684
			偏差	0.069	2	0.035	0.270	0.763
	组内			18.683	146	0.128		
	总数			18.773	149			
策略	组间	(组合)		0.424	3	0.141	0.738	0.531
		线性项	未加权的	0.055	1	0.055	0.289	0.591
			加权的	0.261	1	0.261	1.365	0.245
			偏差	0.162	2	0.081	0.424	0.655
	组内			27.950	146	0.191		
	总数			28.373	149			
文化	组间	(组合)		0.719	3	0.240	0.969	0.409
		线性项	未加权的	0.013	1	0.013	0.054	0.817
			加权的	0.261	1	0.261	1.056	0.306
			偏差	0.458	2	0.229	0.925	0.399
	组内			36.114	146	0.247		
	总数			36.833	149			
认知发展	组间	(组合)		1.226	3	0.409	1.647	0.181
		线性项	未加权的	0.443	1	0.443	1.785	0.184
			加权的	0.012	1	0.012	0.048	0.826
			偏差	1.214	2	0.607	2.447	0.090
	组内			36.214	146	0.248		
	总数			37.440	149			

			ANOVA				
			平方和	df	均方	F	显著性
应以满足社会需求为目标	组间	（组合）	0.244	3	0.081	0.344	0.794
		线性项 未加权的	0.007	1	0.007	0.029	0.866
		线性项 加权的	0.021	1	0.021	0.090	0.765
		线性项 偏差	0.223	2	0.112	0.471	0.626
	组内		34.589	146	0.237		
	总数		34.833	149			
应以英语学科核心内容为依据	组间	（组合）	0.196	3	0.065	0.313	0.816
		线性项 未加权的	0.162	1	0.162	0.778	0.379
		线性项 加权的	0.065	1	0.065	0.313	0.577
		线性项 偏差	0.131	2	0.065	0.313	0.732
	组内		30.477	146	0.209		
	总数		30.673	149			
应以满足学习者需求为主要目标	组间	（组合）	1.510	3	0.503	2.089	0.104
		线性项 未加权的	0.393	1	0.393	1.630	0.204
		线性项 加权的	0.005	1	0.005	0.022	0.882
		线性项 偏差	1.505	2	0.752	3.123	0.047
	组内		35.183	146	0.241		
	总数		36.693	149			
应基于每个学校自己的情况设计	组间	（组合）	0.023	3	0.008	0.042	0.988
		线性项 未加权的	0.020	1	0.020	0.109	0.741
		线性项 加权的	0.021	1	0.021	0.116	0.734
		线性项 偏差	0.002	2	0.001	0.005	0.995
	组内		26.810	146	0.184		
	总数		26.833	149			

			ANOVA				
			平方和	df	均方	F	显著性
教一个单元之前会分析教材中的语言现象（词汇、句法）	组间	（组合）	1.601	3	0.534	0.656	0.581
		线性项 未加权的	0.018	1	0.018	0.022	0.883
		线性项 加权的	0.124	1	0.124	0.153	0.697
		线性项 偏差	1.477	2	0.739	0.908	0.406
	组内		111.477	137	0.814		
	总数		113.078	140			

(续表)

				平方和	df	均方	F	显著性
教一个单元之前会分析课文文本的逻辑、结构等	组间	（组合）		3.220	3	1.073	1.278	0.284
		线性项	未加权的	1.751	1	1.751	2.085	0.151
			加权的	0.550	1	0.550	0.655	0.420
			偏差	2.670	2	1.335	1.590	0.208
	组内			121.786	145	0.840		
	总数			125.007	148			
教一个单元之前会分析教材中的非语言现象，如文化、态度、价值观等	组间	（组合）		4.414	3	1.471	1.908	0.131
		线性项	未加权的	1.114	1	1.114	1.445	0.231
			加权的	0.275	1	0.275	0.357	0.551
			偏差	4.138	2	2.069	2.684	0.072
	组内			111.019	144	0.771		
	总数			115.432	147			
教一个单元之前会分析教材中活动的适应性	组间	（组合）		4.799	3	1.600	1.991	0.118
		线性项	未加权的	0.404	1	0.404	0.502	0.480
			加权的	0.035	1	0.035	0.044	0.835
			偏差	4.764	2	2.382	2.964	0.055
	组内			116.516	145	0.804		
	总数			121.315	148			
教一个单元之前会分析学生的已有基础	组间	（组合）		12.874	3	4.291	5.822	0.001
		线性项	未加权的	4.405	1	4.405	5.975	0.016
			加权的	0.772	1	0.772	1.047	0.308
			偏差	12.102	2	6.051	8.209	0.000
	组内			106.884	145	0.737		
	总数			119.758	148			
教一个单元之前会分析学生的兴趣爱好	组间	（组合）		7.511	3	2.504	2.618	0.053
		线性项	未加权的	0.093	1	0.093	0.097	0.756
			加权的	1.373	1	1.373	1.436	0.233
			偏差	6.138	2	3.069	3.209	0.043
	组内			138.676	145	0.956		
	总数			146.188	148			

ANOVA							
			平方和	df	均方	F	显著性
讲授基本的词汇用法	组间	（组合）	1.030	3	0.343	0.275	0.844
		线性项 未加权的	0.248	1	0.248	0.199	0.657
		线性项 加权的	0.000	1	0.000	0.000	0.996
		线性项 偏差	1.030	2	0.515	0.412	0.663
	组内		179.997	144	1.250		
	总数		181.027	147			
以语块的方式处理单词	组间	（组合）	5.813	3	1.938	1.994	0.118
		线性项 未加权的	1.091	1	1.091	1.123	0.291
		线性项 加权的	4.118	1	4.118	4.238	0.041
		线性项 偏差	1.695	2	0.847	0.872	0.420
	组内		139.937	144	0.972		
	总数		145.750	147			
根据每个单词的认知特征讲授单词	组间	（组合）	7.301	3	2.434	2.605	0.054
		线性项 未加权的	1.427	1	1.427	1.528	0.218
		线性项 加权的	5.171	1	5.171	5.535	0.020
		线性项 偏差	2.130	2	1.065	1.140	0.323
	组内		135.478	145	0.934		
	总数		142.779	148			
将隐喻、原型、拟像等应用于语言教学之中	组间	（组合）	15.057	3	5.019	4.508	0.005
		线性项 未加权的	1.703	1	1.703	1.529	0.218
		线性项 加权的	9.103	1	9.103	8.175	0.005
		线性项 偏差	5.954	2	2.977	2.674	0.072
	组内		161.453	145	1.113		
	总数		176.510	148			
根据每个语言现象的认知特点选择信息技术呈现单词	组间	（组合）	6.830	3	2.277	2.083	0.105
		线性项 未加权的	0.215	1	0.215	0.197	0.658
		线性项 加权的	0.268	1	0.268	0.245	0.621
		线性项 偏差	6.562	2	3.281	3.003	0.053
	组内		157.353	144	1.093		
	总数		164.182	147			

(续表)

			平方和	df	均方	F	显著性
设计任务以便学生在使用中掌握单词	组间	（组合）	6.743	3	2.248	2.999	0.033
		线性项 未加权的	0.218	1	0.218	0.291	0.590
		线性项 加权的	0.545	1	0.545	0.727	0.395
		线性项 偏差	6.198	2	3.099	4.135	0.018
	组内		107.933	144	0.750		
	总数		114.676	147			

ANOVA							
			平方和	df	均方	F	显著性
组织学生阅读获取信息	组间	（组合）	3.081	3	1.027	1.497	0.218
		线性项 未加权的	0.476	1	0.476	0.693	0.407
		线性项 加权的	0.033	1	0.033	0.048	0.827
		线性项 偏差	3.048	2	1.524	2.221	0.112
	组内		98.811	144	0.686		
	总数		101.892	147			
自己讲解课文的结构、逻辑	组间	（组合）	10.328	3	3.443	3.851	0.011
		线性项 未加权的	0.892	1	0.892	0.998	0.319
		线性项 加权的	0.051	1	0.051	0.057	0.811
		线性项 偏差	10.277	2	5.138	5.748	0.004
	组内		129.632	145	0.894		
	总数		139.960	148			
组织学生阅读分析文章的结构、逻辑	组间	（组合）	8.496	3	2.832	3.727	0.013
		线性项 未加权的	1.147	1	1.147	1.510	0.221
		线性项 加权的	0.164	1	0.164	0.216	0.643
		线性项 偏差	8.332	2	4.166	5.482	0.005
	组内		110.188	145	0.760		
	总数		118.685	148			
有时时间紧学生没有阅读的时间，会自己讲（包括课文信息、结构、逻辑等）	组间	（组合）	6.451	3	2.150	2.385	0.072
		线性项 未加权的	0.029	1	0.029	0.032	0.859
		线性项 加权的	1.232	1	1.232	1.367	0.244
		线性项 偏差	5.219	2	2.609	2.894	0.059
	组内		130.744	145	0.902		
	总数		137.195	148			

(续表)

			平方和	df	均方	F	显著性
无论如何都会保证学生活动时间	组间	（组合）	6.207	3	2.069	2.278	0.082
		线性项 未加权的	0.032	1	0.032	0.036	0.851
		线性项 加权的	1.283	1	1.283	1.412	0.237
		线性项 偏差	4.924	2	2.462	2.711	0.070
	组内		130.766	144	0.908		
	总数		136.973	147			
做图式激活方面的阅读准备工作	组间	（组合）	17.014	3	5.671	5.438	0.001
		线性项 未加权的	0.976	1	0.976	0.936	0.335
		线性项 加权的	7.816	1	7.816	7.494	0.007
		线性项 偏差	9.198	2	4.599	4.410	0.014
	组内		150.175	144	1.043		
	总数		167.189	147			
教学中更加关注非语言信息，如文体、文化等	组间	（组合）	3.693	3	1.231	1.241	0.297
		线性项 未加权的	2.294	1	2.294	2.312	0.131
		线性项 加权的	3.244	1	3.244	3.269	0.073
		线性项 偏差	0.449	2	0.224	0.226	0.798
	组内		142.868	144	0.992		
	总数		146.561	147			
根据现实生活中类似文章的相关的阅读要求设计阅读任务	组间	（组合）	2.883	3	0.961	1.033	0.380
		线性项 未加权的	0.205	1	0.205	0.220	0.640
		线性项 加权的	1.435	1	1.435	1.542	0.216
		线性项 偏差	1.449	2	0.724	0.779	0.461
	组内		133.928	144	0.930		
	总数		136.811	147			
关注阅读中的图式生成与发展，帮助学生形成新的阅读图式	组间	（组合）	14.403	3	4.801	4.453	0.005
		线性项 未加权的	0.029	1	0.029	0.027	0.870
		线性项 加权的	4.412	1	4.412	4.093	0.045
		线性项 偏差	9.991	2	4.996	4.634	0.011
	组内		155.239	144	1.078		
	总数		169.642	147			

(续表)

			平方和	df	均方	F	显著性
一般是采用讲解文章中图式的方式	组间	（组合）	18.747	3	6.249	6.000	0.001
		线性项 未加权的	0.009	1	0.009	0.008	0.927
		线性项 加权的	5.022	1	5.022	4.821	0.030
		线性项 偏差	13.725	2	6.863	6.589	0.002
	组内		148.940	143	1.042		
	总数		167.687	146			
会先试着让学生阅读提取图式,然后再讲解图式	组间	（组合）	18.061	3	6.020	5.452	0.001
		线性项 未加权的	0.097	1	0.097	0.088	0.767
		线性项 加权的	2.904	1	2.904	2.630	0.107
		线性项 偏差	15.157	2	7.578	6.863	0.001
	组内		155.705	141	1.104		
	总数		173.766	144			
会采纳常规的阅读后选择填空方式	组间	（组合）	21.210	3	7.070	6.314	0.000
		线性项 未加权的	0.022	1	0.022	0.020	0.889
		线性项 加权的	5.796	1	5.796	5.176	0.024
		线性项 偏差	15.414	2	7.707	6.883	0.001
	组内		160.110	143	1.120		
	总数		181.320	146			
会在阅读中为学生参加四级考试做准备	组间	（组合）	6.792	3	2.264	2.133	0.099
		线性项 未加权的	1.405	1	1.405	1.323	0.252
		线性项 加权的	0.016	1	0.016	0.015	0.903
		线性项 偏差	6.776	2	3.388	3.192	0.044
	组内		152.850	144	1.061		
	总数		159.642	147			
如果阅读材料比较难,超出了学生的语言能力,会想办法把语言变得可理解	组间	（组合）	8.000	3	2.667	3.003	0.033
		线性项 未加权的	0.032	1	0.032	0.036	0.850
		线性项 加权的	2.228	1	2.228	2.509	0.115
		线性项 偏差	5.772	2	2.886	3.250	0.042
	组内		127.858	144	0.888		
	总数		135.858	147			

<table>
<tr><td colspan="9" align="center">描述</td></tr>
<tr><td></td><td></td><td rowspan="2">N</td><td rowspan="2">均值</td><td rowspan="2">标准差</td><td rowspan="2">标准误</td><td colspan="2" align="center">均值的95%
置信区间</td><td rowspan="2">极小值</td><td rowspan="2">极大值</td></tr>
<tr><td></td><td></td><td>下限</td><td>上限</td></tr>
<tr><td rowspan="5">自己讲解课文的结构、逻辑</td><td>无国外访学经历</td><td>117</td><td>3.735 0</td><td>0.977 27</td><td>0.090 35</td><td>3.556 1</td><td>3.914 0</td><td>2.00</td><td>5.00</td></tr>
<tr><td>1～6个月</td><td>21</td><td>4.190 5</td><td>0.813 58</td><td>0.177 54</td><td>3.820 1</td><td>4.560 8</td><td>2.00</td><td>5.00</td></tr>
<tr><td>6～12个月</td><td>4</td><td>4.750 0</td><td>0.500 00</td><td>0.250 00</td><td>3.954 4</td><td>5.545 6</td><td>4.00</td><td>5.00</td></tr>
<tr><td>一年以上</td><td>7</td><td>3.142 9</td><td>0.899 74</td><td>0.340 07</td><td>2.310 7</td><td>3.975 0</td><td>2.00</td><td>4.00</td></tr>
<tr><td>总数</td><td>149</td><td>3.798 7</td><td>0.972 46</td><td>0.079 67</td><td>3.641 2</td><td>3.956 1</td><td>2.00</td><td>5.00</td></tr>
<tr><td rowspan="5">做图式激活方面的阅读准备工作</td><td>无国外访学经历</td><td>116</td><td>3.103 4</td><td>1.033 18</td><td>0.095 93</td><td>2.913 4</td><td>3.293 5</td><td>1.00</td><td>5.00</td></tr>
<tr><td>1～6个月</td><td>21</td><td>3.952 4</td><td>0.973 46</td><td>0.212 43</td><td>3.509 3</td><td>4.395 5</td><td>2.00</td><td>5.00</td></tr>
<tr><td>6～12个月</td><td>4</td><td>4.250 0</td><td>0.957 43</td><td>0.478 71</td><td>2.726 5</td><td>5.773 5</td><td>3.00</td><td>5.00</td></tr>
<tr><td>一年以上</td><td>7</td><td>3.428 6</td><td>0.975 90</td><td>0.368 86</td><td>2.526 0</td><td>4.331 1</td><td>2.00</td><td>5.00</td></tr>
<tr><td>总数</td><td>148</td><td>3.270 3</td><td>1.066 46</td><td>0.087 66</td><td>3.097 0</td><td>3.443 5</td><td>1.00</td><td>5.00</td></tr>
<tr><td rowspan="5">关注阅读中的图式生成与发展,帮助学生形成新的阅读图式</td><td>无国外访学经历</td><td>116</td><td>3.129 3</td><td>1.051 13</td><td>0.097 59</td><td>2.936 0</td><td>3.322 6</td><td>1.00</td><td>5.00</td></tr>
<tr><td>1～6个月</td><td>21</td><td>4.000 0</td><td>1.048 81</td><td>0.228 87</td><td>3.522 6</td><td>4.477 4</td><td>1.00</td><td>5.00</td></tr>
<tr><td>6～12个月</td><td>4</td><td>3.750 0</td><td>0.500 00</td><td>0.250 00</td><td>2.954 4</td><td>4.545 6</td><td>3.00</td><td>4.00</td></tr>
<tr><td>一年以上</td><td>7</td><td>3.285 7</td><td>0.951 19</td><td>0.359 52</td><td>2.406 2</td><td>4.165 4</td><td>2.00</td><td>4.00</td></tr>
<tr><td>总数</td><td>148</td><td>3.277 0</td><td>1.074 26</td><td>0.088 30</td><td>3.102 5</td><td>3.451 5</td><td>1.00</td><td>5.00</td></tr>
<tr><td rowspan="5">一般是采用讲解文章中图式的方式</td><td>无国外访学经历</td><td>115</td><td>3.087 0</td><td>1.022 25</td><td>0.095 33</td><td>2.898 1</td><td>3.275 8</td><td>1.00</td><td>5.00</td></tr>
<tr><td>1～6个月</td><td>21</td><td>4.047 6</td><td>1.071 27</td><td>0.233 77</td><td>3.560 0</td><td>4.535 3</td><td>1.00</td><td>5.00</td></tr>
<tr><td>6～12个月</td><td>4</td><td>4.000 0</td><td>0.816 50</td><td>0.408 25</td><td>2.700 8</td><td>5.299 2</td><td>3.00</td><td>5.00</td></tr>
<tr><td>一年以上</td><td>7</td><td>3.142 9</td><td>0.899 74</td><td>0.340 07</td><td>2.310 7</td><td>3.975 0</td><td>2.00</td><td>4.00</td></tr>
<tr><td>总数</td><td>147</td><td>3.251 7</td><td>1.071 70</td><td>0.088 39</td><td>3.077 0</td><td>3.426 4</td><td>1.00</td><td>5.00</td></tr>
<tr><td rowspan="5">会先试着让学生阅读提取图式,然后再讲解图式</td><td>无国外访学经历</td><td>115</td><td>3.182 6</td><td>1.104 87</td><td>0.103 03</td><td>2.978 5</td><td>3.386 7</td><td>1.00</td><td>5.00</td></tr>
<tr><td>1～6个月</td><td>19</td><td>4.105 3</td><td>0.809 30</td><td>0.185 67</td><td>3.715 2</td><td>4.495 3</td><td>3.00</td><td>5.00</td></tr>
<tr><td>6～12个月</td><td>4</td><td>4.250 0</td><td>0.500 00</td><td>0.250 00</td><td>3.454 4</td><td>5.045 6</td><td>4.00</td><td>5.00</td></tr>
<tr><td>一年以上</td><td>7</td><td>3.000 0</td><td>0.816 50</td><td>0.308 61</td><td>2.244 9</td><td>3.755 1</td><td>2.00</td><td>4.00</td></tr>
<tr><td>总数</td><td>145</td><td>3.324 1</td><td>1.098 50</td><td>0.091 23</td><td>3.143 8</td><td>3.504 5</td><td>1.00</td><td>5.00</td></tr>
<tr><td rowspan="5">会采纳常规的阅读后选择填空方式</td><td>无国外访学经历</td><td>115</td><td>3.226 1</td><td>1.092 73</td><td>0.101 90</td><td>3.024 2</td><td>3.427 9</td><td>1.00</td><td>5.00</td></tr>
<tr><td>1～6个月</td><td>21</td><td>4.238 1</td><td>0.830 95</td><td>0.181 33</td><td>3.859 9</td><td>4.616 3</td><td>3.00</td><td>5.00</td></tr>
<tr><td>6～12个月</td><td>4</td><td>4.250 0</td><td>0.957 43</td><td>0.478 71</td><td>2.726 5</td><td>5.773 5</td><td>3.00</td><td>5.00</td></tr>
<tr><td>一年以上</td><td>7</td><td>3.285 7</td><td>1.112 70</td><td>0.420 56</td><td>2.256 6</td><td>4.314 8</td><td>1.00</td><td>4.00</td></tr>
<tr><td>总数</td><td>147</td><td>3.401 4</td><td>1.114 41</td><td>0.091 92</td><td>3.219 7</td><td>3.583 0</td><td>1.00</td><td>5.00</td></tr>
</table>

ANOVA				平方和	df	均方	F	显著性
自己讲解课文的结构、逻辑	组间	(组合)		10.328	3	3.443	3.851	0.011
		线性项	未加权的	0.892	1	0.892	0.998	0.319
			加权的	0.051	1	0.051	0.057	0.811
			偏差	10.277	2	5.138	5.748	0.004
	组内			129.632	145	0.894		
	总数			139.960	148			
做图式激活方面的阅读准备工作	组间	(组合)		17.014	3	5.671	5.438	0.001
		线性项	未加权的	0.976	1	0.976	0.936	0.335
			加权的	7.816	1	7.816	7.494	0.007
			偏差	9.198	2	4.599	4.410	0.014
	组内			150.175	144	1.043		
	总数			167.189	147			
关注阅读中的图式生成与发展,帮助学生形成新的阅读图式	组间	(组合)		14.403	3	4.801	4.453	0.005
		线性项	未加权的	0.029	1	0.029	0.027	0.870
			加权的	4.412	1	4.412	4.093	0.045
			偏差	9.991	2	4.996	4.634	0.011
	组内			155.239	144	1.078		
	总数			169.642	147			
一般是采用讲解文章中图式的方式	组间	(组合)		18.747	3	6.249	6.000	0.001
		线性项	未加权的	0.009	1	0.009	0.008	0.927
			加权的	5.022	1	5.022	4.821	0.030
			偏差	13.725	2	6.863	6.589	0.002
	组内			148.940	143	1.042		
	总数			167.687	146			
会先试着让学生阅读提取图式,然后再讲解图式	组间	(组合)		18.061	3	6.020	5.452	0.001
		线性项	未加权的	0.097	1	0.097	0.088	0.767
			加权的	2.904	1	2.904	2.630	0.107
			偏差	15.157	2	7.578	6.863	0.001
	组内			155.705	141	1.104		
	总数			173.766	144			

(续表)

			平方和	df	均方	F	显著性
会采纳常规的阅读后选择填空方式	组间	（组合）	21.210	3	7.070	6.314	0.000
		线性项 未加权的	0.022	1	0.022	0.020	0.889
		线性项 加权的	5.796	1	5.796	5.176	0.024
		偏差	15.414	2	7.707	6.883	0.001
	组内		160.110	143	1.120		
	总数		181.320	146			

表头：ANOVA

描述

		N	均值	标准差	标准误	均值的95%置信区间 下限	均值的95%置信区间 上限	极小值	极大值
设计输出活动，学生为了输出关注课文的输入	无国外访学经历	116	3.7414	0.98793	0.09173	3.5597	3.9231	1.00	5.00
	1～6个月	21	4.3810	0.74001	0.16148	4.0441	4.7178	3.00	5.00
	6～12个月	4	4.2500	0.50000	0.25000	3.4544	5.0456	4.00	5.00
	一年以上	7	3.2857	0.75593	0.28571	2.5866	3.9848	2.00	4.00
	总数	148	3.8243	0.96691	0.07948	3.6673	3.9814	1.00	5.00
让学生根据阅读材料做一个项目	无国外访学经历	116	3.1466	1.11320	0.10336	2.9418	3.3513	1.00	5.00
	1～6个月	21	4.0476	1.16087	0.25332	3.5192	4.5760	1.00	5.00
	6～12个月	4	4.2500	0.95743	0.47871	2.7265	5.7735	3.00	5.00
	一年以上	7	3.4286	0.97590	0.36886	2.5260	4.3311	2.00	5.00
	总数	148	3.3176	1.15492	0.09493	3.1300	3.5052	1.00	5.00
给学生提供相关的课外阅读，并设计相关任务	无国外访学经历	116	3.4483	1.10607	0.10270	3.2449	3.6517	1.00	5.00
	1～6个月	21	4.3810	0.80475	0.17561	4.0146	4.7473	3.00	5.00
	6～12个月	4	4.2500	0.95743	0.47871	2.7265	5.7735	3.00	5.00
	一年以上	7	3.4286	0.78680	0.29738	2.7009	4.1562	2.00	4.00
	总数	148	3.6014	1.09879	0.09032	3.4229	3.7798	1.00	5.00

ANOVA				平方和	df	均方	F	显著性
设计输出活动,学生为了输出关注课文的输入	组间	（组合）		10.060	3	3.353	3.791	0.012
		线性项	未加权的	1.351	1	1.351	1.527	0.219
			加权的	0.172	1	0.172	0.195	0.660
			偏差	9.888	2	4.944	5.589	0.005
	组内			127.372	144	0.885		
	总数			137.432	147			
让学生根据阅读材料做一个项目	组间	（组合）		18.149	3	6.050	4.896	0.003
		线性项	未加权的	0.662	1	0.662	0.536	0.465
			加权的	7.594	1	7.594	6.146	0.014
			偏差	10.555	2	5.278	4.271	0.016
	组内			177.925	144	1.236		
	总数			196.074	147			
给学生提供相关的课外阅读,并设计相关任务	组间	（组合）		17.373	3	5.791	5.209	0.002
		线性项	未加权的	0.022	1	0.022	0.020	0.889
			加权的	3.869	1	3.869	3.480	0.064
			偏差	13.504	2	6.752	6.073	0.003
	组内			160.106	144	1.112		
	总数			177.480	147			

ANOVA				平方和	df	均方	F	显著性
设计输出活动,学生为了输出关注课文的输入	组间	（组合）		10.060	3	3.353	3.791	0.012
		线性项	未加权的	1.351	1	1.351	1.527	0.219
			加权的	0.172	1	0.172	0.195	0.660
			偏差	9.888	2	4.944	5.589	0.005
	组内			127.372	144	0.885		
	总数			137.432	147			
让学生根据阅读材料做一个项目	组间	（组合）		18.149	3	6.050	4.896	0.003
		线性项	未加权的	0.662	1	0.662	0.536	0.465
			加权的	7.594	1	7.594	6.146	0.014
			偏差	10.555	2	5.278	4.271	0.016
	组内			177.925	144	1.236		
	总数			196.074	147			

(续表)

			平方和	df	均方	F	显著性
给学生提供相关的课外阅读,并设计相关任务		（组合）	17.373	3	5.791	5.209	0.002
	组间	线性项 未加权的	0.022	1	0.022	0.020	0.889
		线性项 加权的	3.869	1	3.869	3.480	0.064
		偏差	13.504	2	6.752	6.073	0.003
	组内		160.106	144	1.112		
	总数		177.480	147			

						描述				
			N	均值	标准差	标准误	均值的95%置信区间		极小值	极大值
							下限	上限		
将隐喻、原型、拟像等应用于语言教学之中		无国外访学经历	117	3.265 0	1.085 91	0.100 39	3.066 1	3.463 8	1.00	5.00
		1～6个月	21	4.095 2	0.995 23	0.217 18	3.642 2	4.548 3	2.00	5.00
		6～12个月	4	4.000 0	0.816 50	0.408 25	2.700 8	5.299 2	3.00	5.00
		一年以上	7	3.857 1	0.690 07	0.260 82	3.218 9	4.495 3	3.00	5.00
		总数	149	3.429 5	1.092 08	0.089 47	3.252 7	3.606 3	1.00	5.00
根据每个单词的认知特征讲授单词		无国外访学经历	117	3.649 6	1.011 28	0.093 49	3.464 4	3.834 7	1.00	5.00
		1～6个月	21	4.190 5	0.749 60	0.163 58	3.849 3	4.537	2.00	5.00
		6～12个月	4	4.250 0	0.957 43	0.478 71	2.726 5	5.773 5	3.00	5.00
		一年以上	7	4.142 9	0.690 07	0.260 82	3.504 7	4.781 1	3.00	5.00
		总数	149	3.765 1	0.982 20	0.080 47	3.606 3	3.924 1	1.00	5.00
以语块的方式处理单词		无国外访学经历	116	3.646 6	1.006 54	0.093 45	3.461 4	3.831 7	1.00	5.00
		1～6个月	21	4.142 9	1.014 19	0.221 31	3.681 2	4.604 5	2.00	5.00
		6～12个月	4	4.000 0	0.816 50	0.408 25	2.700 8	5.299 2	3.00	5.00
		一年以上	7	4.142 9	0.377 96	0.142 86	3.793 3	4.492 4	4.00	5.00
		总数	148	3.750 0	0.995 74	0.081 85	3.588 2	3.911 8	1.00	5.00
根据每个语言现象的认知特点选择信息技术呈现单词		无国外访学经历	116	3.362 1	1.024 88	0.095 16	3.173 6	3.550 6	1.00	5.00
		1～6个月	21	3.761 9	1.179 18	0.257 32	3.225 1	4.298 7	1.00	5.00
		6～12个月	4	4.250 0	0.500 00	0.250 00	3.454 4	5.045 6	4.00	5.00
		一年以上	7	3.000 0	1.154 70	0.436 44	1.932 1	4.067 9	1.00	4.00
		总数	148	3.425 7	1.056 83	0.086 87	3.254 0	3.597 4	1.00	5.00

ANOVA				平方和	df	均方	F	显著性
将隐喻、原型、拟像等应用于语言教学之中	组间	\multicolumn{2}{l|}{（组合）}	15.057	3	5.019	4.508	0.005
		线性项	未加权的	1.703	1	1.703	1.529	0.218
			加权的	9.103	1	9.103	8.175	0.005
			偏差	5.954	2	2.977	2.674	0.072
	组内			161.453	145	1.113		
	总数			176.510	148			
根据每个单词的认知特征讲授单词	组间	\multicolumn{2}{l|}{组合}	7.301	3	2.434	2.605	0.054
		线性项	未加权的	1.427	1	1.427	1.528	0.218
			加权的	5.171	1	5.171	5.535	0.020
			偏差	2.130	2	1.065	1.140	0.323
	组内			135.478	145	0.934		
	总数			142.779	148			
以语块的方式处理单词	组间	\multicolumn{2}{l|}{（组合）}	5.813	3	1.938	1.994	0.118
		线性项	未加权的	1.091	1	1.091	1.123	0.291
			加权的	4.118	1	4.118	4.238	0.041
			偏差	1.695	2	0.847	0.872	0.420
	组内			139.937	144	0.972		
	总数			145.750	147			
根据每个语言现象的认知特点选择信息技术呈现单词	组间	\multicolumn{2}{l|}{（组合）}	6.830	3	2.2773	2.083	0.105
		线性项	未加权的	0.215	1	0.215	0.197	0.658
			加权的	0.268	1	0.268	0.245	0.621
			偏差	6.562	2	3.281	3.003	0.053
	组内			157.353	144	1.093		
	总数			164.182	147			

附录3:团队对教师信念的影响

ANOVA			平方和	df	均方	F	显著性
教一个单元之前会分析教材中的语言现象(词汇、句法)	组间	(组合)	0.467	1	0.467	0.577	0.449
		线性项 未加权的	0.467	1	0.467	0.577	0.449
		线性项 加权的	0.467	1	0.467	0.577	0.449
	组内		112.611	139	0.810		
	总数		113.078	140			
教一个单元之前会分析课文文本的逻辑、结构等	组间	(组合)	0.007	1	0.007	0.008	0.927
		线性项 未加权的	0.007	1	0.007	0.008	0.927
		线性项 加权的	0.007	1	0.007	0.008	0.927
	组内		125.000	147	0.850		
	总数		125.007	148			
教一个单元之前会分析教材中的非语言现象,如文化、态度、价值观等	组间	(组合)	1.188	1	1.188	1.518	0.220
		线性项 未加权的	1.188	1	1.188	1.518	0.220
		线性项 加权的	1.188	1	1.188	1.518	0.220
	组内		114.244	146	0.782		
	总数		115.432	147			
教一个单元之前会分析教材中活动的适应性	组间	(组合)	0.222	1	0.222	0.270	0.604
		线性项 未加权的	0.222	1	0.222	0.270	0.604
		线性项 加权的	0.222	1	0.222	0.270	0.604
	组内		121.093	147	0.824		
	总数		121.315	148			
教一个单元之前会分析学生的已有基础	组间	(组合)	4.842	1	4.842	6.194	0.014
		线性项 未加权的	4.842	1	4.842	6.194	0.014
		线性项 加权的	4.842	1	4.842	6.194	0.014
	组内		114.916	147	0.782		
	总数		119.758	148			

(续表)

	ANOVA			平方和	df	均方	F	显著性
教一个单元之前会分析学生的兴趣爱好	组间	(组合)		6.016	1	6.016	6.309	0.013
		线性项	未加权的	6.016	1	6.016	6.309	0.013
			加权的	6.016	1	6.016	6.309	0.013
	组内			140.172	147	0.954		
	总数			146.188	148			
讲授基本的词汇用法	组间	(组合)		7.312	1	7.312	6.145	0.014
		线性项	未加权的	7.312	1	7.312	6.145	0.014
			加权的	7.312	1	7.312	6.145	0.014
	组内			173.715	146	1.190		
	总数			181.027	147			
以语块的方式处理单词	组间	(组合)		12.641	1	12.641	13.865	0.000
		线性项	未加权的	12.641	1	12.641	13.865	0.000
			加权的	12.641	1	12.641	13.865	0.000
	组内			133.109	146	0.912		
	总数			145.750	147			
根据每个单词的认知特征讲授单词	组间	(组合)		4.960	1	4.960	5.290	0.023
		线性项	未加权的	4.960	1	4.960	5.290	0.023
			加权的	4.960	1	4.960	5.290	0.023
	组内			137.819	147	0.938		
	总数			142.779	148			
将隐喻、原型、拟像等应用于语言教学之中	组间	(组合)		12.750	1	12.750	11.445	0.001
		线性项	未加权的	12.750	1	12.750	11.445	0.001
			加权的	12.750	1	12.750	11.445	0.001
	组内			163.760	147	1.114		
	总数			176.510	148			
根据每个语言现象的认知特点选择信息技术呈现单词	组间	(组合)		14.933	1	14.933	14.608	0.000
		线性项	未加权的	14.933	1	14.933	14.608	0.000
			加权的	14.933	1	14.933	14.608	0.000
	组内			149.250	146	1.022		
	总数			164.182	147			

(续表)

ANOVA			平方和	df	均方	F	显著性
设计任务以便学生在使用中掌握单词	组间	（组合）	1.402	1	1.402	1.807	0.181
		线性项 未加权的	1.402	1	1.402	1.807	0.181
		线性项 加权的	1.402	1	1.402	1.807	0.181
	组内		113.274	146	0.776		
	总数		114.676	147			
组织学生阅读获取信息	组间	（组合）	0.289	1	0.289	0.415	0.521
		线性项 未加权的	0.289	1	0.289	0.415	0.521
		线性项 加权的	0.289	1	0.289	0.415	0.521
	组内		101.603	146	0.696		
	总数		101.892	147			
自己讲解课文的结构、逻辑	组间	（组合）	5.553	1	5.553	6.074	0.015
		线性项 未加权的	5.553	1	5.553	6.074	0.015
		线性项 加权的	5.553	1	5.553	6.074	0.015
	组内		134.407	147	0.914		
	总数		139.960	148			
组织学生阅读分析文章的结构、逻辑	组间	（组合）	4.049	1	4.049	5.193	0.024
		线性项 未加权的	4.049	1	4.049	5.193	0.024
		线性项 加权的	4.049	1	4.049	5.193	0.024
	组内		114.635	147	0.780		
	总数		118.685	148			
有时时间紧学生没有阅读的时间，会自己讲(包括课文信息、结构、逻辑等)	组间	（组合）	2.326	1	2.326	2.536	0.113
		线性项 未加权的	2.326	1	2.326	2.536	0.113
		线性项 加权的	2.326	1	2.326	2.536	0.113
	组内		134.868	147	0.917		
	总数		137.195	148			
无论如何都会保证学生活动时间	组间	（组合）	2.540	1	2.540	2.758	0.099
		线性项 未加权的	2.540	1	2.540	2.758	0.099
		线性项 加权的	2.540	1	2.540	2.758	0.099
	组内		134.433	146	0.921		
	总数		136.973	147			

(续表)

ANOVA				平方和	df	均方	F	显著性
做图式激活方面的阅读准备工作	组间	(组合)		9.320	1	9.320	8.620	0.004
		线性项	未加权的	9.320	1	9.320	8.620	0.004
			加权的	9.320	1	9.320	8.620	0.004
	组内			157.869	146	1.081		
	总数			167.189	147			
教学中更加关注非语言信息,如文体、文化等	组间	(组合)		2.395	1	2.395	2.426	0.122
		线性项	未加权的	2.395	1	2.395	2.426	0.122
			加权的	2.395	1	2.395	2.426	0.122
	组内			144.165	146	0.987		
	总数			146.561	147			
根据现实生活中类似文章的相关的阅读要求设计阅读任务	组间	(组合)		3.688	1	3.688	4.045	0.046
		线性项	未加权的	3.688	1	3.688	4.045	0.046
			加权的	3.688	1	3.688	4.045	0.046
	组内			133.123	146	0.912		
	总数			136.811	147			
关注阅读中的图式生成与发展,帮助学生形成新的阅读图式	组间	(组合)		5.372	1	5.372	4.774	0.030
		线性项	未加权的	5.372	1	5.372	4.774	0.030
			加权的	5.372	1	5.372	4.774	0.030
	组内			164.270	146	1.125		
	总数			169.642	147			
一般是采用讲解文章中图式的方式	组间	(组合)		7.895	1	7.895	7.165	0.008
		线性项	未加权的	7.895	1	7.895	7.165	0.008
			加权的	7.895	1	7.895	7.165	0.008
	组内			159.792	145	1.102		
	总数			167.687	146			
会先试着让学生阅读提取图式,然后再讲解图式	组间	(组合)		11.887	1	11.887	10.501	0.001
		线性项	未加权的	11.887	1	11.887	10.501	0.001
			加权的	11.887	1	11.887	10.501	0.001
	组内			161.878	143	1.132		
	总数			173.766	144			

(续表)

ANOVA				平方和	df	均方	F	显著性
会采纳常规的阅读后选择填空方式	组间	(组合)		4.905	1	4.905	4.031	0.047
		线性项	未加权的	4.905	1	4.905	4.031	0.047
			加权的	4.905	1	4.905	4.031	0.047
	组内			176.415	145	1.217		
	总数			181.320	146			
会在阅读中为学生参加四级考试做准备	组间	(组合)		3.021	1	3.021	2.816	0.095
		线性项	未加权的	3.021	1	3.021	2.816	0.095
			加权的	3.021	1	3.021	2.816	0.095
	组内			156.621	146	1.073		
	总数			159.642	147			
如果阅读材料比较难,超出了学生的语言能力,会想办法把语言变得可理解	组间	(组合)		3.497	1	3.497	3.857	0.051
		线性项	未加权的	3.497	1	3.497	3.857	0.051
			加权的	3.497	1	3.497	3.857	0.051
	组内			132.361	146	0.907		
	总数			135.858	147			
设计输出活动,学生为了输出关注课文的输入	组间	(组合)		1.510	1	1.510	1.622	0.205
		线性项	未加权的	1.510	1	1.510	1.622	0.205
			加权的	1.510	1	1.510	1.622	0.205
	组内			135.923	146	0.931		
	总数			137.432	147			
最常用的活动是阅读回答问题	组间	(组合)		1.510	1	1.510	1.511	0.221
		线性项	未加权的	1.510	1	1.510	1.511	0.221
			加权的	1.510	1	1.510	1.511	0.221
	组内			145.923	146	0.999		
	总数			147.432	147			
让学生根据阅读开展角色扮演、访谈等	组间	(组合)		3.368	1	3.368	2.657	0.105
		线性项	未加权的	3.368	1	3.368	2.657	0.105
			加权的	3.368	1	3.368	2.657	0.105
	组内			185.064	146	1.268		
	总数			188.432	147			

(续表)

ANOVA				平方和	df	均方	F	显著性
让学生根据阅读材料做一个项目	组间	（组合）		13.713	1	13.713	10.979	0.001
		线性项	未加权的	13.713	1	13.713	10.979	0.001
			加权的	13.713	1	13.713	10.979	0.001
	组内			182.361	146	1.249		
	总数			196.074	147			
给学生提供相关的课外阅读,并设计相关任务	组间	（组合）		4.574	1	4.574	3.862	0.051
		线性项	未加权的	4.574	1	4.574	3.862	0.051
			加权的	4.574	1	4.574	3.862	0.051
	组内			172.906	146	1.184		
	总数			177.480	147			

ANOVA				平方和	df	均方	F	显著性
导演	组间	（组合）		0.715	1	0.715	3.341	0.070
		线性项	未加权的	0.715	1	0.715	3.341	0.070
			加权的	0.715	1	0.715	3.341	0.070
	组内			31.460	147	0.214		
	总数			32.174	148			
牧师	组间	（组合）		0.018	1	0.018	0.219	0.640
		线性项	未加权的	0.018	1	0.018	0.219	0.640
			加权的	0.018	1	0.018	0.219	0.640
	组内			11.856	148	0.080		
	总数			11.873	149			
母亲	组间	（组合）		0.808	1	0.808	4.419	0.037
		线性项	未加权的	0.808	1	0.808	4.419	0.037
			加权的	0.808	1	0.808	4.419	0.037
	组内			27.065	148	0.183		
	总数			27.873	149			

(续表)

ANOVA				平方和	df	均方	F	显著性
管理员	组间	(组合)		0.000	1	0.000	0.002	0.969
		线性项	未加权的	0.000	1	0.000	0.002	0.969
			加权的	0.000	1	0.000	0.002	0.969
	组内			32.993	148	0.223		
	总数			32.993	149			
朋友	组间	(组合)		0.398	1	0.398	1.589	0.209
		线性项	未加权的	0.398	1	0.398	1.589	0.209
			加权的	0.398	1	0.398	1.589	0.209
	组内			37.042	148	0.250		
	总数			37.440	149			
小树苗	组间	(组合)		0.350	1	0.350	2.188	0.141
		线性项	未加权的	0.350	1	0.350	2.188	0.141
			加权的	0.350	1	0.350	2.188	0.141
	组内			23.650	148	0.160		
	总数			24.000	149			
五颜六色的纸	组间	(组合)		1.882	1	1.882	8.214	0.005
		线性项	未加权的	1.882	1	1.882	8.214	0.005
			加权的	1.882	1	1.882	8.214	0.005
	组内			33.911	148	0.229		
	总数			35.793	149			
自己的孩子	组间	(组合)		1.015	1	1.015	5.303	0.023
		线性项	未加权的	1.015	1	1.015	5.303	0.023
			加权的	1.015	1	1.015	5.303	0.023
	组内			28.319	148	0.191		
	总数			29.333	149			
朋友	组间	(组合)		0.416	1	0.416	1.592	0.209
		线性项	未加权的	0.416	1	0.416	1.592	0.209
			加权的	0.416	1	0.416	1.592	0.209
	组内			38.657	148	0.261		
	总数			39.073	149			

(续表)

ANOVA				平方和	df	均方	F	显著性
社会	组间	（组合）		0.144	1	0.144	0.586	0.445
		线性项	未加权的	0.144	1	0.144	0.586	0.445
			加权的	0.144	1	0.144	0.586	0.445
	组内			36.230	148	0.245		
	总数			36.373	149			
象牙塔	组间	（组合）		0.312	1	0.312	1.948	0.165
		线性项	未加权的	0.312	1	0.312	1.948	0.165
			加权的	0.312	1	0.312	1.948	0.165
	组内			23.688	148	0.160		
	总数			24.000	149			
知识的殿堂	组间	（组合）		0.002	1	0.002	0.009	0.925
		线性项	未加权的	0.002	1	0.002	0.009	0.925
			加权的	0.002	1	0.002	0.009	0.925
	组内			37.391	148	0.253		
	总数			37.393	149			
拓展学生的语言知识	组间	（组合）		0.683	1	0.683	2.798	0.097
		线性项	未加权的	0.683	1	0.683	2.798	0.097
			加权的	0.683	1	0.683	2.798	0.097
	组内			36.150	148	0.244		
	总数			36.833	149			
培养学生的语言运用能力	组间	（组合）		0.287	1	0.287	1.667	0.199
		线性项	未加权的	0.287	1	0.287	1.667	0.199
			加权的	0.287	1	0.287	1.667	0.199
	组内			25.453	148	0.172		
	总数			25.740	149			
促进学生的智能发展	组间	（组合）		0.177	1	0.177	0.806	0.371
		线性项	未加权的	0.177	1	0.177	0.806	0.371
			加权的	0.177	1	0.177	0.806	0.371
	组内			32.463	148	0.219		
	总数			32.640	149			

(续表)

			平方和	df	均方	F	显著性
ANOVA							
培养学生的生存技能	组间	（组合）	0.003	1	0.003	0.012	0.911
		线性项 未加权的	0.003	1	0.003	0.012	0.911
		线性项 加权的	0.003	1	0.003	0.012	0.911
	组内		34.270	148	0.232		
	总数		34.273	149			
使学生学会做事	组间	（组合）	0.128	1	0.128	0.511	0.476
		线性项 未加权的	0.128	1	0.128	0.511	0.476
		线性项 加权的	0.128	1	0.128	0.511	0.476
	组内		37.132	148	0.251		
	总数		37.260	149			
使学生学会做人	组间	（组合）	0.003	1	0.003	0.012	0.911
		线性项 未加权的	0.003	1	0.003	0.012	0.911
		线性项 加权的	0.003	1	0.003	0.012	0.911
	组内		34.270	148	0.232		
	总数		34.273	149			
学生自学（包括知识学生和听力、阅读训练），教师引导	组间	（组合）	0.899	1	0.899	4.023	0.047
		线性项 未加权的	0.899	1	0.899	4.023	0.047
		线性项 加权的	0.899	1	0.899	4.023	0.047
	组内		33.074	148	0.223		
	总数		33.973	149			
教师教授知识，设计活动训练学生能力	组间	（组合）	0.210	1	0.210	1.023	0.314
		线性项 未加权的	0.210	1	0.210	1.023	0.314
		线性项 加权的	0.210	1	0.210	1.023	0.314
	组内		30.463	148	0.206		
	总数		30.673	149			
教师设计项目、任务，学生合作完成，通过评价反馈和后续性训练培养学生的能力	组间	（组合）	0.221	1	0.221	0.899	0.345
		线性项 未加权的	0.221	1	0.221	0.899	0.345
		线性项 加权的	0.221	1	0.221	0.899	0.345
	组内		36.319	148	0.245		
	总数		36.540	149			

(续表)

ANOVA				平方和	df	均方	F	显著性
词汇	组间		(组合)	0.502	1	0.502	2.536	0.113
		线性项	未加权的	0.502	1	0.502	2.536	0.113
			加权的	0.502	1	0.502	2.536	0.113
	组内			29.291	148	0.198		
	总数			29.793	149			
语法	组间		(组合)	0.395	1	0.395	3.181	0.077
		线性项	未加权的	0.395	1	0.395	3.181	0.077
			加权的	0.395	1	0.395	3.181	0.077
	组内			18.378	148	0.124		
	总数			18.773	149			
策略	组间		(组合)	0.111	1	0.111	0.580	0.447
		线性项	未加权的	0.111	1	0.111	0.580	0.447
			加权的	0.111	1	0.111	0.580	0.447
	组内			28.263	148	0.191		
	总数			28.373	149			
文化	组间		(组合)	0.112	1	0.112	0.449	0.504
		线性项	未加权的	0.112	1	0.112	0.449	0.504
			加权的	0.112	1	0.112	0.449	0.504
	组内			36.722	148	0.248		
	总数			36.833	149			
认知发展	组间		(组合)	0.467	1	0.467	1.869	0.174
		线性项	未加权的	0.467	1	0.467	1.869	0.174
			加权的	0.467	1	0.467	1.869	0.174
	组内			36.973	148	0.250		
	总数			37.440	149			
教师的讲解	组间		(组合)	0.136	1	0.136	0.969	0.326
		线性项	未加权的	0.136	1	0.136	0.969	0.326
			加权的	0.136	1	0.136	0.969	0.326
	组内			20.669	147	0.141		
	总数			20.805	148			

(续表)

ANOVA				平方和	df	均方	F	显著性
学生的参与	组间	（组合）		0.985	1	0.985	4.016	0.047
		线性项	未加权的	0.985	1	0.985	4.016	0.047
			加权的	0.985	1	0.985	4.016	0.047
	组内			36.062	147	0.245		
	总数			37.047	148			
师生互动	组间	（组合）		0.048	1	0.048	0.233	0.630
		线性项	未加权的	0.048	1	0.048	0.233	0.630
			加权的	0.048	1	0.048	0.233	0.630
	组内			30.542	147	0.208		
	总数			30.591	148			
学校的管理	组间	（组合）		0.020	1	0.020	0.435	0.510
		线性项	未加权的	0.020	1	0.020	0.435	0.510
			加权的	0.020	1	0.020	0.435	0.510
	组内			6.651	147	0.045		
	总数			6.671	148			
应以满足社会需求为目标	组间	（组合）		0.178	1	0.178	0.759	0.385
		线性项	未加权的	0.178	1	0.178	0.759	0.385
			加权的	0.178	1	0.178	0.759	0.385
	组内			34.656	148	0.234		
	总数			34.833	149			
应以英语学科核心内容为依据	组间	（组合）		0.131	1	0.131	0.636	0.426
		线性项	未加权的	0.131	1	0.131	0.636	0.426
			加权的	0.131	1	0.131	0.636	0.426
	组内			30.542	148	0.206		
	总数			30.673	149			
应以满足学习者需求为主要目标	组间	（组合）		0.005	1	0.005	0.019	0.892
		线性项	未加权的	0.005	1	0.005	0.019	0.892
			加权的	0.005	1	0.005	0.019	0.892
	组内			36.689	148	0.248		
	总数			36.693	149			

(续表)

				平方和	df	均方	F	显著性
应基于每个学校自己的情况设计	组间	(组合)		0.050	1	0.050	0.278	0.599
		线性项	未加权的	0.050	1	0.050	0.278	0.599
			加权的	0.050	1	0.050	0.278	0.599
	组内			26.783	148	0.181		
	总数			26.833	149			

表头：ANOVA

描述

五颜六色的纸

	N	均值	标准差	标准误	均值的95%置信区间		极小值	极大值
					下限	上限		
未参与团队建设	83	0.494 0	0.503 00	0.055 21	0.384 1	0.603 8	0.00	1.00
参与团队建设	67	0.268 7	0.446 61	0.054 56	0.159 7	0.377 6	0.00	1.00
总数	150	0.393 3	0.490 13	0.040 02	0.314 3	0.472 4	0.00	1.00

附录4:探索性小组座谈提纲

探索性访谈于2014年5月28日下午4:30在本单位主任办公室8815进行。这一天是周三,按照本单位惯例,每周三下午各教学单位集中开例会,发布最新通知,探讨过去一周的教学、科研、学生等工作。选择这一天,主要是基于便利原则,受试的4位教师均为研究者本单位的教师,包括男教师一名,女教师三名,职称分别为助教、讲师、副教授和教授,学历背景均为硕士。作为本教学单位行政领导,研究者对本单位教师的基本情况比较了解,通过探索性访谈,加深对受试教学理念的了解,同时公开征求受试参与深度访谈及后期实验介入研究的意愿。其中一位职称为教授的老师由于需要照顾生病的家属,明确表示希望退出。

1. 作为一名教师在教学中您认为最重要的知识是什么,用得最多的知识是什么?
2. 结合您自身情况,您认为影响课堂教学的主要因素是什么?家庭,过去的教育,个人性格,学校制度影响?如果有来自学生的因素,那主要是什么呢?
3. 您赞同以学生为中心的教学理念吗,在教学实践中都使用什么方法和策略呢?
4. 您认为阅读教学课程的根本任务是什么?应该采取什么样的方式教?您听说过任务型教学、基于内容的教学、输出驱动和翻转课堂吗,是否尝试过?
5. 在课堂教学过程中您遇到过哪些障碍,又是怎么克服的?
6. 在课堂教学设计过程中,您最先考虑什么?
7. 您课后会反思吗,教学日志记录哪些内容?
8. 学校对四、六级或者专业四、八级有要求吗,与教师的奖励挂钩吗?
9. 教学评估中重要的是什么,对您教学有什么影响?
10. 您对学校系部教师队伍建设的有关内容了解吗?系的集中开会、组织的活动哪些有益于您的教学或者个人发展?
11. 哪种培训最有用?
12. 科研教研活动对教学有帮助吗?

附录 5：教师反思报告编码、归类举例

2014 年 12 月 29 日至 31 日外语系开展了面向全体教师的岗位培训。

此次培训涉及教学、科研等多项内容，形式多样。现将参加此次培训的收获和体会总结如下：

首先，通过此次培训开阔了视野，为今后的教学和科研找到了新的思路。在韩院长的讲座中了解到法国教育的总体情况以及我校在教育教学改革中的探索；尹主任关于博士论文撰写的经验分享让我学习到做研究需要极其认真与严谨的态度；通过陈主任和刘颖老师关于外语教师高级研修班的学习汇报认识到走出去学习的必要性；在科技局田科长关于立项问题的讨论中找到了科研立项的思路和方法；此外，通过几位老师参加各种会议和培训的汇报也学习到很多新的概念和理念。

其次，此次培训让我认识到了自己的不足，特别是在教学法和课题研究方法方面。以前无论是教学还是科研很多时候都是在依靠自己的经验，非常缺乏理论和方法的指导。培训中不仅学习到了些基本的语言教学法和研究方法，也确定了今后进一步学习教学法和研究方法的目标。

最后，培训给我们提供了难得的交流和沟通感情的机会，特别是最后的文化沙龙活动，希望系里能够多多开展这样的交流活动。

附录 6：受试教师教案举例

所用教材：《新视野大学英语：读写教程 3（第 2 版）》，2011 年 3 月第 2 版，主编：郑树棠，外语教学与研究出版社。

目标学生：大学二年级机械系 A 层学生。

教学内容：Unit 3　Section A Where Principles Come First。

Unit 3　Section A Where Principles Come First

I. Tasks for Today：

1. Review (background knowledge and writing skill)
2. Structure Analysis(understanding of the whole text)
3. Detailed Study of the Text (para. 1–11)
4. Summary
5. Homework

II. Teaching Procedures：

Step 1　Greetings

Greet the whole class as usual.

Step 2　Review

1. Give students some key words to help them recall the background knowledge (show them on the screen).

Key Words：

- Principles—
- a rule or standard especially of good behavior
- rules of personal conduct
- Hyde School—
- A private boarding school，U. S.
- 1966 first founded
- Motto：value attitude over aptitude，value effort over ability，value character over talent.

2. Review the writing skill of this text (to be familiar with the writing skills of the text and make use of it in writing).

One of the writing techniques is a general statement supported by examples. Show students some examples in the text.

A general statement:

The quest for truth is widespread at the school. (para. 5 - 11)

One example:

In one English class, the 11 students spend the last 5 minutes in an energetic exchange.

A general statement:

Students also benefit from Hyde School's principles. (para. 18 - 19)

One example:

(A student named Jimmy DiBattista) How old is he? What is he going to do?

Step 3 Structure Analysis

Questions and Answers

A very important technique of extending an idea or bringing out the relationship between the paragraphs is by questions and answers. While reading, readers naturally ask questions and expect answers from the text.

Look at the stucture of the text on the screen. Make the student clear about the text.

Purpose: Improve the students' reading and writing ability and understand the general idea of each paragraph.

Method: Read the text individually and talk in groups.

Title: Where Principles Comes First

↓

Question 1: What are the principles?

Teach students the merit of such values as truth, courage, integrity ... and academic achievement naturally follows. Prepare kids for a way of life by cultivating a comprehensive set of principles that can affect all kids.

↓

Question 2: Are the Hyde principles accepted by other schools?

```
┌─────────────────────────────────────────────────────────────┐
│  The efforts to make the Character First idea accepted by public schools: │
└─────────────────────────────────────────────────────────────┘
            │                                    │
┌───────────────────────────────┐  ┌───────────────────────────────────┐
│ Failure in spreading the Hyde │  │ The Hyde School principles being  │
│ principles:                   │  │ appreciated: the Hyde Foundation  │
│   The first Hyde public school│  │ opened another program in a public│
│ program opened in September   │  │ high school in the suburbs of New │
│ 1992, which was suspended     │  │ Haven, Connecticut. At the school,│
│ within months. Reasons:       │  │ the quest for truth is also widespread.│
│ teachers protested the        │  │ Students were asked to exchange their│
│ program's demands and the     │  │ evaluations on their class performance.│
│ strain associated with more   │  │                                   │
│ intense work.                 │  │                                   │
└───────────────────────────────┘  └───────────────────────────────────┘
```

                            ↓

Question 3: What are the detailed principles or approaches advocated by the Hyde School?

```
                ┌─────────────────────────────────────────┐
                │ The Hyde School's approaches to education: │
                └─────────────────────────────────────────┘
        ┌──────────────────┬──────────────────┬──────────────────┐
```

the school assumes:	Courses and management:	1. a key ingredient in the Hyde mixture is requiring commitment and participation from parents.
1. Every human being has a unique potential based on character, not intelligence or wealth.	1. The school provides preparation for college, with a curriculum complete with English, history, math and science.	2. difficulties occur in carrying out the requirements.
2. conscience and hard work are valued.	2. all students are required to take performing arts and sports, and to provide a community service.	3. once the parents are convinced, Hyde's requirements.
3. success is measured by growth, not academic achievement.	3. for each course, students get a grade for academic achievement and for "best effort".	4. once the parents are convinced, Hyde's requirement of parents' participation should work well in public schools.
4. students are required to take responsibility for each other.		

Question 4: What are the beneficial results of the Hyde School's principles?

beneficial results for the teachers as well as the students for the students:

Beneficial results for the teachers:
1. beginning to focus on having a fruitful relationship with each student.
2. the teacher-student relationship is taken even further at Hyde: Faculty evaluations are conducted by the students.

Beneficial results for the students:
One example: Jimmy DiBattista, 19, who had seen his future as jail, not college, had been turned positive. Now he plans to attend a university.

Step 4 Detailed Study of the text (para. 1 – 11)

1. Some students are required to read each paragraph with proper intonation, and then the teacher will correct the wrong pronunciation.

2. Explain the meaning and usage of some important words, phrases and sentences (show the words and phrases on the screen).

Words and Phrases:

(1) publicity

① [u] public notice or attention

e. g. The company's continued use of such dangerous chemical has attracted a lot of negative publicity. 这个公司继续使用这样的危险化学品招致不少批评。

② [u] (business of) providing information in order to attract public attention(商业)广告,宣传。

e. g. The concert wasn't given much advance publicity, so many tickets remained unsold. 音乐会事先没有做很充分的宣传,所以许多票没有卖出去。

(2) Comprehensive adj

① of broad scope or content; including all or much

② (of a car insurance policy) providing protection against most risks, including third-party liability, fire, theft, and damage

③ having the ability to understand

④ of, relating to, or being a comprehensive school

n. short for comprehensive school

e. g. Comprehensive arrangement for serious disease 大病统筹

a comprehensive test 综合训练

comprehensible　adj　capable of being comprehended

e. g. It is comprehensible to ordinary minds. 这是普通人都能理解的。

（3）cultivate

① develop and improve 培养

e. g. At this school we aim to cultivate the minds of all the children we teach. 在这所学校我们旨在陶冶学生的心灵。

② prepare and use (land, soil, etc.) for growing crops 耕种

e. g. He cultivated the field with a large tractor. 他使用一台大型的拖拉机耕地。

（4）Suspend：vt.

① stop or delay sth. for a time

e. g. Some rail services were suspended during the strike. 罢工期间,有些铁路服务终止了。

② hang sth. up

e. g. A lamp was suspended from the ceiling. 天花板上吊着一盏灯。

③ send sb. away from his/her school, job, position, etc. for a period of time, usu. as a punishment for doing sth. Bad

e. g. He was suspended from school. 他被开除离校。

e. g. She was suspended from her job shortly after the incident. 事故发生后不久,她就被开除了。

（5）admission：n.

① permission to enter a school, a club, a public place, etc.

All those who were not wearing atie were refused admission to the club.

凡不戴领带的人都不允许进入俱乐部。

② the amount of money that one pays to enter a place

The museum charges \$5 admission.

博物馆的门票是5元。

③ a statement that sth., usually unpleasant, is true

I viewed her silence as an admission of guilt.

我认为她的沉默就是承认有罪。

Compare：admission　　　and　　　admittance

Admittance：n. (fml.) being allowed to enter a place (esp. a private one); the right to enter

The journalist tried to gain admittance to the minister's office.

记者力争获得进入部长办公室的权利。

No admittance.

禁止入内。

(6) to be associated with 与……相关

People often complain about the mental strain associated with modern life.
人们经常抱怨现代生活给他们带来的精神压力。

(7) to be scheduled to （某事）计划

This school's new educational reform project is scheduled to be started up in three months. 这个学校新的教育改革项目定于三个月后启动。

(8) over parents' protests 不顾家长们的抗议

The nurse gave the boy an injection over his protest.
护士不顾男孩的抗议给他打了一针。

(9) the quest for truth 对真理的追求

There will be no limit to our quest for a better life.
我们对美好生活的追求将是无止境的。

(10) to put one's best effort forth / to do one's utmost 全力以赴

I will put my best effort forth if it is for the sake of my motherland.
为了祖国的利益,我定会全力以赴。

Step 5　Summary

Retell the passage with complement of missing blanks.

Hyde School sees itself as _____ children for life by cultivating a comprehensive set of _____ , which include the values of courage, _____ , leadership, _____ and _____ . Academic success will then naturally _____ . Hyde school founder Joseph Guald believes that parents must be _____ to the school's ideas. Both the teachers and the students _____ from the program. Teachers begin to focus on having a _____ relationship with each student.

Step 6　Homework

Group Interview

Work in groups to have an Interview on the topic ***Principles in Education***. One works as a host, the others are Hyde School founder Joseph Gauld, some teachers and students. The rest of the class may act as audience and raise some questions.

A sample beginning

Host：Welcome to *Dialogue Today*. Join us today are Joseph Gauld, Hyde school founder and some of the teachers and students. Now let's welcome our honorable guests.

Joseph：Good evening, everyone. I am Joseph Gauld from Hyde School.

Paul Hills：Good morning, I am …

附录7:案例访谈转录节选

被采访者:何老师,女,对外经贸大学翻译硕士,入职两年,助教

问:您好,首先我想了解一下您的个人情况,您入职多长时间了?就是从事教师这个职业。

答:2012年6月到现在。

问:两年多,对吧?那您目前的职称是什么?

答:助教。

问:那我想了解一下您参加培训的一些情况。请问您参加过什么培训?

答:我参加过一些教师发展方面的培训、语音方面的培训以及质化方面的培训,学校内也有些培训。

问:那您参加这些培训的原因是什么呢,为什么要参加这些培训?

答:我觉得我在教学一些英语的储备方法方面有一些欠缺,培训可以帮我缓解这些矛盾。

问:那一般您多长时间能够出去培训一次?

答:如果是校外的这种培训,大概是平均一学期的时间可以培训一次。

问:那您最希望参加培训的类型是什么呢?比如说是什么形式的,讲座的、论坛的、沙龙的、经验分享的?

答:应该是那种小班的沙龙的形式,就是老师可以跟你近距离地交流,帮你解决问题,同时可以带着你一步一步把培训内容深入下去。

问:那您觉得最理想的参加培训地点是哪儿?培训时长大约多长时间?

答:地点应该是可以很灵活的,因为有的时候周围没有那么好的资源,周围也没有比较好的培训伙伴,时间的话,大概两到三天比较合适。

问:那您希望参加的一些培训的主题可以给我们列举一下吗?什么类别的?

答:比如教学方法的设计,这个是我目前比较需要的,或者是研究的、理论的一些补习。就是怎么把一些理论深入浅出地让我们了解并且运用到实践和科研当中。

问:那您觉得有什么因素阻碍了您去积极参加这些培训吗?

答:因为我教大学英语课程,这种课程属于"一个萝卜一个坑"的课程,可能有的时候没有时间进行在外的培训。

问:是你您个人授课时间冲突,对吗?比如您去参加一个培训之前会为它做一些准备吗?理论方面的?

答:会做一些准备,但有的时候不会准备得很充分,也是时间的问题,尤其是对于一些自己不太熟悉的领域的话,会再上网看看,起码知道它是关于什么的,了解一些它的概念。

问:那您觉得什么样的培训收效甚微或者是没有效果?

答:如果这个培训后续做得不太好的话,我觉得这个培训的效果就不是太好。

问:主要是自身没有跟进,对吗?这个效果就要差一些,您参加某一个培训之后回来

愿意和同事们一起分享自己的心得和体会吗?

答:如果有这样一个平台的话我愿意和大家分享,但是我不会无缘无故地去分享,可能大家有共同的关注点的时候会分享。

问:那您在接受培训回来,会不会针对某个培训进行后续的学习呢?

答:会有这个意识,但有时候不一定能坚持。

问:培训之后您会在实际工作之中运用自己所学的知识吗?

答:会尽量地尝试。

问:您觉得参加培训学习对于您的个人发展起到了什么作用?

答:首先是理论储备,这个是我个人比较需要的,还有一个就是可以观摩其他教师的教学。培训,其实也是一种观摩教学,在教学中也有一些指导,同时有一些培训对我们自己当前的需要有一定的针对性,这样的话就可以马上对自己的教学科研的方法进行改进。

问:那下面我想针对您参加的某一个具体的培训跟您了解几个问题。我知道您近期去参加了一个关于"质化研究"的培训,这个培训的主题是什么呢?

答:这个就是关于"质化研究"的一些步骤、方法以及一些相关的理论。

问:您是什么时候,去哪儿参加的这个培训?

答:应该是今年10月份左右在北京参加的培训。

问:您能概括几点这次培训的主要内容吗?

答:它主要跟我们讲了"质化研究"的特点,研究的步骤和方法,以及这些方法怎么实施。

问:您为什么会去参加这个"质化研究"的培训?

答:一是系里给我提供了这么一个机会,另外"质化研究"是我很想了解的一个领域。

问:那您在去培训之前,对于要培训的"质化研究"的相关内容了解到什么程度?

答:知道这么一个概念,很粗浅。老师之前给我们提前布置了一些预习的作业,阅读了几篇相关的文章。

问:也就是您进行了一些前期的铺垫? 想问一下您在培训当中,有没有积极参与其中?

答:这种直接的互动参与可能并不是很多,可能是性格决定的。但是老师让我们做什么,说到哪儿,比如课后的作业什么的,自己都很认真地去完成了。

问:我觉得您还是能非常积极地参与其中的。培训前做了前期的准备,培训中又积极地参与,那您觉得培训的整体效果怎么样?

答:刚开始培训完就觉得这个培训效果特别明显,而且自己的继续学习的动机非常强烈,也把它的一些相关的文件下载了。但是,也是没有坚持,慢慢地很多东西就遗忘了。

附录8：案例访谈资料编码、归纳举例

问：嗯，那您在之前参加过什么培训吗？

答：参加过系里大概每一学期会安排的教师岗位培训，以前是集中在学期末或者是学期初，现在慢慢地把它分散在学期中，像讲座、访谈。而在这一学期比较密集的像沙龙、请专家来讲座这些培训。

问：嗯，都是主要集中在学校内部组织的培训活动。

答：对，都是各种形式的，而且是和教学、科研关系比较密切的培训。

问：那您为什么参加这些培训？您的动机是什么？

答：第一个是本着加快促进自我的发展，另一个就是学校关心教师们的成长。

问：那参加培训是指定性的，还是自愿的，还是两者都有呢？

答：有一些培训自己是很愿意参加的，因为可以促进自身的发展，而内容上很有兴趣就会自愿去关注，自愿参加意愿就强烈些。

问：就是自我的一种需求。

答：对，一种需求。

问：您对培训活动有建议或期望吗？

答：如果把地点放在其他的外省外校的话，那样会更拓展一些。但是在安排上会有一些难度。从内容上就是结合自己的情况，像教学与科研，与我自身的专业发展或者教师自我的规划发展，还有以后的个人发展和成长都有密切的关系，那就再好不过了，当然作为一名英语教育者和学习者，如果能够渗透一些西方的文化，且不仅仅是与教育科研相关的，还有的是为了拓展我们的眼界，见识更为宽广，加深文化底蕴的，像类似于这样的，讲座也好啊，研讨会也好啊，或是观摩也好，就是形式很丰富的。

问：嗯，就是形式丰富，灵活一些，不一定非要讲的。

答：对，就是这样。讲的我可以学习下大家和教授，去领略他们的一些新鲜的理论和知识，但有些这些观摩会，形式可以更多元化一些，设计的不仅仅只是教学科研与我们职业相关的内容，作为英语的研究者，我觉得可以去加深一些文化层面的东西来提高我们自己的素养和积淀。因为这些东西和我们的教学也是相辅相成的。

问：怎样的培训您觉得是无效的？

答：像完全没有涉猎过的专业、行业的话题，还有与自身的生活，或者自己没有兴趣完全不懂的，和学习工作没有实际联系的，很牵强的那种就是我觉得无效的。

问：那您培训完会和同事探讨或分享讲座的感受吗？

答：会经常讨论，像听了以后发现自己有哪些欠缺，特别惭愧的，有感而发的一些感慨。

问：培训后会进行后续的学习吗？

答：如果没有系统的要求组织的话，会出现遗忘不连续的现象，很难有再学习反思的情况，很难很少。

问:那培训后会在实际工作中得到应用吗?

答:有时会,因为会有教学的灵感,会思考能不能应用到实际中去,有想过,有用过,但效果不好说。因为一种新的东西尝试会有一段时间检验,像需要一个学期或大半个学期,但不是对每个课题都有用。所以这种检验机制自己不会很好地去把握。

附录 9：受试教师课堂观察记录举例

教学目标	语言技能目标：帮助学生了解和掌握本单元中的重点词汇和短语的意义及用法；介绍求职信的写作模式和注意事项。 文化意识目标：介绍文章中提到的三位文学家和哲学家的生平及作品，拓展学生的视野。
学生特征	授课对象为我院建筑工程系大二的学生。虽然已经在大学进行了一年半的英语学习，但他们整体的英语基础仍较薄弱，英语水平更是参差不齐，课堂参与的主动性也较差。
教学内容和方法	讲授内容是《新视野大学英语》IV Unit 5 Section A Choose to Be Alone on Purpose. 本文主要讲述的是一些作家和哲学家要有意选择孤独地生活的原因和普通人对孤独生活的态度及看法。依据课文内容和学生实际情况，按照以下的步骤对课文展开了分析。
教学步骤	第一步，导入：从课文标题入手进行讨论，进行热身活动 首先介绍几个过孤独生活的名人的看法，如 Solitude is painful when one is young, but delightful when one is more mature. ——Albert Einstein; Whosoever is delighted in solitude is either a wild beast or a god. —Francis Bacon; The man who goes alone can start today; but he who travels with another must wait till that other is ready. —Henry David Thoreau. 然后提出两个问题（1）Do you sometimes want to be alone? In what situation do you want to?（2）What can you benefit from being alone? And what is the disadvantage of being alone? 让学生进行讨论，借此引起学生的兴趣，对题目有个大致了解，同时锻炼他们的口语表达能力。 第二步，语言点学习：单词解释，学习和掌握单词 重点解释了 tame, inspiration, creep, dictate, humble, soak, choke, self-centered 等词汇，对这些单词进行了总结、延伸和联想，然后请学生至少使用 4 个新学过的词汇自己编个英语小故事，以此来巩固学生对词汇的掌握。 第三步，课文理解：分析课文结构、段落总结、课文重点讲解、文化背景介绍 把整篇文章划分为四个部分进行分析，并根据每部分的内容设计不同的问题，对不同的文化背景进行了讲解并采用了不同的教学方法。 Part I (para 1—2) Living alone—a common social phenomenon. 针对这个话题，我的问题就是为什么，为什么独自生活是美国社会较为普遍的现象？ Part II (para 3—10) Who are often living alone? 在这一部分，增加了对三位哲学家的生平及作品介绍，尤其是配乐朗诵来自 William Wordsworth 的代表作"I wandered lonely as a cloud"，拓宽学生的文化知识和对诗歌的简要鉴赏，效果非常好。 Part III (para 11—13) Ordinary people's idea on living alone 这部分让学生进行小组表演来展示普通人对孤独生活的感受，锻炼学生的口语表达能力。 Part IV (para 14) Conclusion: Stay rational 在对课文进行分析的同时，中间穿插着解释了一些语言点，使学生对内容的了解更加清晰。 第四步，写作训练：增加实用写作，为学生的将来做铺垫 此次课中介绍的是求职信的写作格式和注意事项。
教学反思	本课以培养学生的技能为目的，结合教材重点、难点及英语学科特点，利用多媒体辅助教学，从视、听、说等方面使学生得到锻炼，在愉快、轻松的氛围中学习新知，达到了运用英语交际的目的。

附录10:质化数据撰写稿及编码

KBS(Knowledge Based Script)

Q:大家认为这堂课的教学重点是什么?

KBS1:帮助学生理解课文。学生虽然已上大二,但是基础很一般,词汇量有限,所以应该侧重词汇教学,夯实基础。针对这篇课文来说,也应侧重文学方面的知识,如诗歌等一些常识性的知识。

KBS2:背景知识的拓展也很有好处。我觉得还可以加入一些背景知识介绍。

KBS3:这篇课文是在讲课过程中扩展的。也可以在导入时扩展,这要依据课文内容决定。

……

Q:您认为阅读教学最重要的是什么?

KBS4:全面、稳固地提高基础知识,加强词汇的灵活使用,提高学生的语言应用能力。

KBS5:我认为还应加强训练学生的阅读技巧。

KBS6:当然还有属于文化素质方面的知识,毕竟英语文化知识是教学的主要任务。

TCS(Teacher Centered Script)

Q:请问整个教学设计是以学生为中心还是以教师为中心?

TCS1:我的教学是以学生中心的,但不能脱离老师讲解传授。因为大班教学,我的学生人数达到80人,而且学生水平也参差不齐,为了完成授课计划,没有足够的精力和时间开展更多的互动活动。不过我还是尽量地让学生朗读课文、组织了一些对话练习以及小组活动,有些用来讨论一些开放性的、培养学生创新思维的问题,努力以学生为中心。

Q:您认为有没有什么改变的途径呢?

TCS2:小班授课,或者是分层教学,可以更好地因材施教。

TB:(我教的B层)班里没有带头的(好学生),学生甚至不参与课堂提问,更不用说以他们(学生)为中心开展教学了。所以我不认为现在的分层教学是个好方法,小班授课或许是个好方法,至少可以让学生多一点回答问题的机会。

Q:如何看待小组讨论这样的教学活动?

TCS3:time-consuming,费时,并且(我所教的)建工系学生基础比较弱,小组活动开展不起来,学生不配合。更多时候是 pair work,两人对话比较实用。

Q:英语四、六级考试对您的教学有什么影响吗?

TCS4:我认为有积极影响,对学生的学习是一种动力,也是一个衡量标准,起了促进作用。

TAS(Technology Application Script)

Q:未来慕课、翻转课堂、微课等网络资源丰富了,老师该怎么办?试过翻转课堂吗?

TAS1:(学生)没有网络,资源也利用不了。因为免费Wifi没有实现全覆盖,学生手机流量恐怕远远不够。况且学校便于管理,大一新生不让使用电脑。

TAS2:得资料丰富了,软硬件全具备了才能翻转课堂。学生的动力、基础也很重要。

TAS3:学生是活生生、有血有肉的一个个鲜活的个体,需要情感的融合。这类教学还是代替不了学生和老师之间这种面对面的沟通。

TAS4:翻转课堂(B层)学生可能有意见,就感觉老师上课什么都不教了。完全占用课余时间。这把本来不多的学生课外时间挤满了。国内人才培养方案中课时数居高不下,课时太密集了。忙于这些课下内容学习后,完全没有了个人时间和空间,这其实是变相的教师为主的教学模式,不是自主学习,因为所有的内容是教师要求必须完成的,别无选择,否则课上无法参与课堂学习。

TSRS(Teacher Student Relationship Script)

TSRS1:我和学生之间应该是朋友关系……年龄上我比学生也大不了多少,没有代沟,况且我非常了解学生的内心感受……他们的学习生活,我和学生间很容易就建立起了信任关系……我有时间会和学生一起聊天,我们通常互刷微博,也经常逛微信朋友圈点赞……

TSRS2:我和学生是朋友,甚至和有些学生关系比较铁,我们打成一片,课下有的学生直呼我**姐,我倒没觉得不舒服。我课下经常和学生以各种形式沟通交流,QQ、微信、短信……不过,在课堂上我更像是一名导演,我给学生设定各种任务,指导他们完成……

TSRS3:师者,传道授业解惑者也……我的学生很敬重我……虽然我不老,但学生见了我总是"hold in awe",我教给他们知识,传递各种信息,还帮助他们解疑释惑……可能我是男老师,比较古板,我不是"都教授"那种偶像型的。

TSRS4:学生说我是他们的良师益友,他们都比较喜欢我,可能和我的性格有关。他们说我的课"很逗",很有意思,融趣味性与知识性为一体……学生觉得我很容易亲近,他们都把我当朋友……在我内心,我把他们当成自己的孩子,不仅关心他们的学习生活,还会关心与他们相关的各种考试、考研,甚至为他们未来找工作操心……

CKS(Context Knowledge Script)

CKS1:学校肯定是知识的殿堂嘛,从小学,甚至是从学前班,一直到大学、研究生,我们学习了各种各样的知识。正是因为知识,才让我从小学升到中学,再到大学,再考上研究生。在大学里面,图书馆藏书很丰富,我看了很多专业知识书籍……当然,在大学期间我也学会了如何与人相处,如何自立,如何学习,所以现在作为老师,我要在自己的课堂上尽可能多地传授给学生更多的知识。

CKS2:学校是学习知识的地方,当然光学课本知识是远远不够的,学生还要在正式踏入社会前,了解一下社会……可以从了解身边的人开始嘛。所以在我的课上,我尽量安排各种活动,让学生能够锻炼团队精神,学会与人合作。

CKS3:学校是一片净土,是学习的最佳场所。社会是大染缸,现在的社会很浮躁,学生受到很大的影响,他们大多眼高手低,真拿他们没办法,有时学生课堂表现错误百出,令我很失望,所以我必须争取时间,多讲解,多正面引导。

CKS4:学校小社会,人生大舞台……学校不仅要教会学生知识,还要让他们学会本领,将来好立足社会。我很担心学生,怕他们学不好,过不了专业四八级,将来找不到工作,无法融入社会。我还经常找学生谈心,希望他们能健康、快乐地过好每一天。

TCLS(TC Lesson Script)

课例 TC 任务型阅读教学设计与开展

按照全新任务型阅读教学理念,我认真地设计教学活动。我花费了很长业余时间,反复修改自己的课程设计,直到满意为止。在上课前三天,我通过 QQ 群,把提前设计好的任务发给学生(英语专业二年级),让学生分组完成任务,课上进行汇报。任务主要围绕 Obesity 话题展开,全班学生分为 6 个小组,每组 5 到 6 名成员。每组负责不同的任务,如:第一组和第二组课下负责找相关材料,做成 PPT,上课分别展示,用时各 10 分钟,同一话题两组的 PPT 展示,可以相互补充,让所有同学对肥胖症的概念、成因、由此带来的困扰及解决办法了解更加透彻。每组学生在展示时,小组成员有不同的分工,有人负责找资料,有人负责做 PPT,有人负责校对,有人负责课堂讲解。小组成员相互合作,共同展示团队成果。第 3 组同学课下好好看阅读材料,课上总结报告文章大意、文章主旨及阅读中遇到的问题。第 4 组同学结合肥胖话题,课下准备一个 role-play 活动,课上以 Situational Dialogue 的形式呈现。还有第 5、6 两组同学课堂上对 PPT 展示、情景对话展示进行复述、总结、评论。教师在其中主要起导演作用,遇到难题或需要突出的重点,我也会总结陈述,并对每组的活动进行概括总结。

TCIS(TC Interview Script)

Q:这次也是任务型阅读教学设计,你觉得效果为什么和上次的反差如此之大?

C:我也遭受了严重的"心理创伤",同样的学生,同样的任务设计,两次实验结果竟天壤之别。也许是"边际递减效应",但不应该差距这么大啊?我课下让学生写反思报告,然后以 QQmail 发给我。我摘录了一些,读给您听:

"老师,这种方式,偶尔用一次还成,毕竟学生水平参差不齐,况且同学们比较习惯之前的方式。"

"老师,下学期就专四考试了,你别玩这些花样,毕竟过专四级是硬道理。"

"老师,我们这学期有五门专业课程,需要预习复习的内容太多,课下没有那么多时间准备啊!"

"日语老师抓得比较严,每节课都听写单词,而且让我们在讲台上听写,'挂在上面'(讲台)面子上过意不去!"

"老师这样折腾我们,你累不累?"

"老师我们付了学费来这是听您讲课的,怎么能让学生代替老师讲课!"

"老师,很多同学对您有意见。辅导员通知明天给老师们的教学评估打分。您的分数?!"

……

Q:看来,很大阻力啊。

C:是啊,看着学生的反馈信息,我心里很不舒服,之前的方法很好啊,自己课堂讲,不用花这么大的精力设计每一堂课如何布置各种任务,也不用担心教学评估问题。

他对于实施任务型阅读教学模式动摇了。

TBLS(TB Lesson Script)

课例 TB 任务型阅读教学设计与开展

本堂课所用的教材是《新视野大学英语:读写教程3(第2版)》,教学内容为第三单元A篇课文——Where Principles Come First。这堂精读课是围绕教材中的课文展开的,即让学生弄懂文中的词、句、章。上课的基本环节是课文背景知识和写作手法的复习、课文结构分析、词汇讲解、难句解释、写作方法赏析等。在讲解课文时,TB让学生参与一些口头的实践活动,如:朗读课文(之后教师纠音)、回答问题(课文理解层面的)。教学计划要求完成该篇课文前11个自然段的学习,但是由于时间有限,最终只讲解了前6段。

铃声响过,TB通过幻灯片向学生们明确了"tasks for today"(即学习任务或目标),任务下面列出了诸如"review, structure analysis, detailed study, summary, homework"等。而课文内容一开始,TB列出了文章的几个关键词,以提问的形式来帮助学生们回顾上周所讲的该篇课文的背景知识。在提到文中"海德中学的校训"时,提问学生本校的校训是什么,英文怎么翻译以及学生对这个校训内涵的理解。这样可以帮助学生更好地联系实际生活,引发学生的表达欲望,增强课堂参与度。

TB第二个回顾内容是关于文章的写作手法,即"a general statement supported by examples"。引用本文的几处例子,来分析该写作手法的运用,做到了理论联系实际。此外,在学习新的写作手法之前,先带领学生共同回顾了以前学过的其他写作手法,如"cause and effect""problem and solutions"等,并举出了一些英语四级考试中的作文题目,让大家用所学写作手法讨论如何展开写作。该环节的设计其实体现了将阅读课的内容输入转化为写作的形式输出,自认为是一种比较好的输出设计。同时,这样做也能帮助学生更好地为四级考试做准备。

之后的精讲课文环节,在讲解每个段落之前,TB有意识地让一些学生站起来读课文,并辅以纠音,来帮助学生获取地道的语音语调。这样做的话,一方面,通过让学生读课文的形式来帮助他们正音;另一方面,作为每周一上午的第一段课,一些学生存在瞌睡现象,以这种方式来避免困倦,提高学生的课堂效率。

TBRS(TB Reflection Script)

TB 介入后任务型阅读教学设计与开展的课例反思日志

王笃勤在《英语阅读教学》(2012)一书中提出,阅读教学的目标包含技能目标、知识学习目标、图示建构目标、自主学习目标和综合素养目标五个方面。任务是由一系列活动组成的,有一个明确的结果,且具有自然的、真实的情景。同时,对于任务的评价,是以能否完成任务为标准,而不是以语言的使用作为标准。教师不应该把语言点学习、篇章结构学习等这些教学或练习活动混同于阅读课的教学目标。

我在课堂上让学生读课文并纠错这一活动是必要的,但这不是"任务"。在语言点的讲解过程中,像很多教师一样,我采用了传统的教师讲授为主的教学方式。国外的学习经历使得我在课堂中运用一些以学生为主的活动,比如讨论组、小组展示等。但迫于课堂时间非常有限的压力,再加上多媒体教室资源得不到保障,学生备战四级考试压力大、预习的积极性不高等因素,这些方法使用起来似乎既耗时又收效不大,也就逐渐放弃了。课文的语言点讲解大约占了40分钟,但仍然没有完成计划中11个段落的讲解。由于没有完成预定的教学任务,我感到很不安。

长期以来,我国高校外语教学一直是将课文讲解作为课堂教学的主要任务。对此,文秋芳(2013)输出驱动假设就针对中高级英语学习者提出了一些具体主张,认为:"就教学过程而言,输出比输入对外语学习的内驱力更大,输出驱动不仅可以促进接受性语言知识运用,而且可以激发学生学习新语言知识的欲望。"

我将国外留学的很多资料拿到沙龙来与大家分享,与同事一起讨论语言学习规律,国外语言教学方法的优势是什么,学习方式方法,等等。通过学校教学督导组专家听课、点评帮助以及请外来专家讲座指导和本单位学术沙龙交流活动,我逐渐认识到,应该激发学生英语学习的动机,培养学生的自主学习能力。于是,要求学生依据个人情况制订学习计划;在布置课下作业时,要求学生依据个人的基础、兴趣,有所选择;教师课上检查他们的学习情况。

当然,我有意识地给学生布置任务让其完成,并不是真正的任务型教学。真正的任务型教学是"以具体的任务为学习动机,以完成任务的过程为学习过程,以展示任务的成果来体现教学成就的一种教学方式"(鲁子问、王笃勤,2005)。作为交际型教学的发展形式,任务型教学应更强调教学过程,尝试让学生通过完成真实的生活任务参与学习过程,培养英语应用能力。它不是对语言知识教学的忽略,而是提倡以语言运用能力为目的的语言知识教学。

结合我自身的情况,项目组老师们认为我所教的班级是机械系的A层(即高考英语成绩和入学摸底测验排名前20%的学生),针对这样的中高级水平的英语学习者,教师完全可以给学生课下布置好明确的任务,放手让他们去自主学习,教师课上使用翻转课堂的形式进行检查、提问、展示。这样做也解决了大学英语课时紧,任务重,大班授课学生参与度低的问题。

利用布置小组口头任务的形式,对课文内容进行拓展,同时强化语言知识。要求学生们以小组为单位,完成一个模拟访谈,课上展示。小组成员中有一人扮演海德中学校长,一人做主持,其余扮演老师和学生们。访谈内容是从校长、老师和学生等不同角色,讨论该篇课文所学的"海德中学的校训"。为了降低任务难度,提高学生们的参与积极性,我还给出了一段"sample beginning"供学生参考。我认为这样的作业设计体现了输出为主的理念。

同时设计小组访谈主题与学生们的生活紧密关联,比如请学生从不同角度讨论本校的校训,如我校的校训的意义所在,激发学生对母校的热爱之情。相信学生们的参与度会更高。最后布置的作业就变成了本堂课真正的任务,即活生生的、与生活直接相关的任务,而前面自己所有的教学活动都是为了完成这个任务而服务的。这样做才是对课文内容的拓展,同时又强化了学生的语言应用能力。我对自己的这堂课非常满意。

TALS(TA Lesson Script)

课例 TA 任务型阅读教学设计与开展

TA 课程针对非外语专业大一本科的 A 级学生进行,所使用教材为《新视野大学英语:读写教程》。学生有较为扎实的词汇和语法基础,在口语表达和新词运用、背景知识运用方面,需要更多锻炼和提高。设计的第七单元主题与美国的枪支暴力相关。本单元安排 4 个学时进行。在第 4 学时,安排了主题为"自我防卫讲座"的任务。

课前,TA 已经将任务通过一页 PPT,传到学生 QQ 群共享,让大家提前结合文章内容、自己的经验、网络知识,进行一定的资料搜集和整理。

课上,TA 开篇带领大家回顾前 3 课时所学,总结已经完成的本单元的两个教学目标——知识目标和技能目标,随后明确本课时将达成最后一个情感目标——了解和分享自我防卫知识,保护自己和周围的人。

展示目标后,TA 用语言简单陈述一下当前大学生对自我防卫知识的严重缺乏,同时展示一段新闻视频,关于大学生遭遇犯罪失去生命的案件频发。同时,再次明确任务情景——模拟在华航大礼堂进行一次关于自我防卫的安全讲座,小组代表扮演讲座嘉宾,面向华航护理专业女生进行安全讲座。TA 则会充当主持人的角色。分享过程中,主要英文表达,尽量使用本单元学过的新词。然后,把大家分成小组,每组 5~7 人,进行最后组内的分享和梳理。时间为 10 分钟。

信息梳理后,选 3 组代表上台(自愿为主),以 key words 的形式,写出本组的自我防卫要点。同时,提醒上台分享各组,在本组员写关键词的时候,准备随后的讲座,即将有一人上台作为邀请嘉宾发言。

书写完毕,3 组轮流上台,模仿演讲嘉宾分享关键自卫方法。期间,教师从发言的肢体表现、音量、表达、是否将所学新词运用等方面进行点评,并有意识提升学生总结内容的高度,拓宽其思路,尽可能结合课文内容和词汇。

每个学生发言时间加上针对性的教师点评约用时 10 分钟。

最后,教师用 5 分钟对大家整体表现点评,总结自我防卫要点,再次强调内容的重要性。作业为把自我防卫所学方法,总结为一篇 120 字的英文报告。

TAIS(TA Interview Script)

Q:您认为本次课的教学设计是否体现以学习者为中心?

TA:基本上是吧。我整个教学起承转合都是围绕学生开展的。比如听写训练和小组讨论等等都属于任务,都是以学生为中心的。

Q:您详细地讲解词汇词组等语言点的用法、区别,举一反三。

TA:是的,这些知识属于基础知识,很重要,如果我不讲学生很可能就不会,就不能完成教学计划所规定的教学任务。我听老教师的课,他们也是这么处理的。我会经常提问学生,请他们和我一起举例、翻译、重复我的句子等互动活动。

Q:您教学经验丰富而且多次被评为教学标兵,无论处理课文理解还是开展语言训练或是四六级题型演练,学生们都能保持很高的热情听课。您的法宝是什么呢?

TD:全面贯彻以学生为中心的教育思想,设计教学内容和方法。理解学生、尊重学生、为学生服务、做学生的良师益友、鼓励夸奖学生、提高他们的英语学习兴趣、与学生和谐相处。

Q：您的课堂讲授实践超过 30 分钟，学生发言的实践或者学生参与的活动很少了，这样符合语言教学规律吗？

TD：这当然存在问题，可是学生不善于发表意见，这是他们性格决定的，怕犯错误，怕丢面子。作为教师就必须为学生着想，多讲知识、技巧和方法，兼顾提高学生的应用能力和考试成绩。或许有些功利思想。不过我的课程贯穿于各个互动环节，学生参与度很高，是以学生为中心组织教学的。

TAIS2(TA Interview Script2)

Q：您整个这堂课程的时间是？

A：45 分钟。

Q：整节课没有讲解语言点？

A：我设计了学生活动，生词可以在任务过程中，自然得到学习和巩固。

Q：是否有担心教学计划中的重点词或词组讲不完或者有些遗漏？

A：有。

Q：这种遗漏是不是一种遗憾，会否影响教学效果？

A：有遗憾。但是比起可能让新学的词汇得到激活的效果而言，漏掉或者少讲的词并不是那么重要。

Q：学生的反映如何？和你以往的课程比，学生有什么反应？会表现在哪些方面？

A：活跃一些，学生会喜欢这种方式。

Q：嗯，他们很放松地来回答你的问题，让他们参与到前面来分享。讲防御方法的这个人是你点名 appointed 还是自愿发言 volunteer？

A：他们是抢着发言。因为只有三个机会，而那个班共有 13 个组。讨论的过程是挺开心的，而且这与他们的生活密切相关。他们竟然能提出要去学一些功夫之类，你根本想不到的一些方法。他们在课余搜集了很多东西，并且想主动分享。

Q：开心的一个原因是这个题材他们喜欢，而且是有用的，是跟他们的生活密切相关的。这说明，我们在使用教材的时候，要注意寻找跟学生的生活和已有知识有密切联系的内容。

A：是的。

Q：好，你上这堂课的体会就是比起以往的教学来，学生更加活跃了。同时，你的内容也都贯穿下来了，你自己在讲的时候也比较有激情比较放松。

A：是的，当遇见新的单词时，立即把它激活了。有时候目的不是学这个词，但是在讲的过程中这个词也就很容易被学生理解了。也就是说你确实是把这个任务融化在阅读当中了。就是一个实际应用的例子。

Q：那有什么问题和不足吗？

A：我认为在这个过程中，有一个瑕疵是，我上课后先要热身跟学生讲上有 5 分钟导入，之后是 10 分钟的学生讨论。我不知道 5 分钟调动学生注意力的过程是否少了一些，影响重点和难点的突出，担心学生会遗漏这些。

TDLS(TD Lesson Script)

课例 TD 任务型阅读教学设计

这节课是为英语专业一年级讲授的泛读课程，Unit 8 Attitude Towards Life，使用的教材为上海外语教育出版社《泛读教程 2》，学生人数为 36 人。

本次泛读课程采用的是 PWP 教学模式，课堂流程比较清晰。在上课的前 5 分钟，和学生做了简短的日常交流之后迅速地复习了本教学模块已经讲授的阅读技巧"Recognizing the Pattern of Details"，让学生们回忆了"what is detail"，并让学生们齐声回答了"the most common organization patterns"。并让学生回忆了上个单元学习重点"Space and relationship" "Time sequence"在所学课文中的具体表现之后，TD 明确指出了本次课的学习任务，即掌握"Example or Illustration"和"Comparison and Contrast"等细节组织形式在文章中的应用。

在 pre-reading 阶段，TD 要求学生小组讨论 what is positive/negative attitude towards life? 并挑选了几个讨论完成情况较好的小组与全班分享，同时，将主要信息板书到黑板上，主要是一些关键词，之后引导学生思考 positive/negative attitude 对我们每个人生活的影响。并要求学生完成课本 P107 word pretest 关于词汇的小练习。

在 while-reading 阶段，首先要求学生速读文章 2 分钟，说出文章的 main ideas，并完成文章大致结构的划分。然后，要求学生在 5 分钟之内，完成课本 P110～P111 的 8 道 reading comprehension 的题目。在完成上述两项之后，TD 和学生们探讨了第一项任务的答案。在学生回答表述答案的过程中，TD 完成了对课文总体结构、写作方法的讲解。在学生回答 reading comprehension 的答案时，复习了以前所学阅读技巧的应用。之后进入课文的详细讲解阶段。TD 讲解了每一部分的结构、细节组织方式、段落构成方式、疑难长句等。

在讲解完成之后的 post-reading 阶段要求学生完成了 P111～P114 的关于文章部分的练习，并指导学生完成了 10 分钟的速读练习。

本次课程的作业为本单元课上未涉及的所有习题，和 TEXT II 的阅读，TD 要求学生按照课上所讲授模式阅读分析整篇文章，找出细节组织形式，并完成一篇 Why is it important to have a positive attitude towards life? 的短文写作，要求字数在 300 字左右。

TDIS(TD Interview Script)

D:难道是理论概念理解有误？课程设计很完整流畅啊，我一直这样教啊，很受学生们的欢迎。

Q:您的理论知识很扎实，实践经验也很丰富，但对任务型语言教学的了解的确存在偏差。

D:我毕竟有一定的理论基础，前面我提到二语习得的一些基本理论、输入输出假说、情感过滤假说等理论在我的课堂设计中的体现。

Q:阅读任务与任务型阅读两个概念在教学实践中常常被混淆了。

D:这个……

Q:您依据什么设计任务？

D:我需要严格按照时间完成阅读任务,所以每一个阅读任务都有时间要求,目的是让学生在规定时间内提高阅读理解题目的准确率,从而帮助学生顺利通过英语专业四八级考试。我觉得学生的阅读技巧的提升体现在做题准确率,所以每单元我都非常注重学生的专项训练。

ERS(Experience Reflection Script)

介入前

TA:转眼间从事大学英语教学已经快一个学期了,还记得初登讲台时,虽然能按照计划讲解完,但就好像是一个人的表演一样,讲课时甚至不敢直视学生,更不用说管理课堂的能力了。

TB:自己有早先在国外学习的经历,的确想把一些好的教学方式在课堂中运用,比如讨论组,小组展示等。自己也曾尝试用这些方法来代替传统的语言点讲解模式,但迫于课堂时间非常有限,多媒体教室资源不能保障,学生备战四级考试压力大、预习的积极性不高等因素,这些方法开展起来似乎耗时又收效不大,也就逐渐放弃了。

TC:作为一个有着10年教学经验的高校一线教师,自己经历了从学校到学校,从学生到教师的缓慢的转变过程。经历了教学初期的迷茫,由于是非师范院校毕业,没有学习教学理论、教学法等知识,所以开始不知道怎样教课,也不清楚怎样控制课堂。我机械地按照自己上学时的记忆,简单地复制着之前上课的情景。但是,由于学生年龄和刚毕业的自己较为接近,在学生眼中,尤其是男生眼中,没有一点"权威"。

课堂教学进展不是很顺利。自己利用空闲时间经常听其他老师讲课,学到了一些课堂控制管理的技巧,也学会了一些吸引学生注意、参与课堂活动的策略。慢慢地学生接受了我,我也能顺利地完成教学任务。在上课前,我会按照教学参考书撰写教案,在课堂上按照传统方式,讲单词、语法、句子、段落、篇章。"填鸭式"的教学方式似乎进展很顺利,毕竟我可以完成教学任务,因为学生都是传统教育模式下的"产物",非常适应这种方法。

经过多年的理论积累与课堂实践,自己摸索出了自己的一套方式,采用保守的教学策略,即在传统方式上稍有拓展,但课下与学生通过短信、QQ等途径多沟通,多分享,很受学生欢迎,也可以同学生打成一片。学生认可度很高,因此教学评估成绩不错,学校对教师的考核评估几乎全部建立在学生的打分基础之上。

TD:作为有着13年教龄的老师,教学经验比较丰富。本科阶段学习了师范专业,研究生阶段在英国学的是TESOL,曾讲授过本、专科公共外语,英语专业本、专科多门课程。自己的性格开朗,学生普遍喜欢,多年全院教学评估优秀,几次跻身全院教学评估第一。

介入后

TA:阅读教学是整个教学活动的一部分,自己的教学实践经验还很欠缺,希望通过与专家和同事的交流尽快站稳讲台。说实话,自己研究生的专业也不是教学方向的,这方面理论也不懂,课堂管理还有待进一步提高,希望导师给予更多帮助,自己也会向其他老师学习,前面的路还很长,加油!

TB:自己几年的教学经验还需要在日常的教学中不断丰富,教学设计很关键,希望以后通过和大家交流,争取找到更好的办法,将自己在国外学习的先进的理念用到课堂上来。

TC：自己的教学时间不短，通过多年的积累，理论和实践知识已经比较成熟。但通过这次教学改革试验，让我了解到以后还要进行系统的理论学习，同时要和更多人分享交流经验。

TD：自己已经很优秀了，多年教学评估优秀是学生和学校对我的肯定。这次教学改革让我有点吃不消，或许我之前的方法就很好。

DRS（Design Reflection Script）

介入前

TA：虽然所带的学生是大二第一学期，但由于更换了新教师，除了自我介绍之外，更重要的是介绍一下本学期的学习内容，以便同学们更好地接受和适应老师。上课过程中，要根据学生的情绪，吸引住学生。还要做到情绪饱满，文采飞扬，让学生对老师充分信任。

TB：在最初的设计中，教学方式是讲授式为主。要求学生通过预习，能够跟随教师把课文中每一部分、每一段讲到的课文内容跟着说出来；通过学习，把课文中讲到的审判原因及双方的主要代表分析清楚，并在讲解修辞手法时能够主动说出课文中例句。教学过程中设计的任务较少涉及需要学生思考并总结得出答案的环节，仅仅是要求学生复述课本及教师讲过的信息，是重复一些信息的教学活动。

TC：之前的阅读教学，完全是以教师为中心的，有诸多弊端。虽然自己学习了理论，也经常听其他老师的课，曾尝试在自己的教学设计中有所改变。可是在教学设计时，自己也不太清楚如何具体操作。

TD：采用 PWP 与任务型阅读教学相结合的教学模式。这样给学生布置的阅读任务贯穿整个教学流程。

介入后

TA：任务设计和目标必须环环相扣。由于缺少任务型教学的原型概念，在设计任务试图达成学习目标时，感到力不从心。即使现在知道有些任务可以帮助学生训练阅读技能、有些帮助增进表达，但是心里认为可用于参考的任务模型很少，已有任务模型和预期任务目标很难顺利匹配。

任务可大可小，形式多种多样。阅读课文可以有知识、技能、情感等多方面的目标需要实现，一个任务可以针对其中一点或几点进行。过去，总以为任务是一个很大的工程，任务的完成可以延伸到课文的各个方面。目前，我学会将教学环节细化，找到其中某一部分可以用到任务型教学，选取适当任务模型，因为课堂时间有限，合理安排任务的不同环节，注重任务的落实效果。pre-task 的一些内容可以调整到课前小组自行完成，课上主要是任务的展示和 after-task。pre-task 是完成 task 的重要保障。在设计任务是，pre-task 的设计也非常重要。这一步骤，体现了教师对学生基础和任务的了解。教师预测任务操作过程中可能遇到的问题，化繁为简，拆分任务的不同环节，搭建学生一步步走向目标的桥梁。after-task 对于深化学生对任务的理解非常重要，决定了任务的最后效果。阅读中的情感目标，就可以在教师最后的总结中得到深化，达到任务的情感目标

TB：为什么不让学生课下自学，教师课上检查他们的自学情况呢？这样的话，学生就能很清楚地看到自己产出的任务，并且能直接看到自己的收获和进步。这会带给学生一

种真正学到知识的成就感、喜悦感,也就更激发了他们英语学习的动机吧。

把这一小组访谈的内容设计得与学生们的生活紧密关联,比如让小组从不同角度讨论本校的校训,相信学生们的参与度会更高。最后布置的作业就变成了本堂课真正的任务,即活生生的、与生活直接相关的任务,而前面自己所有的教学活动都是为了完成这个任务而服务的。这样做才是对课文内容的拓展,同时又强化了学生的语言应用能力。

TC:在阅读教学中按照"三段论"的形式,设计教学任务,课堂讲解一些阅读教学策略,课后再布置一些家庭作业,一直这样开展教学活动,觉得没有不妥之处。

TD:经过反思,将自己的教学设计进行了调整,将 while-reading 中的客观选择题改为供学生小组讨论的一系列 open questions。阅读任务改为:在熟读课文的基础上,要求学生调查本小组成员的人生态度,和人生态度对生活的影响,形成小组书面报告。要求学生上交文字报告,并将调查结果在课堂展示。

PRS(Procedure Reflection Script)

介入前

TA:一番简单的自我介绍后,就把头深深扎在书里,按部就班完全照搬教案,几乎没有任何发挥,学生们读完单词后不久,由于紧张,不够从容自然,只能中规中矩地以教师为中心讲授,灌输对文章的分析,无暇去针对学生实际情况设计一些课堂的活动。反思自己目前的阅读教学做法,往往按照教材提供的问题导入,快速阅读找到文章大意和结构,朗读单词并学习重点单词的用法,返回课文学习文章环境中的单词用法和复杂句子,布置作业。阅读教学还是以教师为中心,没有真正地为学生布置任务,自己的教学不是真正的任务型教学。

TB:通过课堂热身活动、课文讲解和讨论、与学生交流、总结作业等教学环节,根据具体课文内容设计可行性任务,利用课文里某些观点对学生进行情感教育。如"一个人的成功不是由财富和智力衡量,而是由他的成长来衡量""尊重良知和勤奋"等,教育学生要充分挖掘潜力,培养正确的人生观。

TC:教学过程是 pre-reading, while-reading 和 post-reading。在阅读前,往往设置 warm-up 活动,结合文章的主题,提出几个与学生日常学习生活关系较密切的问题。阅读中,教师讲解一下文章的重点词、词组、段落大意、语篇结构、修辞手法等。阅读后,按照教材提供的参考题目,课堂练习一下,形式比较灵活,词组搭配、结合语境提关键词、回答问题等。课堂上不必面面俱到,有些词汇比较简单,可以忽略掉。除了讲解语法、词汇、短语、句子、篇章、主题外,通过阅读教学还有讲一些阅读技巧和应试策略,如怎样在四六级和专四专八中有效提高成绩等。阅读后还会布置一些课下任务,让学生写读书报告,课文总结等上交,并在下节课的课堂上分享,这种分享活动就是所谓的"任务",这些任务往往只需要 10~15 分钟就可以结束。

TD:采用小组活动的模式热身,通过有针对性的几个问题,引入课文。把课文分成若干部分,按部分进行提问,学生通过回答问题,了解课文内容,理清作者的写作思路,熟悉重点词汇和表达。问题有大的社会问题,也有细节问题。进一步理解课文,关注一些易读错生词的发音,重点词汇和表达的用法,重点句型结构。首先课文里的句子就是最好的例子,然后通过举例法、汉译音法、造句法,加强学生的理解和记忆。对一些难句让学生试着

paraphrase。一些段落跳出来联系翻译技巧。读课文总结,让学生听写。总结里尽量涵盖本文的重点词汇和表达。学生既练了听力,又复习了词汇,同时又加深了对文章中心思想的认识。

介入后

TA:老师的教学方式是分成三部分。首先,完成整篇的理解性问题,让学生对大意有所掌握。第二,课下让学生通过教辅资料及网上自主学习,独立完成逐段阅读,在下一次课上,留时间就他们课下学习的疑点、难点进行答疑解惑,再针对学生们忽视的个别问题进行提问,最后总结技巧和结构,总结全文观点,同时回顾一些重要的细节。为了加强学生的理解,让学生采用了分组表演的方式,练习口语表达的同时,也增强了学生的团队合作能力。

TB:针对这样的中高级英语学习者,教师完全可以给学生课下布置好明确的任务,放手让他们去自主学习,教师课上使用翻转课堂的形式进行检查、提问、展示。这样做也解决了大学英语课时紧、任务重,大班授课学生参与度低下的问题。

TC:第一次开展任务型阅读教学,提前设计好任务,让学生以组为单位,每组担任不同的任务,课堂主要是学生汇报、展示、表演,教师课堂主要负责评价、协助、管理等工作,真正实现学生在做中学,以学生为中心。

第二次试验时,尽管努力地设计了任务,但成果已经不像第一次那样理想了。PPT展示的那组同学没有认真准备,PPT的语言材料居然有很多是用软件直接把汉语翻译成英语放在里面,标点存在很多错误,句首前有标点,中英文标点乱用,满篇全是很小的文字,PPT背景与文字设计导致观众看不清楚,学生展示时一直在读 PPT,不会用自己的话表达……

情景对话的表现也差强人意,学生流于形式,在课下找了一些材料存在手机里,也没仔细看,课堂上拿着手机读材料,声音很小,其他组听不清楚,再加上这组同学的发音不太好,其余组的同学根本不听,私底下玩手机,或看起了日语!

课文展示的那组同学状况也令人失望,他们课下没有认真阅读,也没有小组讨论,课堂上的展示居然是拿着课本读单词!之后课文的主旨汇报也出现了严重的偏差!其他组负责总结的同学也没有了热情,埋头做自己的事情……

TD:自己将任务型教学的任务与练习的概念混淆了。任务应该以意义为中心,能刺激学习者应用语言;它由一些列活动组成,并且有一个明确的结果,而任务的评价以任务完成为标准,而不是以语言的使用为标准。

ERS(Effect Reflection Script)

介入前

TA:虽然此前经过了学校的岗前培训和系里的新教师岗位基本功过关,本以为能自信满满地在讲台上挥斥方遒,却被自己务必尴尬和紧张的第一堂课给了重重的一击。虽然自己的确很用心上备课,把讲稿反复修改,教学过程在脑子里反复演练,但第一次站上讲台,面对 80 名学生,80 双充满期待又渴望知识的眼睛时,脑子完全空白,甚至紧张得说话有些结巴。上完课后,感到心情很沉重,不知道学生是否也对自己很失望。

TB:课文内容一开始,理论联系实际,可以帮助学生更好地联系实际生活,促进学生的表达欲望,增强课堂参与度。写作环节,举出一些英语四级考试中的作文题目,让大家用所学写作手法讨论如何展开写作。该环节的设计其实体现了将阅读课的内容输入转化为写作的形式输出,自认为是一种比较好的输出设计。同时,这样做也能帮助学生更好地为四级考试做准备。

TC:作为男老师,如果所教学生多为男学生,那么课堂教学内容最好masculine一些,课堂上多些体育、政治、国际关系等,学生就会比较感兴趣。如果学生大部分是"娘子军",那么教师自身的外在形象也十分重要。毕竟女生都希望遇见像"都教授"那样的偶像型老师,看着赏心悦目,就会"爱屋及乌"。教学选材上再多涉及情感、时尚类的内容,学生一定会买账。

TD:课堂对课文的详细讲解为学生独立完成课后作业、独立分析教材中的拓展阅读文章做了任务准备。教学目标通过各种任务,包括读、阅读理解等客观题练习、写短文等而达成。

介入后

TA:在顺畅的教学全过程中,时常能感受到站在讲台上的自信,虽然课下备课时准备了更多课堂活动,由于课上时间不足不能一一开展,且感到自己的教学指令语言有时不够凝练,但学生课堂反馈如此活跃的时候,内心就无比快乐。

TB:时时关注学生的个体实际情况,因材施教,每堂课都让学生处在一个与自己学习、生活密切相关的情境中。在这样已熟悉的情境中来学习新知识,对于新知识的理解将是很有帮助的。

TC:第二次课堂任务型教学试验这一切的一切让我遭受了严重的"心理创伤",同样的一群学生,同样的任务设计,两次实验结果竟天壤之别。也许是"边际递减效应",但不应该差距这么大啊?

TD:作为教学形式的调味品似乎很受学生欢迎,但如果每节课都这样开展教学,学生会对教学内容产生疑问和不适应。

FRS(Feedback Reflection Script)

TA:回顾今天上课的内容,本来计划首先把精读课的单词讲完,然后分析课文。单词讲解如果只是简单的解释词性、词义、词组、例句等,不免枯燥,而且学生很难完全再集中注意力,甚至观察全班都慢慢丢了兴趣,有一些开小差现象。应该想办法活跃课堂,使学生有练习口语的机会,还可以锻炼当众表演的胆量。

TB:有意识地让一些学生站起来读课文,并辅以纠音,来帮助学生获取地道的语音语调。这样做的话,一方面,通过让学生读课文的形式来帮助他们正音;另一方面,作为每周一上午的第一节课,一些学生存在瞌睡现象,以这种方式来避免困倦,提高学生的课堂效率。如果承袭"课文中心"的老方法,学生便不易感受到自己的进步,也很难感受到成功的喜悦。

TC:时间的流逝,近10年的教学让自己从最初的青涩慢慢成熟起来,课堂上变得很自信,能够"指点江山、激扬文字",应对教学灵活自如。

TD:教学效果优异,学生对我的积极评教反馈是我坚守自己信念和教学方式的原动力。

……

TA：现在认为，任务教学是不是就要老师放弃过去对词汇、语法的重视，放开手脚，充分相信学生的探索能力，让他们在完成任务的过程中自己把该掌握的很多阅读细节掌握了。感觉有些冒险。虽然自己有过一两次实践，整个过程愉快，学生们也有一定表现，但是这种综合性训练显然是要很多课下功夫的。

TB：理论联系实际的任务型教学，学生很开心，完成任务很卖力。但问题是怎样保证所有学生参与其中呢？需要对课程设计多加研究。

TC：这样进行了一次实验，学生普遍觉得很好玩，很乐意去完成任务。自己的努力付出也算得到了学生的回报，整节课下来，学生们兴趣盎然，意犹未尽。大家也愿意持续保持这种状态。

……看着学生的反馈信息，心里很不舒服，之前的方法很好啊，自己课堂讲，不用花这么大的精力设计每一堂课如何布置各种任务，也不用担心教学评估优秀问题。现在自己折腾学生还连累自己，这究竟为了什么啊？我的任务型阅读教学的信念有些动摇。

TD：学生对新的教学模式不适应，因此浪费了大量的时间用以讲解"如何去做"，任务无法如期完成，或者完成质量不高，无法达到预期效果。

首先，学生的自主学习能力很差，初期布置的任务无法课下独立有效完成，导致学生在课上完成任务时受阻，整体教学进度不能有效推进；

其次，学生的学习习惯和学习需求并不支持老师们从始至终地开展任务型教学，作为教学形式的调味品似乎很受学生欢迎，但如果每节课都这样开展教学，学生会对教学内容产生疑问和不适应；

再次，所在单位整体的考核标准并不支持这种教学模式的深入开展，学生有很强的过级需求，要求通过专业四、八级，学校对教师的考核也有相应的考试要求，应试教育已经深深地植入师生、学校、用人单位的意识中，总觉得自己课上应该给学生讲点"有用的东西"。

TRS(Theory Reflection Script)

TA：我的教学法方面的理论知识比较欠缺，任务型阅读教学理论是常见的理论之一，自己尚且不熟练，以后一定要利用各种机会从理论和实践层面不断提高。

TB：任务型教学应更强调教学过程，尝试让学生通过完成真实的生活任务参与学习过程，培养英语应用能力。它不是对语言知识教学的忽略，而是提倡以语言运用能力为目的的语言知识教学。

TC：通过理论学习，意识到任务型阅读教学应该在教学活动中设定任务，通过以任务为载体，让学生课下去完成各种任务，在完成任务的过程中完成语言学习过程。课堂上主要以展示任务成果的方式体现。学生在完成老师所布置任务的过程中，经过思考，把应用的基本理念转化为具有实践意义的学习方式。课堂内外，学生与教师多边互动，创设真实自然的语言环境，发展语言能力，锻炼交际能力。

TD：老师自己对理论再度加深认识，当她在课堂开展任务型教学时，对任务型教学的本质、与其他教学模式的区别、实施任务型教学的必要步骤等技术要点有了非常清晰的认识。

NCRS(New Context Reflection Script)

TA:自己非常热爱教师这个职业,并愿意为之投入、付出。虽然自己的教学功底还很浅陋,但会尽全力不断学习教学理论知识,努力提高自己的教学方法,完善授课技巧,多向经验丰富的老师学习,多听课多求教,取人之长,补己之短。

TB:任务型阅读教学也好,输出驱动教学也罢,也不管是 TBL、CBL、PBL 等,每一种理论都有它的优点,但也可能存在一定的局限。此次任务型阅读教学改革试验,我自己收获较大,希望以后系部组织更多的类似活动,我一定会努力研究理论,积极投身实践,在做中学,实现教学相长。也希望在遇到困惑的时候能得到更多专家的引导。

TC:自己的教学经验比较丰富。最近的任务型阅读教学改革第一次试验成功,可第二次却失败了,后在学术沙龙活动中分享自己的困惑,虽然得到了心理安慰,但对是否继续教学改革心存疑虑,在现有的学生因素、学校对教师的考核因素、考试因素以及自身精力限制等诸多因素的制约下,自己动摇了改革的信心,但还是希望学术交流活动能继续参加下去,分享经验,分享经历,分享感受,为了学生的发展,更为了自身的发展。

TD:在整个教学方案的实施过程中,师生均有很多不适应。学生感觉很有意思,别开生面。但是作为教师自己对教学目标的实现、教学效果的达成等均不满意,随着时间的推移,如果没有外界干预,极有可能放弃尝试这种方式,按原有的模式,结合自身的优点,适度开展或许效果更好。

附录11:小组座谈、访谈及反思归类编码举例

(Group Interview)GIT-2014-1

"……本科教学一定要夯实基础,因此教学重点是词汇教学,以帮助学生理解课文。阅读教学中无论是词汇、语法、段落、篇章,课程设计和课堂活动都应该以知识为中心。具体针对某篇课文来说,也会侧重文学方面的知识,(如诗歌等常识)或者阅读技巧的训练。背景知识的拓展有利于提高学生的语言综合应用能力。当然,在课时允许的情况下还要补充一些属于文化素质方面的知识,毕竟英语文化知识是英语教学的重要部分。"(小组座谈 GIT-2014A1)

"七八十名学生大合班不好组织活动,不能保证课堂纪律,教学管理难以控制是一方面,课文内容讲不完,不能完成课堂教学任务。教学的效果的好坏要看学生的四、六级通过率,通过率高才是硬道理。"(小组座谈 GIT-2014A1)

"我认为英语四、六级考试对教学有积极影响,随着全社会对这一考试的认可,甚至将之作为招聘的一个必要条件。这对学生的学习是一种动力,也是一个衡量标准,起了促进作用。"(小组座谈 GIT-2014C1)

(Group Interview)GIT-2014-2

"让学生朗读课文、组织了一些对话练习以及小组活动开展了互动式教学;课上组织讨论一些开放性的、培养学生创新思维的问题是不现实的,太费时(time-consuming),并且因为学生基础比较弱,小组活动开展不起来,学生不配合。这其中还有文化因素的影响,中国学生从小接受应试教育,性格内向,不愿主动回答问题。"(小组座谈 GIT-2014B2)

"要想真正实现以学生为中心就必须小班授课,或者是分层教学,这样才有精力控制管理课堂,才可以更好地因材施教。"(小组座谈 GIT-2014D2)

(Group Interview)GIT-2014-3

"说实话,那是形式主义,没有用,为了教务处的教学检查(才写的)。但是自己课后有时想想教学过程,自然而然分析这节课成败的原因,毕竟谁都不想误人子弟。但是不知道为什么写反思,也不知道怎么写。"(小组座谈 GIT-2014A3)

"我这学期给大二英语专业学生上英语阅读,同样的内容,一班上课很活跃,二班就很安静,没有主动回答问题的学生。好像经常出现这样的问题,同样的老师,同样的内容和方法,两个班效果不一样。好在学生还都是一样认可我。评估成绩依然很高就可以了。"(小组座谈 GIT-2014D3)

(Group Interview)GIT-2014-4

"(学生)没有网络,资源也利用不了。因为免费 Wifi 没有实现全覆盖,学生手机流量恐怕远远不够。况且很多学校为了便于管理,大一新生不让使用电脑。"(小组座谈 GIT-2014A4)

"……得资料丰富了,软硬件全具备了才能翻转课堂。这些现代技术在课堂上很难应用。学生是活生生、有血有肉的一个个鲜活的个体,需要情感的融合。这类教学模式还是代替不了学生和老师之间这种面对面的沟通。"(小组座谈 GIT-2014B4)

"……而且还要取决于学生的学习自觉性。"(小组座谈 GIT-2014C4)

"翻转课堂(B层)学生可能有意见,就感觉老师上课什么都不教了。完全占用课余时间。这把学生本来不多的课外时间挤满了。国内人才培养方案中课时数居高不下,课时太密集了。忙于这些课下内容学习后,完全没有了个人时间和空间,这其实是变相的教师为主的教学模式,不是自主学习,因为所有的内容是教师要求必须完成的,别无选择,否则课上无法参与课堂学习。"(小组座谈 GIT-2014D4)

(Group Interview) GIT-2014-5

"课程主体是学生,只有满足学生需求,才是合格的课程,所以我课下经常与学生通过多种方式交流,了解他们的需求,调整自己的教学活动。"(小组座谈 GIT-2014A5)

"做到以学生为中心,必须使课程内容满足学生的需求。"(小组座谈 GIT-2014B5)

"课程要符合学生的需求,相关责任人在制定课程大纲时就要充分考虑到。"(小组座谈 GIT-2014C5)

"课程的设置结合了学科的自身规律,同时考虑到社会对人才的需求以及学生的实际情况,经过反复论证修订才最终制定出来。但是,随着经济发展,社会变化,区域市场人才需求也会不断改变。我们也会按照学校的要求,结合自身情况,及时修订,删掉不合理的、没有实际意义的内容……积极探索企事业合作授课等形式,就是为了真正了解社会的需求,与社会接轨,让人才培养符合社会需求……"(小组座谈 GIT-2014D5)

(Group Interview) GIT-2014-6

"为了促进交互式的学习,阅读教学设计中,我设计出一种认知的、发展的和社会建构的任务,不是仅对书本词汇的理解,而是从话语信息中建构意义的动态过程。具体来说,我从语篇角度激发学生辨认能力,通过模拟真实的阅读情境来使学生加深对语言的理解。"(小组座谈 GIT-2014B6)

"我在课堂教学中,从词汇层面有意识地用一些典型的带有英美社会时代特征的意象图式帮助学生建构相关话语的意义,做到举一反三、触类旁通。例如,当我在讲到网络现象时,我刻意地引用'INTERNET IS A HIGHWAY'这个隐喻意象图式。通过运用交通体系中的角色——马路去建构心理空间 a,即信息高速公路。以此类推,心理空间 b,c 分别被建构为计算机和网络系统、网络用户,这样就可以引申到英语中的 information highway, cyberspace, cyber surfer 等。"(小组座谈 GIT-2014D6)

"英语学习的一个很大的障碍是如何理解和表达说话者的言外之意。我在教学中,为了帮助学生推理各种语境中说话人的弦外之音,会把语用学中语境(context)知识作为重点。比如在讲到阅读中的一句对话 'Father: What time is it? Daughter: Isn't it the weekend today?' 时分析了这对父女的多种言外之意。父亲的话有可能是'建议',也可能是'责备',还可能是'命令'。而结合语境能推导出女儿回答中'申辩'的用意。"(小组座谈 GIT-2014C6)

"我学过一些文学批评的理论,但以前从没在课堂上用过。通过加入教师发展团队,参与教学改革活动,也有意识地想把文学的东西运用在英语课堂上。在阅读教学中,我尝试利用文学批评的互补性理论,把社会—历史和新批评派的批评方法结合起来,帮助学生理解课文。比如:在新视野大学英语的一篇课文 The Right Son at the Right Time 中,我会在课前给学生布置任务,让他们利用文章中的地点等关键词推测故事发生的时代背景,并回答,'如果你是那个年轻人,你会怎么做?'在进入课文后,再提出问题让学生讨论'为什么部队会派来一个错误的儿子?'学生在课文中就会找 rushed, came to now and again, was sent 等词汇,不仅理解了当时紧急的情况,也学到了这些关键词汇的使用方法。这样,学生对课文有了全面的了解,也受到了人文道德教育。我的阅读教学也得到了升华。"(小组座谈 GIT - 2014A6)

(Group Interview)GIT - 2014 - 7

"作为年轻老师,我没有师范教育背景,教学实践经验也比较少,实际教学中存在很多问题,我坚持每周听两次老教师的课,参加集体备课,参加学术沙龙活动。目前我对大学英语课堂有了新的认识……一定要认真设计课堂活动,充分调动学生的积极性,课堂内外活动做到以学生为中心,主动获取学生的反馈并及时调整。今后,我还要学习教育新技术,提高自身素养,将之整合到自己的课堂中去……我越来越热爱我的工作了。"(小组座谈 GIT - 2014A7)

"我在国外系统学过 TESOL 的课程,我刚开始工作时曾积极使用这些先进的理念,但后来发现学生的英语水平参差不齐,大班授课课堂管理有诸多局限,再加上学生和学校对英语考级看得很重,我只能在课堂上融入很多英语四级考试的东西。经过专家的指导,发现自己以前的认识不够深刻,对某些教学理论也存在误解……现在大学英语改革进行得如火如荼,学生分层教学和小班化授课逐渐落实,再加上学校教学设施逐渐改善,我会尝试着把自己在国外学过的应用到实际的教学中去。"(小组座谈 GIT - 2014B7)

"自己教学多年,教学实践经验越来越丰富,能轻松自如地应对课堂教学。但在日常的教学中发现,现在的学生英语水平不尽如人意,学习动机不足,不会自主学习……所以有时候教学改革进展不顺利,严重影响了自己的信心。在系部领导的大力帮助下,参加系里组织的培训,外出参加了学术会议,了解了前沿的教研科研动态,尤其是学习了质化研究的相关理论与方法后,发现教学活动和研究可以联系,通过课堂教学,研究某个教学问题,理论研究与实践应用可以和谐地融为一体,感觉很有收获。自己认清了未来的教学方向,要使教学和科研相辅相成,相得益彰。"(小组座谈 GIT - 2014C7)

"我有国外教学理论学习的经历,实际教学经验也比较丰富。个人性格活泼开朗,深受学生喜欢,教学评估成绩连续多年优秀。现在我的工作重点放在系部层面的教学管理上,自己的课堂教学可以轻松应对。关于教学方法或者模式,我认为适合自己的就是最好的。无所谓'以学生为中心'还是'以教师为中心'。"(小组座谈 GIT - 2014D7)

(Group Interview)GIT - 2014 - 8

"TC 最近的课题研究等做得不错,听说还参加了全国首届外语微课大赛并取得较好成绩,谈谈体会吧?"

"外语微课大赛是团队项目,是大家集体智慧和汗水的结晶,但是课题、论文等我一直在单打独斗,闭门造车……作为普通教师,我没有能力号召大家组建团队,自己年轻,学识经验有限,个人没有威信力,不可能像行政领导那样一呼百应。"(小组座谈 GIT - 2014C8)

"我是助教,科研项目到目前还没触碰,不过教学改革也是按照领导的要求执行的,没有领导的强力支持和推进,可能我会比较谨慎,从教学实践中慢慢体会和领悟。"(小组座谈 GIT - 2014A8)

"虽然我是副教授了,但之前的科研课题基本上也是孤军奋战,没有形成团队合作的氛围……我并不热衷教学改革,因为自己的教学已经很好了,但是有了行政领导的强烈干预,特别是院系出台了详细的教学改革方案,而且教学改革与教学评估和绩效考核挂钩。从政策制度和管理机制上进行约束,没办法,我只能调整自身了……"(小组座谈 GIT - 2014D8)

(Interview) IT - 2014 - 1

"我和学生之间应该是朋友关系……年龄上我比学生也大不了多少,没有所谓的代沟,况且我非常了解学生的内心感受……他们的学习生活,我和学生间很容易就建立起了信任关系……我有时间会和学生一起聊天,我们通常互刷微博,也经常逛微信朋友圈点赞……"(访谈 IT - 2014A1)

"我和学生是朋友,甚至和有些学生关系比较铁,我们打成一片,课下有的学生直呼我 * *姐,我倒没觉得不舒服。我课下经常和学生以各种形式沟通交流,QQ、微信、短信……不过,在课堂上我更像是一名导演,我给学生设定各种任务,指导他们完成……"(访谈 IT - 2014B1)

"师者,传道授业解惑者也……我的学生很敬重我……虽然我不老,我教给他们知识,传递各种信息,还帮助他们解疑释惑……可能我是男老师,比较古板,我不是'都教授'那种偶像型的。"(访谈 IT - 2014C1)

"学生说我是他们的良师益友,他们都比较喜欢我,可能和我的性格有关。他们说我的课'很逗',很有意思,融趣味性与知识性为一体……学生觉得我很容易亲近,他们都把我当朋友……在我内心,我把他们当成自己的孩子,不仅关心他们的学习生活,还会关心与他们相关的各种考试、考研,甚至会操心他们未来的求职……"(访谈 IT - 2014D1)

(Interview) IT - 2014 - 2

"学校肯定是知识的殿堂嘛,从小学,甚至是从学前班,一直到大学、研究生,我们学习了各种各样的知识。正是因为知识,才让我从小学升到中学,再到大学,再考上研究生。在大学里面,图书馆藏书很丰富,我看了很多专业知识书籍……当然,在大学期间我也学会了如何学习,如何与人相处,如何自立。所以现在作为老师,我要在自己的课堂上尽可能多地传授给学生更多的知识。"(访谈 IT - 2014A2)

"学校是学习知识的地方,当然课本知识是远远不够的,学生还要在正式踏入社会前,了解一下社会……可以从了解身边的人开始嘛。所以在我的课上,我尽量安排各种活动,让学生能够锻炼团队精神,学会与人合作。"(访谈 IT - 2014B2)

"学校是一片净土,是学习的最佳场所。社会是大染缸,现在的社会很浮躁,学生受到很大的影响,他们大多眼高手低,真拿他们没办法,有时学生课堂表现错误百出,令我很失望,所以我必须争取时间,多讲解,多正面引导。"(访谈 IT-2014C2)

"学校小社会,人生大舞台……学校不仅要教会学生知识,还要让他们学会本领,将来好立足社会。我很担心学生,怕他们学不好,过不了专业四、八级,将来找不到工作,无法融入社会。我还经常找学生谈心,希望他们能健康、快乐地过好每一天。"(访谈 IT-2014D2)

Interview IT-2014-3

"……我一直这样教啊,很受学生们的欢迎。我毕竟有一定的理论基础,前面我提到二语习得的一些基本理论、输入输出假说、情感过滤假说等理论在我的课堂设计中的体现。我需要严格按照时间完成阅读任务,所以每一个阅读任务都有时间要求,目的是让学生在规定时间内提高阅读理解题目的准确率,从而帮助学生顺利通过英语专业四、八级考试。我觉得学生的阅读技巧的提升体现在做题准确率,所以每单元我都非常注重学生的专项训练。"(访谈 IT-2014 D3)

(Reflection) R-2014

"……以前上大学和读研究生的时候没听说过任务型阅读教学,自己缺少相关理论知识,现在听了专家的讲座和同事的建议,结合自己的教学设计,我终于明白了任务型阅读教学。"(反思 R-2014A)

"……虽然在国外读 TESOL 研究生时学过任务型阅读教学理论,但当时听得囫囵吞枣,一知半解,看来是缺少对该理论原型概念的深刻认识。"(反思 R-2014B)

"自己在教学和科研中接触过任务型阅读教学理论,但自身实践浅尝辄止,对这一理论还没有透彻认识理解。现在终于弄清楚了……"(反思 R-2014C)

"一直以为自己了解并在践行任务型阅读教学理论,通过在共同体中学习,终于认识到自己原来错了,现在纠正还来得及……"(反思 R-2014D)

"在院系领导的支持下,我参加了在国内举办的质化研究、翻转课堂、教师专业发展等学术会议,不仅开阔了视野,促进了自身教学改革,课堂教学效果明显,研究信心大增。结合学校实际,我还成功申报了'新建本科院校转型时期新入职教师专业发展路径研究'的课题。在课题研究和论文撰写的过程中,自身理论和实践水平大幅提高,教师职业满足感大幅攀升……"(反思 R-2014C)